光文社知恵の森文庫

今尾恵介

番地の謎

『住所と地名の大研究』改題

光文社

本書は『住所と地名の大研究』（二〇〇四年／新潮社刊）を改題し、加筆修正の上、文庫化したものです。

番地の謎

目次

プロローグ――住所にもいろいろ　12
住所表記は大きく3タイプ／類型に当てはまらない住所

第一章　大字とは何か――地名の階層

1　地名には階層がある――22
地名の階層とは／3府302県が47都道府県に／数少ない道と府／郡は広域の行政機関だった／自然消滅しつつある郡／1郡1町村も珍しくない／古代地名とは限らない郡名／伊豆や小笠原は郡に所属しない／「郡」では商売がしにくい？

2　大字とは何か――39
住所が数字ばかりの「区番組制」／区が誕生し、郡が復活した「郡区町村編制法」／大字は「市制・町村制」で生まれた／合成地名が大量発生！／そもそも「町」とは何か／町と村の違いは人口ではない／戸賀戸賀字戸賀――合併大字の謎／同じ「町」でも意味が違う／大字の下のレベルの地名

第二章　番地と番外地の謎を探る

1　番地と地番――60
番地はいつ始まったか／壬申地券と地所番号／地租改正時の地番が現在に至る／居留地には幕末から「番地」があった！／1筆が1つの地番に対応／地番と番地はどう違う？／地番の付け方――どこを1番地にするか／地番は調査順に付けよ／小字単位の地番も

2　悩める番地の物語――80
町のほとんどが1番地！／『三四郎』の広田先生は「への3号」／日本一の支号錯雑／明治期から行われた地番付け直し／宅地開発でも生じる複雑支号／奇数と偶数でブロック分け――東京の地番整理／10キロ行っても同じ

地名／「道案内」としての住所／昔は多かった「道案内式」の住所／長野県に広大な大字がある理由

3 番外地とは 105

網走刑務所の本当の住所は？／自衛隊や旧国鉄用地に多い無番地／埋立地の地番／山の頂上は無番地か？／東京・銀座にもある「番外地」／境界未定地にある「河原番外地」／「欠番の4番地」はどこへ？

第三章 京都・北海道の住所のしくみ

1 京都の住所 120

通り名で表示する京都独自の方式／「三筋目西入る」はまさに道案内／もとは数字ばかりだった平安京の住所／地形のわかりやすさと数え歌／京都の地番はなぜ大きいか／地番と学区の意外な関係／地域の核としての番組小学校／旧市街以外の町名について

2 北海道の条・丁目 144
札幌の住所は算用数字が一般的／条・丁目と東西南北／京都とは異なるブロック表示／交差点の信号に4種類の表示が？／旭川・帯広などの住所も条・丁目／農村部は「線・号」式

第四章 日本の住居表示はどこが問題か

1 住居表示とは何か 160
課税のための地番から合理的な住居表示へ／都心とは皇居のことである！／知っておくと便利？ 住居番号は右回り／「住居表示」が登場するまでの経緯／足枷だらけの実施基準／由緒ある小さな町を滅ぼした／有楽町もあわや「有楽」に／地名保存は老人の懐古趣味？／商店街は道の両側が一体なのに／ゴリ押しされた全国一律の街区方式／東根市の「道路方式」

2 住居表示と地番の関係 190
これは住居表示？ それとも地番？／住居表示済み区域の地番は旧町のものを流用／新町内に同一の旧地番がある場合
3 住居表示の実際 197
「上町A番」――アルファベット住居表示／街区符号「渡辺」も登場！／漢字＋数字の街区符号／相容れない「背割り」町と「街区主義」／名古屋市で起きた激烈な町名抹消／数十倍に拡張した「栄」／同じ街区符号が2区にまたがる

第五章 ミクロの地名・小字は語る

1 たった1坪の土地につく地名も！ 216
眠っている小字／小字とは何か／地租改正で統廃合された数千万の小地名

／膨大な小地名をどう整理したか／字の名を番号にしてしまった例／石川・島根・千葉の「イロハ字」／わずか1坪の狭い小字も／長い名前の小字名あれこれ／小字には「耕地」が多い

2 小字は滅びゆくのみ？ 243
無視され、廃止される小字／小字を生かす道／大東京市に編入された郡部の新町名／足立区伊興――小字が尊重された例／大井町も小字尊重の「新町名」だった／小字を新町名とした青梅市

3 「丁目」とは何か 261
本来は1町（109m）ごとの区切り／「本来の丁目」が残る町／東京の丁目は皇居が中心／丁目と地番の関係／堺市では丁目ではなく「丁」／番町――丁目類似のナンバリング／ユニークな十和田市の番町

4 地名の「語尾」について 276
町・村以外に「浦・竈・宿……」／宿場町は町でなく「宿」や「駅」も／「新田」

も大字になった／新開・搦・湊・浜……／六日町は「六日」という町？／土佐中村は「中町」にならず／大町・大村・四日市／長崎県にある多種多様な「語尾」

5 町──チョウかマチか 294

チョウとマチが隣接する東京の地下鉄駅／自治体名では東日本がマチ・西日本がチョウ／市町村内の町はどうか／大阪・京都のマチとチョウ

おわりに──明日の住所のために 305

「住居表示」は本当に最適の方法か／鳥瞰図的な視点による秩序／全国一律に整理する必要があったのか／それではどんな住所がいいのか／町の適正規模を考える／歴史的な小字地名を活用すべき／団地の住所も小地名活用で便利に／人間サイズの小地名継承こそが「便利」

附章　外国都市の通りと番地　318
■パリ　セーヌ川を基準に番地が進む／リュ、ブールヴァール、パサージュ／城壁都市の名残り――フォーブール
■ロンドン　通りの種類あれこれ／ロンドンでも「○○台」は売れる／四角い広場＝Square、丸い広場＝Circus／200年前と変わらない番地
■マンハイム　半円形の中に碁盤目がある都市／アルファベット＋数字で住居表示／広がらなかったマンハイム方式
■ベルリン　東西統一で変わった地名・変わらない地名／往復型の多いベルリンの番地
■ウィーン　放射道路とドナウ運河で番地が決まる
■ヴェネツィア　多様な「通り」の種類／番地の並び方も迷宮的
■ニューヨーク　ストリートとアヴェニュー／ストリートは271丁目まである／100番ごとに番地がリセット／地下鉄には同名異駅あり
■サンフランシスコ　アルファベット順の通り名

■ソウル　日本占領時代の名残り／2014年から実施の新住居表示
■台湾　独立時にストリート式へ復旧／路－段－巷－弄－号という階層

主要参考文献　350

本文デザイン　長坂勇司

プロローグ──住所にもいろいろ

東京都　中野区野方　○丁目　○の○○　○○様方

これは歌人・俵万智《たわらまち》さんの大学時代のご住所だそうで、さすが大物歌人の将来を暗示するかのように、スペースで区切って読むとちゃんと五・七・五・七・七の三十一文字になっていたというから驚きだ。伏せ字は残念だが仕方あるまい。以前、ある週刊誌に載っていたのを偶然読んで、深く印象に残った住所である。

もう一つは駄菓子の製造元。なぜか愛知県のメーカーが目立つような気がするのだが、ビニールの袋に印刷された工場の所在地を凝視すると、たいてい「○○市大《おお》字《あざ》○○字《あざ》○○」と記されている。最近では小字《こあざ》など省略するのが普通なのに、なぜ愛知県では律儀に小字を書くのか。愛知県人は住所へのコダワリが異常に強いのだろうか。

それから住所のしんがりに来る番地。そもそも番地とは何だろう。どこを起点にどんな順番で並んでいるのか。丁目というのもあるが、この番号は、若いのは東京なら日本橋に近い方からと聞いたこともあるが、それとも皇居なのか。

京都市は「○○三丁目」のような住所はあまり見かけないが、通りの名前に「上《あが》る」「下《さが》る」や「東入る」「西入る」を組み合わせた特別な書き方をするし、北海道の牧場の住所は「熊牛原野《くまうしげんや》」だったりする。そういえば「網走《あばしり》番外地」というのは住所なんだろうか……。

本書は、そんな身近でありながら、実はあまりよく知られていない「住所」というものの疑問を私なりに解明するために書いたものである。原著は『住所と地名の大研究』(新潮社刊)で「大研究」などと銘打ってはいるが、まったく著者の興味のおもむくままに書き連ねたものであり、系統立った学術的な論文ではない。

そもそも、地名の本はトラック何杯分も出ているというのに、どうして住所の本がないんだ、という思いは強かった。地名の由来は納得できても、それを組み立てる住所の仕組みへアプローチするための適切なガイドというものが存在しなかったわけで、それなら自分で作ってみようか、ということなのだ。誰もが漠然と気にかけながら判然としない「住所の仕組み」の奥深さ、面白さを味わっていただければ、著者としては望外の喜びである。

住所表記は大きく3タイプ

日本の住所は、広い範囲を示す地名から狭い守備範囲の番地へ、大から小という並びになっている。ローマ字表記の場合は「欧米流」に逆順で書くが、基本的に地名を大から小へ並べるのが日本の住所表示の原則である。

東京都—千代田区—九段南一丁目—2番—1号（千代田区役所）

右の住所は、「都道府県—特別区—町名—丁目（制度的には町名と一体）—街区符号（ここでは2番）—住居番号（1号）」という5つの層に分かれている。この階層のあり方には地域差があるが、この例のような住所を「都市タイプ」と仮に名付けようか。なお、この都市タイプは住居表示法に基づく表示であることが多い。「住居表示」については本書の重要テーマなので、後でじっくり取り上げる。

千葉県千葉市若葉区桜木町567―1（若葉区役所）

こちらは、かつての若葉区役所（千葉県）の住所。若葉区が政令指定都市の「行政区」、桜木町が「町名」であるが、丁目がなく、かつ番地のケタが多い。これを仮に「郊外タイプ」とするが、これは3～4ケタの番地が付いていて、場合によっては町名のところに「大字」という文字が割り込んでいることもある。なぜ番地のケタが多いのか、あるいは大字なのかについて、これも後ほど、明治の地租改正まで遡《さかのぼ》って説明する。

福島県河沼《かわぬま》郡湯川村《ゆがわむら》大字清水田《しみずだ》字長瀞《ながとろ》18番地（湯川村役場）

これは私の郷里の住所そっくり！　という方も多いだろう。今は記載されなくなったが、かつて運転免許証の「本籍欄」に、このタイプの住所がよく印刷されていたものである。「県―郡―町村―大字―字―番地」というフルセットで、これは

「農村タイプ」と名付けてみよう。

断っておくが、以上のタイプ分けはあくまで便宜的なもので、例外もたくさんあるのは当然のことである。場合によっては字（または小字）のないものもある。実は筆者の現住所も「市」ではありながら、最近まで大字を名乗っていた。

類型に当てはまらない住所

全国の住所のかなりの割合が、前掲した3類型にあてはまる（集合住宅の場合はマンション名―棟番号―部屋番号などが加わる）。とはいえ、広い日本に無数に存在する各地の住所にはもちろん数多くの例外がある。有名なものといえば、何といっても京都市の旧市街で、たとえば京都市役所の住所はこうなっている。

京都市中京区寺町通《てらまちどおり》御池《おいけ》上《あが》る上本能寺前町《かみほんのうじまえちょう》４８８

この住所をざっと解説すれば、まず「寺町通御池……」というのは、その建物が南北の通りである「寺町通」に面していることを示し、それが東西の通りである

「御池通」との交差点から北上した（上る）ポイントにある、という意味なのだ。

このように京都では、東西・南北の通りの組み合わせで地点を特定するという、ユニークな、しかも伝統的なシステムをとっている。こうして正式に書くとやたらに長くなるのも、京都市旧市街の一大特徴であるのだが、そのことは京都の項で詳述することにしよう。

右上・ここは極楽の４丁目（名古屋市）／右中・地租改正以来の地番が生きている（川崎市）／右下・北海道は条・丁目で表わす（札幌市北８条西４丁目）／左上・「住居表示」の済んだ町（東京都狛江市）／左下・京都では伝統的に通り名を用いる

京都に似た碁盤目の都市であっても、北海道の都市では、通りの名前も数字を用いたものが多くなる。

札幌市中央区北一条西二丁目

これは札幌市役所の住所だが、普通の家なら「丁目」の後に何番何号と、さらに数字がつく。ご存知の通り北海道は、都市も農村も、その他の都府県とはその成立過程を異《こと》にしており、いわゆる屯田兵《とんでんへい》村や殖民地としての発達をしてきたものが多い。このため、函館や松前などの城下町・港町由来の都市を除けば、まず碁盤目の計画道路が建設され、何条何丁目、農村部では何線何号といった数字で名付けた道路の座標によって地点を特定する方式が行われた。北海道についても章を設けて取り上げる。

さらに例外的な住所として、こんなのもある。

龍ケ崎市3710番地

茨城県龍ケ崎市役所の住所だが、市名の後にいきなり番地がきて戸惑ってしまう。こんなタイプの住所に住む人は、「本当にこれでいいんですか?」と念を押されるという。履歴書を書く人は、採用担当者に「自分の住所もまともに書けないのか!」という印象を持たれたらどうしよう、と人知れず悶々《もんもん》とする。こんな住所がなぜ出現したのかについても、後ほど説明しよう。

何はともあれ、日本の住所にはいくつもパターンがあることをここで確認しておこう。応募ハガキなどで「□□都道府県□□市町村□□町□□丁目□□番□□様方／□□マンション」のように余計なお節介が印刷されている場合を見かけるが、たいていの人はこれらの文字が邪魔で書きづらいはずだ。そんなフォーマットにあてはまらない住所がいくらでもあるのだから。

そんな個性的な住所を、あれこれ細かく詮索しつつ、楽しんでみることにしよう。

第一章

大字とは何か——地名の階層

1　地名には階層がある

地名の階層とは

地名には階層がある。住所は、いくつかの階層に所属する地名を連ねたものだ。その階層のあり方は世界各地で異なるけれど、必ずどこにも存在する。アメリカ・ニューヨークのマンハッタンとか、中国・北京の王府井《ワンフーチン》……のように。

日本では、「神奈川県―横浜市―旭区―鶴ヶ峰一丁目―4番地の12」（横浜市旭区役所）という住所の場合、最初の神奈川県は日本を47に分けた「都道府県」という階層の一つであり、神奈川県にある19市（6郡）13町1村のうちの横浜市、さらにその18行政区のうちの旭区、その旭区内45町のうちの鶴ヶ峰、それを一丁目・二丁目に分けたうちの一丁目の中の、「4番地の12」という階層に分けることができる。

地名・住所というのは多少の差はあれ、タマネギの皮をむくように、大は「地球」（これは地名なんだろうか？）というものから、小はある1軒の家または田んぼの1枚しか指さない番地（地番または住居番号）まで、まあ数字は地名ではない

地名の階層――「あて名ベース」で見た住所の構造

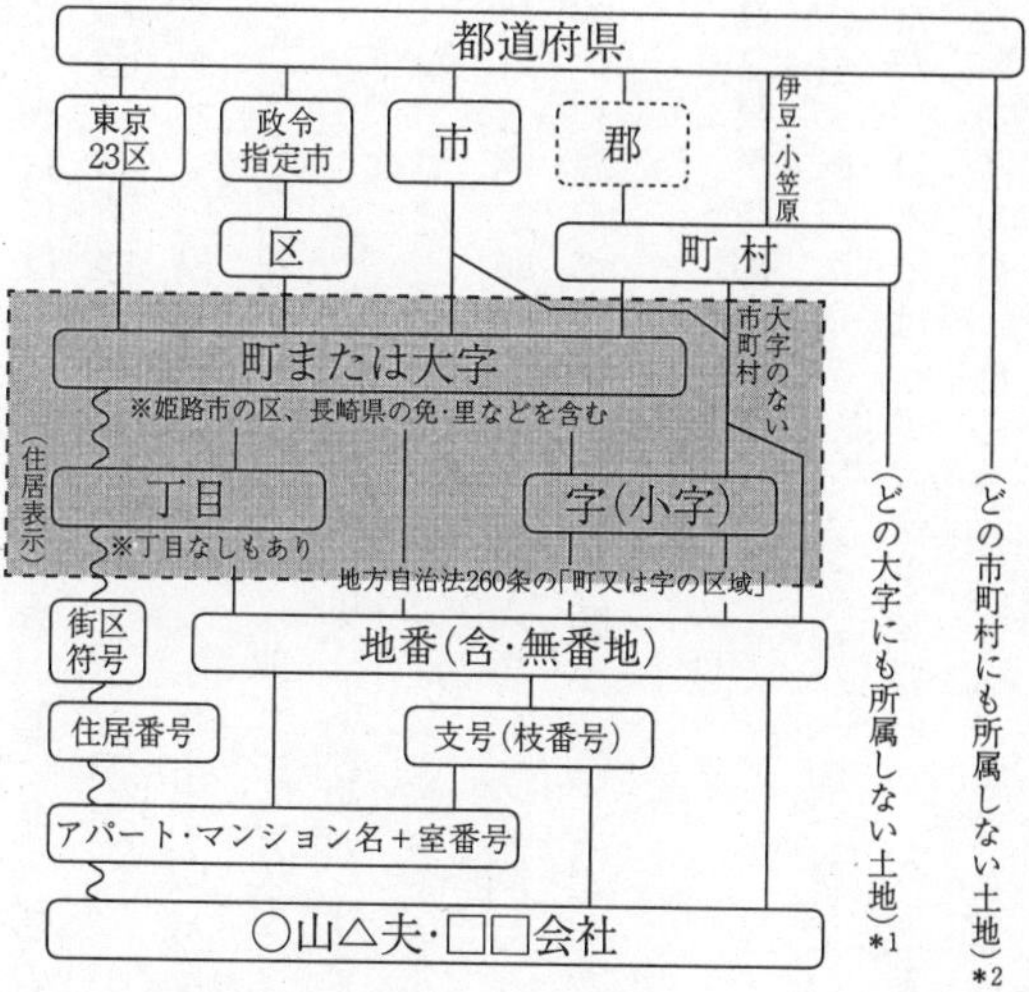

●郡区町村編制法(明11)における行政区画

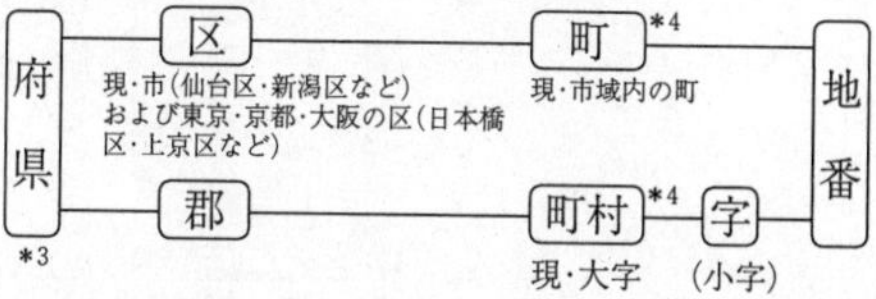

＊1　山林・原野などの入会地や境界未定地など
＊2　埋立地の所属未定地や東京都八丈支庁所属の鳥島、須美寿島など
＊3　北海道・沖縄は制度が異なった
＊4　数町村(区にあっては数町〜数十町)に1ヵ所戸長役場を置いた

かもしれないが、いくつかの階層を成しており、郵便や宅配便を出す場合、また名刺に刷り込む場合には、これらを大きい順に並べるのが普通だ。

中国や韓国でも同様だが、欧米だとこれが逆で、小さい順というのが主流だ。たとえば「オデオン広場4番地―ミュンヘン市―（バイエルン州）―ドイツ連邦共和国」（バイエルン州財務省）のように並べて「住所」としている。ただ、この住所の順序は、「欧米」などとひとくくりにすることはできない。たとえばオーストリア、チェコなどでは「ウィーン市―フライシュマルクト19番地」（中央郵便局）のように、日本と同じ順序で大から小へ表記する国もまだあることは知っておいてほしい。ドイツも数十年前まではその順がふつうだった。

3府302県が47都道府県に

日本の地名の階層の成立を、大から小へ順に見ていこう。

まず県だが、日本では、アガタと読む県（大化改新以前の制度。全国的なものではなかった）を除けば、慶応4年（1868）に幕府領、旗本領、寺社領を9府20県とし、残りの273藩を合わせた「府藩県三治制」で登場している。その後、明治4年（1871）7月14日に新政府が廃藩置県を断行、全国を3府（東京・京都・大阪）302県とした。しかし、旧藩などをとりあえずそのまま「県」としたため、境界が錯綜して飛地《とびち》が非常に多く、また規模も大小さまざまであったので、近代国家の行政区画としてはふさわしくなく、すぐに大規模な統合が行われることになったのである。

そんなわけで、廃藩置県が行われた明治4年の11月には早くも3府72県に激減、さらに明治9年（1876）の4月・8月の2度にわたる廃置分合を経て、現在より少ない3府35県になった。これらの激動の中、廃藩置県で一旦《いったん》「県」となったものの、7月から11月までの短命に終わった県が多数存在する。

その後、明治21年（1888）に愛媛県から香川県が分離独立したのを最後に、現在の47都道府県体制が整った（都は昭和18年〈1943〉から）。

数少ない道と府

道については、今は北海道のみだが、最近では「地方分権の受け皿」としての道州制が提唱されるなど、今後増えるかもしれない。

そもそも「道」とは、古代律令制において、畿内から全国各地へ延びる幹線道路沿いに国を大別した区分であった。「五畿七道」と称し、山城《やましろ》・大和《やまと》・摂津《せっつ》・河内《かわち》・和泉《いずみ》の畿内5国、および東海道・東山道《とうさん》・北陸道・山陰道・山陽道・南海道・西海道の7つの道（この下に多数の国が所属）が定められたものだが、北海道については明治2年（1869）、古くからの「七道」に倣《なら》う形で「蝦夷地《えぞち》」を改称したものだ。なお北海道は、明治15年（1882）2月から同19年（1886）1月までの約4年間だけ、函館・札幌・根室の3県に分かれていたこともある。

ちなみに、現在は京都と大阪だけとなった「府」とは何だろうか。本来の意味を調べてみると、字義としては「文書や財宝を入れる蔵」であり、転じて役所を意味するようになり、また「（人が）集まるところ」として都の意味をもつようになった。

行政区画としての府は、中国では唐代に始まり、清代まで続いた。日本では明治の初めに「一瞬」だけ箱館（函館）や神奈川、新潟、長崎など、開港場を含む9府に分かれていたこともあったが、明治4年（1871）からは「府」といえば東京・京都・大阪の3つだけとなった。やはり東西の両京と天下の台所だけは別格ということだったのだろう。

このうち東京府は、戦時体制下の昭和18年（1943）、「帝国の首都」として国家統制を強化すべく、軍部の強い意向により、東京市35区（現23区域）を呑《の》み込んだ形の「東京都」となった。

郡は広域の行政機関だった

郡は非常に古く、古代の律令制に遡る。当初は評《こおり》と表記していたが、大宝令（702年）以降は「郡」の字が使われている。郡は、武蔵《むさし》や薩摩《さつま》などの「国」の下位の行政区画であり、里（のちの郷）より上の区画であった。郡に所属する里の数はまちまちだったらしく、たとえば大化2年（646）では3〜40と幅がある。

その後、郡の名称は、和銅6年（713）のいわゆる『風土記』編纂の際に、「好字（縁起のよい文字）をもって2字で表記せよ」という勅令に基づき表記が変更され、従来は3字4字、あるいは1字の郡名であったものも無理やり2字としたために、難読の郡名が続出することとなった。たとえば登米《とめ》郡、邑楽《おうら》郡、婦負《ねい》郡、鳳至《ふげし》郡、遠敷《おにゅう》郡、水内《みのち》郡（上下）、引佐《いなさ》郡、牟婁《むろ》郡（東西南北）などが代表例だろうか。しかし「平成の大合併」の際、各地で市制施行、もしくは市と合併・編入、郡の合併などが行われたため消滅したものが多い。今ではこれらのうち邑楽、水内、牟婁の一部がかろうじて残っている。

明治11年（1878）には郡区町村編制法が公布されて、郡は「地方ヲ画シテ府県ノ下、郡区町村トス」（第1条）と規定され、「毎郡ニ郡長各一員ヲ置キ、毎区ニ区長各一員ヲ置ク、郡ノ狭小ナルモノハ、数郡ニ一員ヲ置クコトヲ得」（第5条）と、最小の行政単位としての町村、その上位の地方行政区域としての郡が定められた（この時の区については後述）。

かくして県と町村の中間に位置する行政機関として位置づけられた郡は、現在よりはるかに小規模だった町村を包括した、ある程度広域の行政を担《にな》っていったのである。郡会議員からなる郡会と、官選の郡長（若い内務官僚の「指定席」だった）、郡参事会、郡委員が置かれた。病院や学校の建設も郡によって進められ、現在の高校の中には旧制の郡立中学校や農学校が前身である例も珍しくない。

自然消滅しつつある郡

しかし大正10年（1921）、政府は行政改革の一環として行政機関としての郡を廃止し、郡役所、郡会なども15年（1926）までになくなった。それ以来、郡はただ地域区分として住所などに書かれ、または選挙区割りや天気予報の地域区分に登場する存在に過ぎなくなって今日に至っているが、市ではない「町村」が所属することから「田舎の代名詞」といったネガティブな印象をもつ人も多いようで、古くからの広域地名を多く残す貴重な存在でもあるのに、郡そのものの廃止を唱える人もいる。

ただしそれ以前に、前述したように「平成の大合併」が平成11年（1999）から同22年（2010）にかけて行われ、各地の町村の合併で多くの新しい市が誕生、従来の市への編入も加速されたことにより、郡の「自然消滅」は急速に進み、この12年間で約190郡が消滅している。

また、これよりはるか以前にも、すでに大都市圏では多くの郡が消滅した。たとえば東京都の世田谷区や品川区などに呑み込まれて昭和7年（1932）に自然消滅した荏原《えばら》郡（今は品川区の町名として残る）、神奈川県ではほぼ全域が川崎市となって昭和13年（1938）に消滅した橘樹郡《たちばな》（これも橘郡ではなく無理に2字化した例）、やはり翌年に横浜市および川崎市に所属全村が編入されて消滅した都筑《つづき》郡などが早い例といえる。なお都筑の名は、消滅から半世紀以上も経った平成6年（1994）に、横浜市の新しい行政区「都筑区」として復活した（領域としては旧郡域のごく一部）。

1郡1町村も珍しくない

昭和28年（1953）施行の町村合併促進法に伴う町村数の減少、および市制施行で郡から町村が離脱することにより、1つの郡に所属する町村は全国的にかなり減っており、所属町村が1つだけという郡は珍しくない。たとえば神奈川県三浦郡といえば葉山町しかなく、同じく高座《こうざ》郡といえば寒川町だけ、静岡県田方《たがた》郡といえば函南《かんなみ》町のみだ。こんなケースは北海道には非常に多く、目梨《めなし》郡といえば羅臼町《らうすちょう》、奥尻郡なら奥尻町、磯谷《いそや》郡なら蘭越《らんこし》町……という具合である。

そんな具合なので、郡名なんか省略してもいい、という気分は（田舎っぽさから脱却するためにも？）だいぶ広がっているようで、このままでは郡は風前の灯火、という段階まで来ている。

それでも平成の大合併以前は、例外的に郡名が必須のケースもあった。たとえば群馬県には「東村《あずま》」が勢多《せた》郡、吾妻《あがつま》郡、佐波《さわ》郡の3カ所にあり、県内でもこの村だけは郡名を併記しないと特定できず、テレビのニュースでも通常は郡名を省略して読み上げるところ、この群馬県東村に関しては特例的に郡名をアナウンスしていたものだ。さらに余談であるが、戦後の「昭和大合併」の時期までは、県内にはさらに2つの東村（群馬郡・利根《とね》郡）が存在し、合計5カ所もあった。群馬県人はよほど「アズマエビス」に誇りを持っていたのだろうか。

古代地名とは限らない郡名

前述の通り、郡には消えたものも目立つが、古代以来の郡名はまだかなり存続している。また消滅したといっても岐阜県郡上《ぐじょう》市（旧・郡上郡八幡町など）のように新市名として存続しているものも目立つ。ただし、これらの郡名がすべて古代からのものでないことは注意しなければならない。

たとえば明治になって郡の再編が行われた際に2〜3郡が合併したものも相当あ

るのだ。これはあまり知られておらず、いかにも古そうな名前であっても、明治以降の「合成地名」（2つ以上の地名から一部を採って組み合わせた新地名）だったりするのでご用心、である。次に掲げる郡は、明治30年前後に合併した「新郡」だが、これらはすべて旧郡名から1字ずつ採ってつないだ「合成郡名」の例である（＊印は現存しないもの）。

山辺《やまのべ》郡＋武射《むさ》郡→山武《さんぶ》郡（千葉県、明治30年統合）
海部《あま》郡＋名草《なぐさ》郡→海草《かいそう》郡（和歌山県、明治29年統合）
赤坂郡＋磐梨《いわなし》郡→赤磐《あかいわ》郡＊（岡山県、明治33年統合）
大内《おおち》郡＋寒川《さんがわ》郡→大川郡＊（香川県、明治32年統合）
那珂《なか》郡＋多度《たど》郡→仲多度《なかたど》郡（香川県、明治32年統合）
三根《みね》郡＋養父《やぶ》郡＋基肄《きい》郡→三養基《みやき》郡（佐賀県、明治29年統合）

また、それ以前に「郡区町村編制法」が施行された明治11年（1878）以降、逆に広すぎる郡を次のように分割することも行われた（カッコ内は現都道府県名）。

津軽郡↓東津軽郡・西津軽郡・南津軽郡・北津軽郡・中津軽郡（青森県）
多摩郡↓東多摩郡*・北多摩郡*・南多摩郡*・西多摩郡（東京都）
牟婁郡↓北牟婁郡・南牟婁郡（三重県）
牟婁郡↓東牟婁郡・西牟婁郡（和歌山県）

このうち、東多摩郡は明治29年（１８９６）に南豊島郡と合体して豊多摩郡となったため消滅、かつての「四多摩」は早々に「三多摩」になっている。ついでながら明治26年（１８９３）までは、四多摩のうち東多摩郡だけが東京府、その他はすべて神奈川県であった。その三多摩のうち南北両郡は域内の町村がすべて市制施行したことで自然消滅、今や西多摩郡だけとなったが、慣例により三多摩の呼称は現在も地方名として使われている。

伊豆や小笠原は郡に所属しない

原則として日本の町村はすべてどこかの郡に所属しているのだが、中には伊豆・小笠原諸島のように郡の存在しない特例もある。同諸島は、江戸時代には幕府の直轄地として島奉行または伊豆韮山《にらやま》代官の支配下にあったが、明治4年（1871）の廃藩置県で足柄《あしがら》県に所属、5年後の明治9年（1876）には静岡県となった。しかし小笠原も含めて軍事上の重要地域であることから、わずか2年後の明治11年（1878）には東京府に編入、ふたたび「直轄地」としての歴史を継続することとなった。そんなわけで、現在も日本の最東端（南鳥島）、最南端（沖ノ鳥島）の2カ所を東京都が管轄しているのである。

このような経緯で、伊豆諸島は昔からどの「郡」にも所属せず、小笠原を含めて今に至るも「郡」がない。このため東京都八丈町や東京都小笠原村などと、正式名称でも郡名が書かれないのである。「直轄地」ゆえに伊豆・小笠原諸島のクルマは品川ナンバーを付けて走っているし、郵便番号も全域が大手町や丸の内と同じ100（＋4ケタ）だ。

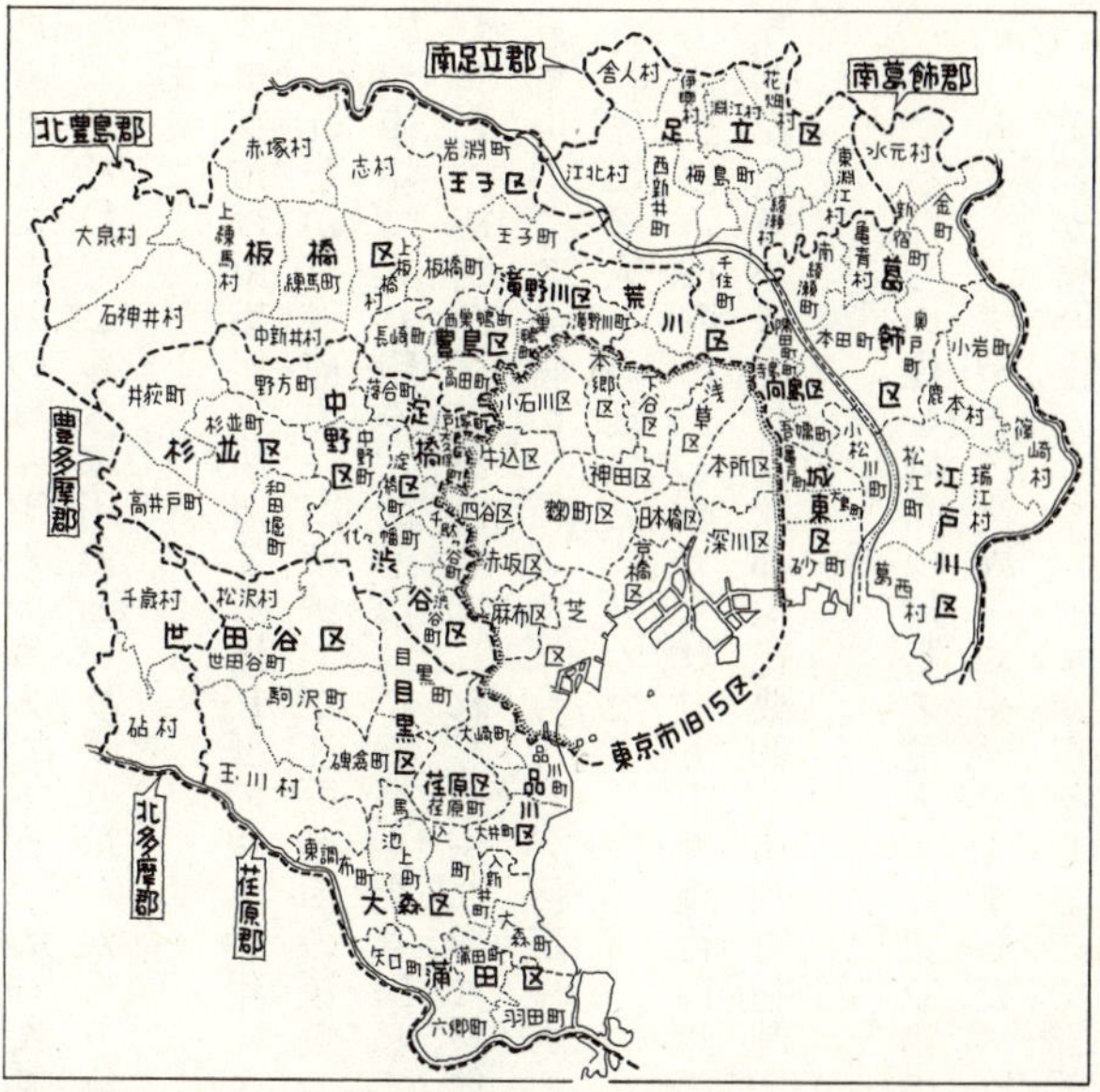

東京市の旧15区（中央）と昭和7～11年に拡大した「大東京市」の市域。周辺の84町村が20区に編成されて計35区となった。これが現在の23区

「郡」では商売がしにくい？

東京都渋谷区広尾のような住所が良くて、〇〇郡〇〇村大字〇〇字……は田舎臭くてイヤ、という偏見は、「品川」や「神戸」ナンバーはいいけど「なにわ」や「相模」はイケてない、というのと同様に実に不当だとは思うが、このことは昨今に始まったことではない。次の嘆願書を読んでいただくと、明治時代

にも郡部になるのはイヤという人たちがいたのである。しかも昔の渋谷区広尾の話だ。ただし、こちらは印象というよりは、かなり実生活上の不利益を危惧した訴えである。

東京市は東京府に所属する旧15区で明治22年（1889）に特別市として市制施行されたが、以前の「旧市域」が江戸市街の領域（朱引内《しゅびきうち》）をほぼ踏襲したため境界が複雑に入り組み、街道沿いに細長く突き出していたり、飛地《とびち》もあるなど不適切だった。市制施行にあたってこれを適正な形に整理する際、あちこちで凹凸が均《なら》されている。この時に、たとえば今の渋谷区広尾あたりが市内から郡部（南豊島郡渋谷村）に編入されることになった。

住民は「市内にとどめてくれ」と市制施行前年の5月、区部復帰を求める次のような嘆願書を提出した（都史紀要30『市制町村制と東京』より現代語にて要約）。

> 私たちの住む麻布広尾町の住人は、東京市の端とはいえ田畑を耕す者は1人もなく、ずっと商業専一にやってきました。昨今ますます人家も増え、繁盛の気運が盛り上がっていますが、もしここで郡部に編入されてしまうと次のよう

な損害を被って商業は衰微《すいび》し、各戸家計が維持できなくなるおそれがあります。

まず郵便の到着が遅れること。電信の配達では郡部なので「持込税」を払う必要がある上、どうしても市内より遅れます。荷物の輸送についても同様に着荷が遅くなり、さらに増運賃がかかります。商業上の広告を出そうにも、冒頭に「何郡何村」とあれば、一見して遠く不便なところと誤解され、新たに商取引に来てくれる人は稀《まれ》でしょう（以下略）。

他にも「生活上も風俗を異にする農家と、一緒にやっていくのは何かと大変」など切々と訴えている。もちろん、商家にとって郡部がマイナス・イメージだ、というのに過ぎないのだが、専業農家が数パーセントという世の中になった今、この「郡部嫌い」はもはや全国民的なものなのだろうか。

ちなみにこの嘆願は容《い》れられることなく、麻布広尾町は予定通りに渋谷村の一部となった。念願の東京市内に戻るのはそれから実に43年後の昭和7年（１９３２）、東京市が大拡張して35区体制となった時のことである。

その後「平成の大合併」でさかんに行われた市町村の統廃合により、自然消滅した郡も数多く、もはや群馬県の3郡それぞれの東村や宮崎県北郷町《きたごうちょう》（南那珂郡／平成21年〈2009〉に合併で日南市）と北郷村《きたごうそん》（東臼杵《うすき》郡／平成18年〈2006〉に合併で美郷町《みさと》）のように、郡名がないと紛らわしい町村もほとんどなくなった。

今後どれだけの郡が生き残るかはわからないが、平成28年（2016）3月末日現在の市町村数は790市745町183村、合計1718となっている。市は広域化が進み、広さとしてはちょうど郡の領域に近いものとなったので、新市名をめぐって紛糾が続いたところなど、もし郡名が一致するのであれば旧郡名を当てればよかったのに、と思う自治体名も多い。郡名といっても、明治期に統廃合した「合成郡名」などではなく、平安時代の辞書『和名抄《わみょうしょう》（和名類聚抄《るいじゅう》）』や、同じく平安時代の法令集『延喜式《えんぎしき》』などに登場するような、古代からの旧郡名に戻せばよかったのに、というものである。

2　大字とは何か

戸籍謄本や住民票、不動産登記などで目にする正式な住所に、「大字《おおあざ》」の付いている人はかなり多いのではないだろうか。

青森県北津軽郡鶴田町大字鶴田字早瀬２００－１（鶴田町役場）
茨城県取手市大字寺田５１３９（取手市役所）※平成17年までの住所
長野県北佐久郡軽井沢町大字長倉２３８１－１（軽井沢町役場）
鹿児島県大島郡伊仙町大字伊仙１８４２（伊仙町役場）

こんなタイプの住所はよく見かける。役場の住所ばかりを並べてしまったが、「○○市（○○郡○○町／村）大字○○１２３（番地）」という形は全国で最も一般的かもしれない。

こうして見ると、それぞれの都道府県や市町村の固有名詞部分には必ず「県」とか「市」などの前につくのに、どうして「大字」や「字」は地名が後ろなのだろう。たとえば「横浜市」であり、「市横浜」ではないのに、大字や字については「長倉大字」と言わずに「大字長倉」と呼ぶ（島根県邇摩《にま》郡温泉津《ゆのつ》町だけは例外的に「〇〇大字」と表記していたが、平成17年〈2005〉の合併で大田《おおだ》市となった際に解消、「温泉津町温泉津大字」→「大田市温泉津町」と変更されている）。

それはともかく、これら「大字」に注目し、ちょっと歴史を調べてみると、次のようなことがわかる。

住所が数字ばかりの「区番組制」

明治に入ってから行政区画の制度は何度か改革が行われている。これを簡単に記しておこう。

まず明治6年（1873）から実施された「区番組制」（その後「大区小区制」）だ。これは戸籍法に基づくもので、江戸期の村や町（城下町や宿場など）を数個まとめて番組（小区）とし、さらに番組を数個合わせた区（大区）を設けるというものであった。区には区長、番組には戸長《こちょう》、その下の町村には用掛《ようがかり》が置かれた。たとえば旧神奈川県（現在の東京都多摩地区を含む）は、20の大区と185の小区という体制でスタートしている。これによる住所の表記は次のようなものであった。

東京府第七大区六小区上馬引沢《うまひきざわ》村字三橋○番（農村部）
東京府第二大区六小区西久保《にしくぼ》八幡《はちまん》町○番（都市部）

始まったばかりの大区小区制も、区画の定め方や運用に統一を欠くなど問題があり、再び従前の町村単位の行政区画が見直された。おそらく数字ばかりで不便だったこともあるだろう。

区が誕生し、郡が復活した「郡区町村編制法」

かくして明治11年（1878）に「郡区町村編制法」が公布された。府県と町村の間に位置する郡を行政機関として位置づけ、府県―郡―町村という3段階に明確化されたのである。都市部には郡と並ぶ「区」が誕生した。この時の区は、東京の旧15区の他に、主要な城下町や開港場の都市である横浜区、名古屋区、金沢区のほか、京都の上京区・下京区、大阪の東区・西区・南区・北区、また広島区、福岡区などが設けられている。この段階で「市」はまだ登場していない。

この区は、区画的には現在の市に相当し（市域は現在よりはるかに狭い）、区でない城下町などは当該郡内の各町（現在の市内の町・大字レベル）とされ、農村部では郡の下に江戸期の村（藩政村）が所属した。それぞれ区・郡には区長・郡長、その下の町村には戸長が置かれたが、実際は、複数町村に1人の戸長と戸長役場という形が多かった。先に挙げた住所は次のように変わった。

東京府荏原《えばら》郡上馬引沢《かみうまひきさわ》村字三橋〇番（農村部）

東京府芝区西久保八幡町〇番（都市部）

しかし郡区町村編制法での「村」は、幕藩体制から自然村的に存続してきた最小行政単位そのままで小さく、近代国家の地方行政機関としての任に耐えるためには、いくつかの町村を統合して適切なサイズにする必要があった。

大字は「市制・町村制」で生まれた

そこで行われたのが「市制」「町村制」という2本の法律で、これに基づいて進められた合併がいわゆる「明治の大合併」である。

それまでの幕藩体制下の町村は、100戸未満の小規模なものが5万近くもあったのだが、1村の標準を300～500戸に引き上げた。必然的にいくつかの町村が一緒になる必要が生じ、このとき大々的に行われた合併により、市町村数は1万2316町・5万8998村の合計7万1314町村から、一挙に1万5820町村へと、4・5分の1に激減したのである（日本加除出版『全訂　全国市町村名変遷総覧』平成18年〈2006〉の巻末資料）。

その前年の明治21年（1888）に市制・町村制が公布された際の内務省訓令（第352号・町村合併標準其他ニ関スル訓令第6条）では、新町村名と大字について次のように規定している。

「大字」の表示はないが、これも大字

合併ノ町村ニハ新《あらた》ニ其《その》名称ヲ選定スヘシ。旧各町村ノ名称ハ大字トシテ之ヲ存スルコトヲ得

つまり新たな行政村（町）に名前を付け、それ以前の町や村を「大字」とせよ、ということだ。「大字」という用語は町や村のように歴史の古いものではなく、明治22年（１８８９）4月1日に実施された（府県によって遅れた例もある）市制・町村制の中で登場したものなのである。この町村制で誕生した「行政村」に対して、それまでの「村」つまり幕藩体制下から続いてきた最小の自治組織のことを、特に「藩政村」と呼ぶことがある。ただし、その規模や交通事情など特別な事情により、単独で町制あるいは村制を施行したところもあった。なお市制・町村制は北海道・沖縄県および島嶼部では後年に持ち越されている。

先に挙げた郡区町村編制法時代の住所は、ここでさらに次のように変更されている。

東京府荏原郡駒沢村大字上馬引沢字三橋○番

東京府東京市芝区西久保八幡町○番

行政村としての駒沢村が誕生し、藩政村の上馬引沢村が大字に変更されたこと、また市制により東京市が現われたことがわかる。ちなみに現在は前者が「東京都世田谷区駒沢二丁目」他、後者が「東京都港区虎ノ門五丁目」他となっている。

合成地名が大量発生！

冒頭に挙げた住所サンプル（39ページ）の中から、取手市のケースを取り上げてみると、町村制施行の前後および現在で次のように変化した（煩雑になるので県名、番地や小字は省略）。

郡区町村編制法──北相馬郡寺田村
町村制施行後──北相馬郡寺原村大字寺田
平成17年まで──取手市大字寺田
現在──────取手市寺田

この地区の大まかな合併史を説明しよう。まず町村制施行の明治22年（1889）に北相馬郡内の寺田村と桑原村が合体して「寺原村」が誕生した。一目瞭然だが、寺原という地名は寺田と桑原の旧村名から1字ずつ採って新村名としたもので、いわゆる合成地名の典型だ。明治の大合併期には、この種の合成地名が雲霞《うんか》の如《ごと》く誕生している。現在の千葉県習志野《ならしの》市にあたる旧津田沼村（谷津《やつ》＋久々田《くぐた》＋鷺沼《さぎぬま》その他）、茨城県ひたちなか市の前身の勝田市（勝倉《かつくら》＋三反田《みたんだ》＋武田その他＝勝田村）、岡山県玉野市（宇野＋玉＝玉野村）などがそれだ。

さて、行政村としての寺原村が誕生したことで、旧・寺田村と桑原村（藩政村）は、寺原村の中の「大字」となり、次のようになった。

北相馬郡寺原村大字寺田
北相馬郡寺原村大字桑原

その後、寺原村は、戦後の昭和28年（1953）に施行された町村合併促進法に基づく「昭和の大合併」の中、昭和30年（1955）に取手町と合併して消滅した。その際、寺原村の大字はそのまま取手町に引き継がれ、昭和45年（1970）の市制施行後も同様の扱いとなった。ただしこの取手市の大字も、平成17年（2005）に藤代町と合併した際に「大字」の呼称を廃止したため、最終形はそれぞれ正式に取手市寺田、取手市桑原となっている。

北相馬郡取手町大字寺田　↓　取手市大字寺田　↓　取手市寺田
北相馬郡取手町大字桑原　↓　取手市大字桑原　↓　取手市桑原

そもそも「町」とは何か

大字はおおむね江戸時代までの藩政村だったと述べたが、当然ながら村ではなく「町」もあった。町とは何だろうか。

現在、一般に思い浮かべる町と村の違いのイメージは漠然としている。必ずしも村より町の方が大きいとも限らないし。自治体としての市町村は別として、ただ「町」と聞けば何となく賑やかな印象、「村」は農漁村、イナカ。そんなものだろう。

しかし漢和辞典でそれぞれの意味を調べてみると、もともとはまったく違う意味を持っていたことがわかる。「町」を『新版　漢語林』（大修館書店）で引いてみると、「①畑のうね。また田のあぜ。②さかい（境）。（ア）耕作地の境界。（イ）一般に、境界」とあった。

辞書の記述はここで一段落していて、次に「日本独自の用法」として、ようやく「市街」の意味が出てくるのだ。町という漢字を改めてよく見れば、農耕地（田の字）の境界に釘（丁の字）のように打ち込まれた畦道《あぜみち》、というのが納得できる形をしているではないか。もともと耕地のあぜ道なのに、なぜ市街地の意味に転じたのかといえば、土地が何であれ、まず「区画する」意味が強かったため、道路で区画された土地、それがすなわち市街地、という具合に転じたらしい。

以上のことをふまえれば、純然たる農村にある古くからの地名に「町」のつくものを見つけたら、それは耕地に関するものと思った方がいいだろう。広町なら「広い耕地」、反町《そりまち》は焼畑（ソリは焼畑の意）ということなのだ。ソリにはいろいろな字が当てられているが、たとえば「草履《そり》」のように遊び心のあるもの、「双嶺《ソウレ》」と若干訛ったもの、JR飯田線の駅の「大嵐《おおぞれ》」という難読なものなどバリエーションに富んでおり、東北地方へ行くと「雪車《そり》町」といった粋な文字遣いをしている所もある（秋田県由利本荘《ゆりほんじょう》市、福島県伊達市）。

町と村の違いは人口ではない

現在、町も村も、自治体の中身としてはその区別は事実上ないに等しい。人口4万の巨大な村があれば、1000人ほどの町さえあるのだから。それでもやはり「村はイナカ」と思われるのが嫌だからか、町を目指したがる傾向はあるようだ。ある県では、村が町へ「昇格」するにあたっての基準として、まず人口が6000人以上であること、中心市街地の人口が全体の6割を超えていること、そこに銀行や映画館など都市的施設が存在すること、などという要件が定められていた。このうち「映画館」などは、昨今では「市」であっても存在しないところが多いので基準から外したそうだが、そもそも中心市街地という概念も、既成市街地の衰退と郊外店舗などの増加による「散居化」で、定義しにくくなっている。

しかし明治に入るまでは、町と村では大きな違いがあった。明治の町村制施行以前の「町」と「村」の定義はどのようなものであったのだろうか。明治9年（1876）5月18日内務省議定の『地所名称区別細目』は次のように定義している。

一　村ト称スルモノハ郡中ノ区分ニシテ字ヲ轄シ農民ノ部落ヲ為スモノナリ

一　町ト称スルモノハ郡中ノ区分ニシテ商民ノ市街ヲ為スモノナリ字ヲ轄スルコト村ニ同ジ

一　字ト称スルモノハ村町中ノ区分ニシテ数十百筆ノ地ヲ轄スルモノナリ

この「細目」を読むまでもなく、明治以前の日本にあっては、町に住むのと村に住むのでは、生活が大きく異なった。江戸時代まで「町人」と呼ばれるものは、京や大坂（大阪）、城下町などの「町」に住む商工業者を指した。町人を厳密に定義すれば「家屋敷を持っている人」に限られたようで、借家人などは除かれたともいう。

ちなみに「村」を同じ辞典で引いてみると、こちらは純然たる「むら。さと。いなか」がトップに出てくる。『日本歴史地理用語辞典』（柏書房）では次のような説

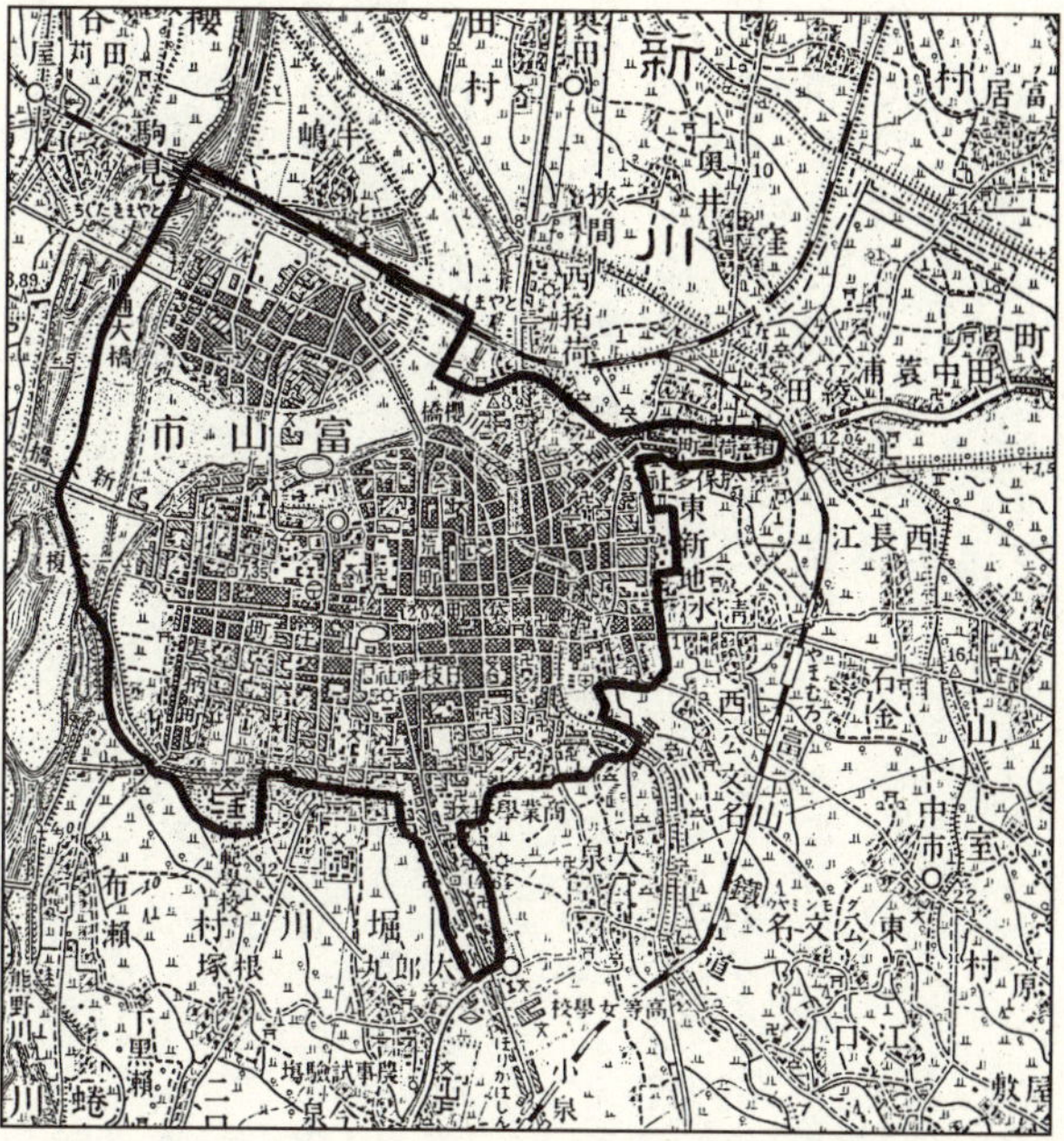

ほぼ旧市街地に限られていた明治末期の富山市域（1:50,000「富山」大正15年鉄道補入）。※図は明治43年測図当時の行政界のまま、鉄道だけ描き入れたもの

明だ。

一般に、都市以外の地における人家の集合体、ないしそれらの人家を中心とする生活空間の単位をいう。地方行政単位をなす場合が多い。「むら」ということばは「むれ（群）」と同源で、『日本書紀』では「邑」と書かれる例が多い。中国では、隋代まで城壁をもたない郊外の新しい集落を村とよんだが、唐代になって村は城壁都市郊外の集落に対する行政単位となった。（以下略）

日本でも明治時代の市制・町村制直後の市や町の領域は、おおむね市街地に限られていた。51ページの図は明治末期の富山市域を示したものだが、市街地の外縁と耕地の境目が市と村の境界に一致している様子がよくわかる（市界を太線で描入）。その後、富山市は多くの周辺町村を合併し、現在では当時のおよそ200倍の面積にまで広がっている。

戸賀戸賀字戸賀――合併大字の謎

大字名は明治の大合併以前の旧村（藩政村）の名称で、その後さらに町村合併しても新市・町の大字としてそのまま継続されることが多いが、場合によっては合併前の旧町村（行政村）の名を惜しみ、それを冠した大字にすることがある。

たとえば、福島県いわき市は昭和41年（1966）に平《たいら》市・磐城《いわき》市・常磐《じようばん》市・内郷《うちごう》市・勿来《なこそ》市の5市に隣接4町5村が広域合併した市であるが、新・いわき市の大字は次のように、原則として旧市町村名を冠したものとなった（旧・磐城市域はそれ以前の町名である小名浜《おなはま》を採用）。

平市―谷川瀬《やがわせ》　↓　いわき市―平谷川瀬
常磐市―湯本　↓　いわき市―常磐湯本町
四倉《よつくら》町―戸田　↓　いわき市―四倉町戸田
磐城市―下神白《しもかじろ》　↓　いわき市小名浜下神白

また姫路市では、合併前の旧町名を区とし「姫路市広畑区」などと表記することが行われている（政令指定都市の行政区とは異なる）。

秋田県男鹿《おが》市も、男鹿半島全体にまたがる広域市として昭和29年（1954）に船川港《ふながわみなと》町・男鹿中《おがなか》村・脇本《わきもと》村・戸賀《とが》村・五里合《いりあい》村の1町4村が合併して誕生したものだが（翌年に北浦町・船越町が加わった）、やはり新市の大字には旧町村名が冠せられた。しかし「町」や「村」は外されたので、次のようになった。

男鹿中村（大字）滝川　↓　男鹿市（大字）男鹿中滝川
脇本村（大字）浦田　↓　男鹿市（大字）脇本浦田
脇本村（大字）脇本　↓　男鹿市（大字）脇本脇本
戸賀村（大字）戸賀　↓　男鹿市（大字）戸賀戸賀

このうち上段の大字名は全国の通例通り藩政村である。3番目の例は「藩政村たる脇本村」と、その他の村が合体して広域の「行政村たる脇本村」となったため、藩政村たる脇本村の区域（脇本村大字脇本）は、男鹿市の大字となったときに「脇本脇本」と重ねられることになった。最後の「戸賀戸賀」も旧・戸賀村大字戸賀ということである。
しかも脇本脇本の中には小字としてさらに「脇本」が存在し、また戸賀戸賀の中に小字の戸賀が存在するため、すべてが揃うと次のような表記をせざるを得なくなったのである。

男鹿市（大字）脇本脇本字脇本
男鹿市（大字）戸賀戸賀字戸賀

これだけ重なることが予想される場合、他の市なら旧字《きゅうあざ》を「本町」などと変えることが多いので、男鹿市のこの例は全国的にも珍しい。「愚直住所大賞」というものがあれば真っ先に差し上げたいほどだが、平成の大合併で誕生した山梨県南アルプス市にも、旧・芦安《あしやす》村の名の消滅を惜しんで「大字芦安芦倉」「大字芦安安通《あんつう》」の大字が設置された。芦安村

「福井市中町」は農村部にある

の名そのものが芦倉と安通の合併で誕生した合成地名なのに、100年の歳月が経つと合成新地名にさえも愛着が感じられるようになる、という証明かもしれない。

また、通常なら「大字○○」とされるべき山間の小村に至るまで、すべて都心部と同様に「○○町」と名付けたケースも、特に北陸などの市に顕著に見られる。

たとえば「福井市中町《なかまち》」と聞けば、誰もが市の中心部にあると想像するが、実際は福井駅から西へ10キロほど行った山あいの静かな集落である。もとは坂井郡本郷村大字中《なか》（藩政期は「中村」）が、戦後、同郡川西村（その後川西町）の大字中となり、福井市に合併された際にすべての大字に「町」が付けられたため、「自動的に」中町になってしまったのだ。

同じ「町」でも意味が違う

以上をまとめると、大字は基本的には藩政時代から明治の市制・町村制まで存続した村であり、新たな町村制における数カ町村合併による「行政村」の町村と区別するために「大字」の名を与えられた。そのため単独で町村制を施行した町村には大字がない。

戦後になって、昭和28年（1953）施行の「町村合併促進法」を受けて同30年（1955）前後にも「昭和の大合併」が行われた。その時にさらに他町村と合併（またはその際に市制施行）した場合、以前の町村の大字はそのまま新市町村の大字として引き継がれたが、場合によっては、それまでの町村の名を冠して前述のように「いわき市（大字）四倉町戸田」や、「男鹿市（大字）脇本脇本」などの連称大字名とされたのである。

江戸期の城下町や港町における細かい町々も基本的には大字と同じ扱いで、町村制における新・行政町村の中に組み込まれた。ただし大字とは呼ばれず、「○○郡○○町○○町23番地」のように町が二重に表記されるようになってわかりにくいのは現在も同様だ。

島根県には平成の大合併以前に「邇摩《にま》郡仁摩《にま》町《ちょう》仁万《にま》町《まち》朝日町《まち》」というところがあったが、仁摩町は自治体名、仁万町はその大字、その次の朝日町は小字にあたる。ここでは同じ「町」というコトバが異なる3つのレベルの地名階層を表わしているわけで、非常にまぎらわしい。明治期の地理学者・吉田東伍は「行政村」を「（町や村という呼称ではなく）郷と称したらどうか」と先見性の高い提案をしたが、もしこれを採用していたとすれば、今ごろはもっとわかりやすい住所が実現していたに違いない。

大字の下のレベルの地名

都市部または近郊であれば、たいていの場合、市町村内の大字や町に番地が付いておしまい、という住所は多い。しかし農漁村部、場合によっては都市部でも、大字・町をさらに区分けした小字または字と称する小さな地名が今も生きている。これは町村制以前の町や村の「字」であり、地租改正の際に江戸期までの小地名をおおむね統廃合したものだ。これについては詳しく後述するが、その前にちょっと一息入れ、次の章ではこの小字にも大いに関係する「番地」のことを先に取り上げていきたい。

第二章

番地と番外地の謎を探る

1　番地と地番

番地はいつ始まったか

俗に住所のことを「ところ番地」などと言う。番地がなければ郵便物は届かない、というのが一般的だ。珍しい名字や著名人なら市町村名だけで着くかもしれないが、都市部なら枝番号も、もちろん集合住宅なら部屋番号も書かなくてはいけない。

さてそれでは、番地というのは、一体いつ頃から始まったのだろう。全国的な「番地」の制度としては、明治5年（1872）に始まった戸籍制度（壬申《じんしん》戸籍）の発足とともに発行された地券（土地の所有証書）に、地所特定の符号として付けられたのが最初だ。

地方によっては検地の際に番号が振られ、それが記録に残っているものもある。佐藤甚次郎『明治期作成の地籍図』（古今書院）には、寛政12年（1800）の『勢州《せいしゅう》（現・三重県）多気《たき》郡河田村地詰検地簿』および文政8年（1825）の『武州入間《ぶしゅういるま》郡（現・埼玉県）荒幡《あらはた》村反別帳』が取り上げられているが、後者には

「百九十一　下畑十二畝《せ》六歩《ぶ》　○○（人名）」のように地所番号（１９１）および田畑の種類と面積（畝・歩がその単位）、地主名（耕作者名）が書かれた例が示されている。しかし同書によれば、「江戸時代にすでに地番を付けることは行われたが、それは例外的」であったという。

江戸時代の城下町は、武士の住む「武家地」と町人の住む「町地」が明確に区別され、武家地は居住者には所有権がなく、従って課税もされなかった。町地には地《じ》子《し》つまり地税が課せられたが、江戸や京、大坂、堺、奈良、日光などの都市、また宿場町でも、場合によっては地子が免除される場合も多かった。

壬申地券と地所番号

しかし明治維新で、土地の私有とその売買を公式に認めた新政府は、「四民平等」の趣旨に基づいて、武家地と町地および農村部の負担の均衡を図る必要があった。明治4年（１８７１）には、武家地と町地の区別を廃止して地子免除を撤廃、翌5年（１８７２）には、まず東京府へ「地券発行地租収納規則」を通達し、いわゆる「壬申地券」の交付が行われた。壬申《みずのえさる》はこの年の干支である。その後は、北海道・沖縄を除く他の地域にも漸次《ぜんじ》拡大していく。地券を基に、全国あまねく公平に課税しようということであった。

地券発行のためには土地ごとの面積・地目・地代・所有者の特定が行われなければならなかったが、一度に完成させるにはあまりに膨大な作業を伴うため、所有者による「申告制」をとった。信じられない話だが、土地の実測はせずに江戸時代の検地帳や名寄《なよせ》帳を基礎に登録が行われ、申告がこれら資料より少ない時にのみ実測検査を行ったのである。

この際に、登録漏れを防ぐために「地所番号」が振られた。地目は田畑から屋敷地、寺社境内、墓地、斃馬《へいば》捨場、山林などに区別され、それぞれ色分けして地引絵《じびきえ》図《ず》が作成された。この絵図も、政府の組織で一気に全国整備するのが不可能であったため、まだほとんど幕藩体制の組織を維持していた各村に命じて作らせた。この壬申地券では、各地の測量の竿《さお》（間竿《けんざお》）の長さの慣習的な違いや、検地帳に反別《たんべつ》（面積）が記載されていない石高のみのものがあるなど、基礎データが不揃いで整備は難航した。

地租改正時の地番が現在に至る

明治6年（1873）には「地租改正条例」が公布され、遅ればせながら今度は、1筆《いっぴつ》ごとの土地の測量が行われることになった。しかしやはり、全国の測量を政府の手で短期間で行うのは不可能ということで、府県を通じて村の組織によって作業が行われた。

このときに作成された地租改正地引絵図が今に至る「公図」のルーツのひとつだが、その簡易測量ゆえの不正確さがかなり広い範囲で放置された結果、現在に至るまで土地境界訴訟が後を絶たない。

地租改正では、壬申地券の際に付けられた1筆ごとの番号（地番）が寺社地や墓地、堤外地《ていがいち》（堤防などの外側の土地）などを除外していたため、これらを含めて改めて付け直す作業が行われた。しかし昨日付けたばかりの地番を、朝令暮改的な政府の指示により付け直さなければならないのは、各村の担当者にとっては腹立たしかったのだろう。なんとか壬申地券の地番をそのまま流用できるように工夫したところもあるようだし、また壬申地券時の地番づけにマゴマゴしているうちに地租改正での新たな地番づけ作業が降って来たため、結局は地番付けが1回で済んだ村もあるようだ。

とにかく、この地租改正の際の1筆ごとの土地の番号が、基本的には現在まで継続する地番となった。

居留地には幕末から「番地」があった！

しかしもっと古くから「番地」のあった地域も存在したのである。

たとえば横浜市中区山下町、つまり中華街のあるエリアだが、ここは周知の通り外国人居留地であった。横浜は幕末の安政6年（1859）に開港した港のひとつだが、当時の絵図を見ると、明確に居留地に番号が振ってあるのが確認できる。ここでは日本人の住む町には町名の他には何も記載されていない。

試しにこの幕末の絵図の居留地番号と現在の横浜市街地図を比較してみよう。フランス人技師クリペがフランス公使ロッシュの依頼で作成した65ページの「横浜絵図面」（1865年）には、外国人居留地に地番が入っている。居留地もまだ山手の方まで広がっていない頃で、ちょうど現在の山下町にあたるエリアである。

まん中は有名な中華街となっているが、たとえば聘珍楼《へいちんろう》の所在地である山下町1

４９番地をクリペ居留地絵図面で見ると、見事に現在と同じ１４９番地となっている。また山下公園に面したホテルニューグランドの10番地も、同じく居留地の10番地にあたっている。他の番号についても合筆・分筆が行われた関係で若干ずれた部分はあるものの、ほとんどが一致する。

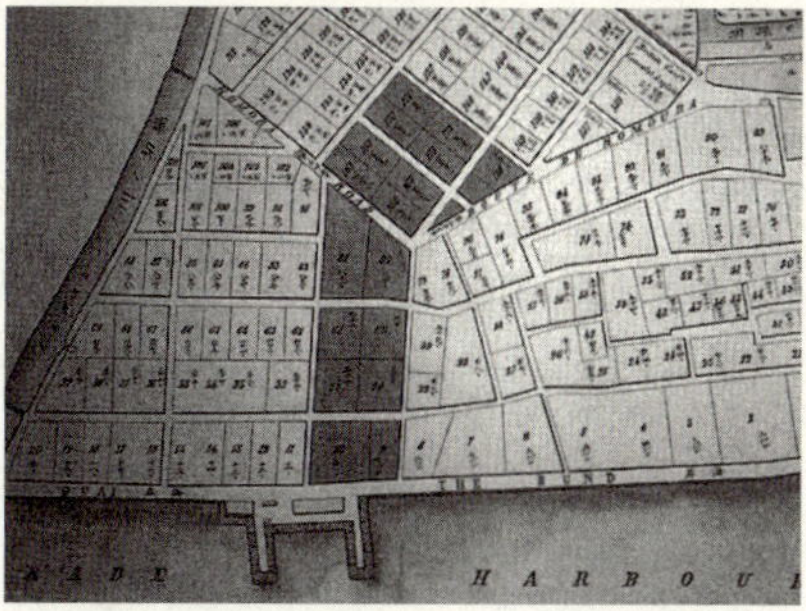

クリペの「横浜絵図面」に描かれた居留地の番号
（横浜開港資料館所蔵）

山下町は「住居表示」が行われていないので、この区域では今なお幕末の居留地番号が生きているのだ。正確に言えば、明治の地租改正に際して居留地番号を地番に流用した、ということである（横浜の関内・関外各戸に地番が付与されたのは明治7年〈１８７４〉）。

1筆が1つの地番に対応

「1筆《いっぴつ》」という言葉をよく耳にする。マンションの広告には「○○○番地他15筆」などという表現にお目にかかるが、この「1筆」というのは、ある所有者（共同名義も）による同一地目の土地であり、明治の「地租改正条例細目」で道路や用水・堤などに隔てられていないもの、と定めている。

ちなみに1筆という言葉は、江戸時代から検地帳などで使われている。検地帳では、それぞれの土地について地目（田畑などの別を上中下など等級づけして記載）および反別（面積）、それに耕作者名が1行に記されており、これを一筆《ひとふで》と称したのが始まりだ。明治以降もこの「筆」が公簿（地券台帳・土地台帳など）上の単位とされ、現在に至っている。

地番はこの1筆を識別するための符号であり、異なる1筆と1筆の間の境界を「筆界《ひっかい》」という。ついでながら、1筆の土地を分割するのが「分筆《ぶんぴつ》」、合併するのは「合筆《ごうひつ》」だ。地番については現在、「不動産登記事務取扱手続準則」（昭和52年〈1977〉）で次のように定められている。

（地番の定め方）

第一一六条　地番を定めるには、次の各号によるものとする。

一　地番は、他の土地の地番と重複しない番号をもって定める。

二　抹消又は合併により登記用紙が閉鎖された土地の地番は、特別の事情がない限り再使用しないものとする。

三　土地の表示の登記をする場合には、当該土地の地番区域内における最終の地番を追い順次にその地番を定める。ただし、地番が著しく錯雑するおそれがあるときは、隣接地の地番に支号を付してその地番を定めて差し支えない。この場合において、隣接地の地番が支号を用いたものであるときは、その本番の最終の支号を追い順次支号を定める。

四　分筆した土地については、分筆前の地番に支号を付して各筆の地番を定める。ただし、本番に支号のある土地を分筆する場合には、その一筆には、従来の地番を存し、他の各筆には、本番の最終の支号を追い順次支号を付してその地番を定める。

五　合筆した土地については、合筆前の首位の地番をもってその地番とする。ただし、同一の本番に支号を付した土地の全部を合筆した場合には、その支号を除き、本番のみをもって合筆した土地の地番とする。

六　特別の事情があるときは、前三号の規定にかかわらず適宜の地番を定めて差し支えない。

七　土地区画整理事業を施行した地域等においては、ブロック（街区）地番を付して差し支えない。

八　地番の支号には、壱、弐、参等の数字を用い、支号の支号は用いないものとする。

2　従来の地番に数字でない符号を用いたもの又は支号に更に支号を付したものがある場合には、その土地の表示の変更又は更正の登記をする際に変更するものとする。

3　二筆以上の異なる土地に同一の地番が重複して定められているときは、地番を付し替えるものとする。

4　地番が著しく錯雑している場合において必要があるときは、その地番を変更しても差し支えない。

69ページの図を見ていただいた方が早いが、若干補足をする。「支号」というのは、いわゆる枝番号である。1筆を分割するとき、その土地が地番区域内の最終地

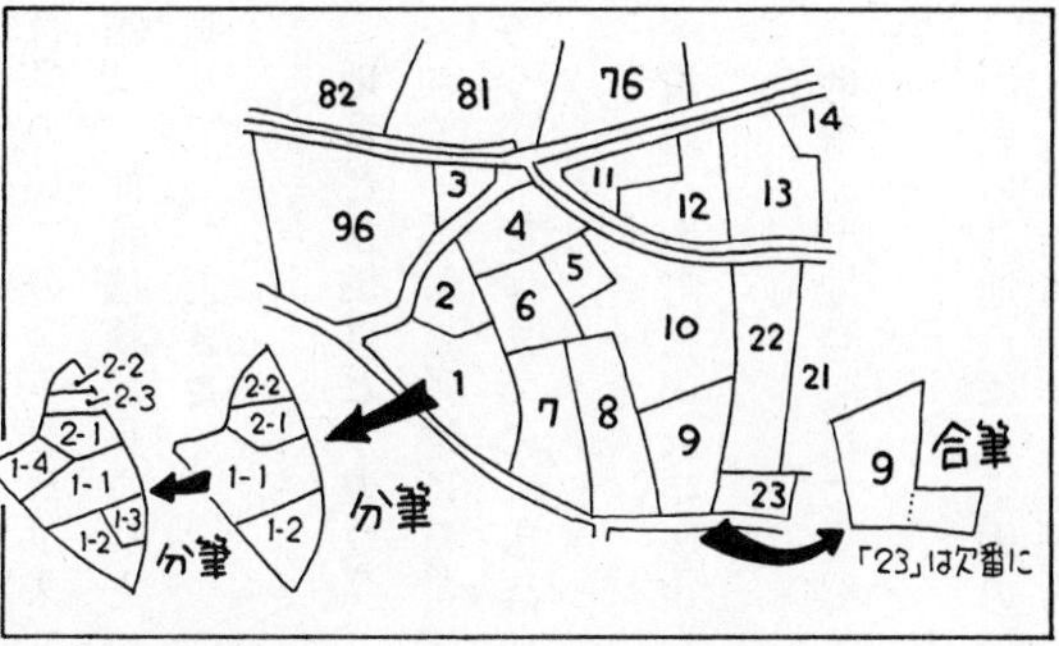

番に隣接していればその次の数字を付ければいいのだが、ほとんどの場合は最終地番から離れているので、支号を付けることになる。

たとえば1番の土地を2つに分筆する場合は「1番の1」と「1番の2」に分けられる。たいていは略記して「1－1」などとするが、ハイフンの後の数字が支号だ。

「準則」では、支号の支号は用いないという規定なので、1－2の土地をさらに分筆した際に1－2－1とはせず、1－3とする。また、現行の規定では「地番は数字のみ」としているが、明治の頃には支号に「甲乙丙」や「イロハ」を付けたり、今は禁止されている「支号の支号」を付けるケースも多かった。たとえば「32番の甲」「135番のイ」などである。

また、タテに合筆した土地をヨコに分筆したりして生じる「27番の3／27番の5合併の13」のようなケース、もっと複雑な表示も実際にはあるが、そのあたりの詳細は、仙台法務局長をつとめた専門家の藤原勇喜氏による『公図の研究』などを参照していただきたい。

地番と番地はどう違う？

さて、地番と番地は日常生活ではほぼ同じ意味で使われるが、両者の違いは何だろうか。参考までに『広辞苑』（第三版）を引いてみると、次のようにあった。

番地＝市町村・大字・字などの地域ごとに起番して、土地の一筆《いっぴつ》ごとにつけた番号。

地番＝土地登記簿に登録するために土地の一筆ごとにつけた番号。

両者の共通点は「土地の一筆ごとにつけた番号」であるが、私たちが番地という場合は普段の生活で郵便や宅配便の宛先として使い、また「地番」という言葉を使うのは不動産取引など、比較的限られた場合のような気がする。

番地と地番の違いについて、前述の藤原勇喜氏が『公図の研究』で、「地番というのは番地とは異なる。番地は、例えば、五番地といえば、『五番の土地に所在する』という意味を字外に含んでおり」と述べているように、ある土地を特定する符号が「地番」であり、その土地にある家や工場、またはゴルフ場、という文脈で使う場合に「番地」が使われるということだ。

念のため筆者が自宅の「登記済権利證」の「不動産の表示」の項目を確認してみたら、やはり土地の表示が「〇〇〇番」に対して建物は「〇〇〇番地」となっていた（本書では、地番表示の実例を示す際に「番」ではわかりにくいので、あえて「〇〇番地」と示したところもある）。

ここでお断りしておくが、住居表示が実施された区域にあっては、たとえば「赤坂一丁目3番5号」などという場合の「3番5号」は地番ではなく、住居表示のシステムにおける街区符号（3番）および住居番号（5号）であり、地番とは別物である。詳しくは住居表示のページで解説する。

地番の付け方——どこを1番地にするか

さてそれでは、明治初めに地租改正が行われた際、地所番号（地番）はどのように付けられていったのだろうか。地番の初めである「1番」の土地をどこにするかは、何かしら基準を決めなければならないが、これについては各町村で異なったようだ。『公図　読図の基礎』（佐藤甚次郎）によれば、福岡県で明治7年（1874）に「其村東方ヨリ地所之順序ヲ追ヒ……番号ヲ付可申事」という規則が出されている他は、ほとんどの府県でとくに指示されなかったという。

他には村の鎮守を1番とする例、または戸長宅から始めた例、また江戸時代の検地で一般的であった「巽《たつみ》（南東）から始めて乾《いぬい》（北西）で終わる」方式を踏襲した地域もあったという。

現在、地番が錯綜しているとか、飛んでいる番号が多い、という苦情をよく耳にするが、最初から「恣意的」に付けられていったわけではない。地番の錯雑は、明治以降の度重なる分筆や合筆、開発や区画整理、災害による地形の大規模な変化、それに小字の廃止などによるところが多い。

そもそも、ある大字・町という「面」を分割した区画のすべてに番号を打とうと

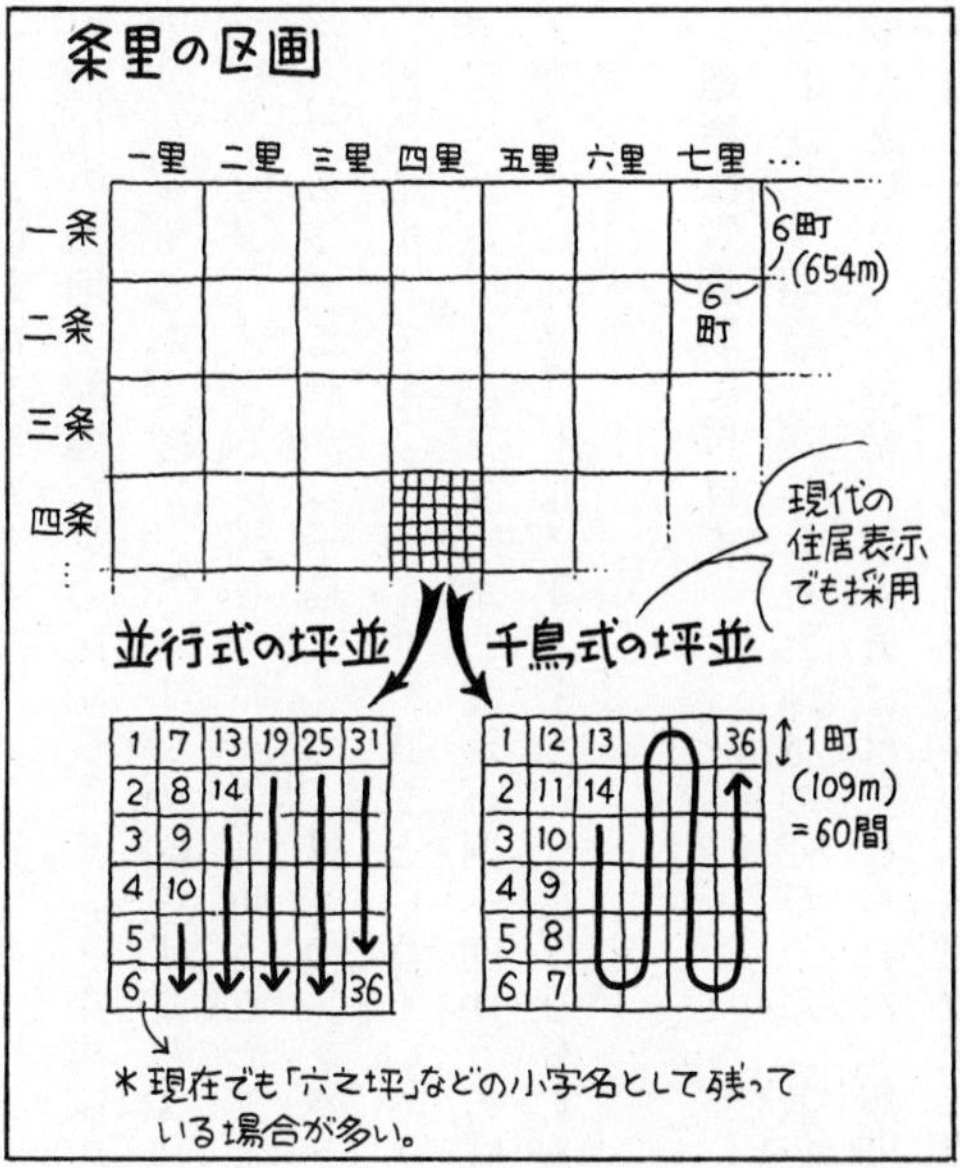

すれば、隣接する区画の数字にどうしても離れたものが混じるのは避けられない。広い面積の中にぎっしり詰まった何百何千の、場合によっては万単位の土地に対し、少しでも秩序づけるべく番号を付けていく作業は大変だ。

仮に正方形の大字があったとして、これに地番を付けてみることを考えよう。地形のことはまったく考えないと仮定すると、まず北西端から東へ1、2、3……と番号を付けていくとする。東端で行き止まれば、そこで折り返して西へ向かう。西端で行き止まればまた東へ折り返す。その繰り返しになるだろう。

古代の土地支配のための区画システム・条里制の土地の単位である「坪《つぼ》」のナンバリングもこれが多い。73ページの図のように条里制では北西から南へ一ノ坪、二ノ坪、三ノ坪……六ノ坪まで行ったら折り返して北上し、3往復して三十六ノ坪が終点である。これが「千鳥式」で、日本のナンバリングの基本となっている。

古代条里制でもう一つ「並行式」というものもあり、これは北から南へ六ノ坪まで行ったら折り返さず、また北から南へ向かう方式だ。この場合は一ノ坪の東は七ノ坪、十三ノ坪、十九ノ坪……という並び方をする。

地番は調査順に付けよ

しかし、明治に定められた地番の並び方に「並行式」はあまり見当たらない。なぜかといえば、地番の付け方には決められた「規則」があったからだ。

たとえば熊谷県（現・埼玉県）の『地租改正ニ付人民心得書』では「番号ノ儀ハ……一村所属ノ地ハ地所ノ種類ニ不拘《かかわらず》、地押《じおし》順ニ一筆限番号ヲ付シ可申事」（第七条）とある。地押（土地を正確に測り直して確定すること）の作業を行う順番で番号を付けると明記してあるわけで、これを守れば番号の飛ぶ「並行式」にするわけにいかず、必然的に蛇行することになる。

いざ番号を付ける際にどうするかだが、一般に村（町村制時の大字）の区域は相当に広いこともある。全国の大字の平均面積を調べたことはないが、郊外の少し小さめのサイズで1平方キロ程度の大字を思い浮かべるとき、これを1キロ四方の正方形の土地とすれば、住宅地なら1辺15メートルとして、およそ67軒分になる。1辺1キロのサイクルで番号を蛇行させるとどうなるかといえば、1番を出発した地番が折り返してきて1番の隣に到達するのは単純計算で134番ということになる。整然と並べたつもりが、1番の南隣が134番、2番の南隣が133番……となってしまうのだ。

これではあまりに不便なのは明白で、だから明治の先人も考えた。「小字」ごとにまとめて番号を振っていくのだ。その際、小字そのものにも番号を振り、「一番字・太郎窪」が1番から124番まで、「二番字・次郎山」が125番から203番……という具合に小字の中で細かく蛇行させて数字の振れを少なくし、全体の地番分布の中で、たとえば「500番台はどのあたり」というのがわかるようにしたのである。これが村（町村制以降の大字）ごとに通し番号を付けることから「一村通し」と呼ばれる付番方法だ。日本の多くの大字ではこれが適用されている。

小字単位の地番も

東北地方北部など、地域によっては字（小字）ごとに1番から振り直した地域もある。これが「字別付番《あざべつ》」である。したがってこれらの地域では住所を表示する際に小字を省略すると、地点が特定できない。なぜならひとつの大字の中に小字が仮に7つあるとすれば、その大字内に「1番地」が7カ所あるからだ。

筆者がハッキリと字別付番を実感したのが、豊橋市内で見つけた町名案内看板であった。そこには「○○字△△50」のように字と地番が明記されていたのである。秋田県本荘《ほんじょう》市（現・由利本荘市）でもこれを見た（78ページの写真参照）。羽後《うご》本荘の駅のキヨスクで買い物をしたレシートにはハッキリと「本荘市出戸《でと》町《まち》字西梵天《にしぼんてん》87番地」と印字されていた。もちろん市内各所に「字つき」の町名案内板があったのは言うまでもない。

佐藤甚次郎氏の『神奈川県の明治期地籍図』に掲載された一覧表によれば、「字別付番」の県（旧県）は、少数派であるが青森県、岩手県、秋田県の一部、宮城県、山形県の一部（旧・鶴岡県）、石川県、福井県、愛知県の一部、愛媛県（現・香川県部分の大規模村）、徳島県（山村の一部）、熊本県の一部で採用され、それが基本的には現在に受け継がれている。

付番が字別か一村通しであるか。これは一見どうでもよいことに思えるかもしれないが、字別なら小字名は常に「書かなければならない」のに対して、一村通しなら大字＋地番だけで場所が特定できるから「書かなくてもいい」ことになる。書かなくても済めば、誰も面倒なことはしなくなる。

小字ごとに地番が付けられた地域では小字名を表示しなければ場所が特定できない（愛知県長久手町＝現・長久手市。長湫が大字）

これがどんな結果をもたらすかといえば、明白であろう。字別付番地域は小字名が残り、一村通し地域では小字名は消滅の危機に瀕する。やがて字別付番地域では、運が良ければ独立した「町」に昇格す

字別付番区域の住所プレート（秋田県本荘市＝現・由利本荘市）

るかもしれないが、一村通し地域では、大字＋丁目で住居表示が行われたり町名地番整理が行われれば、小字は永久に失われる可能性が大きいのである。これは全国の実例が示すところだ。

本書の冒頭で愛知県の駄菓子メーカーに小字つき住所が目立つことに触れたが、愛知県人が几帳面なのではなく、小字を書かなければ郵便が届かないからである。

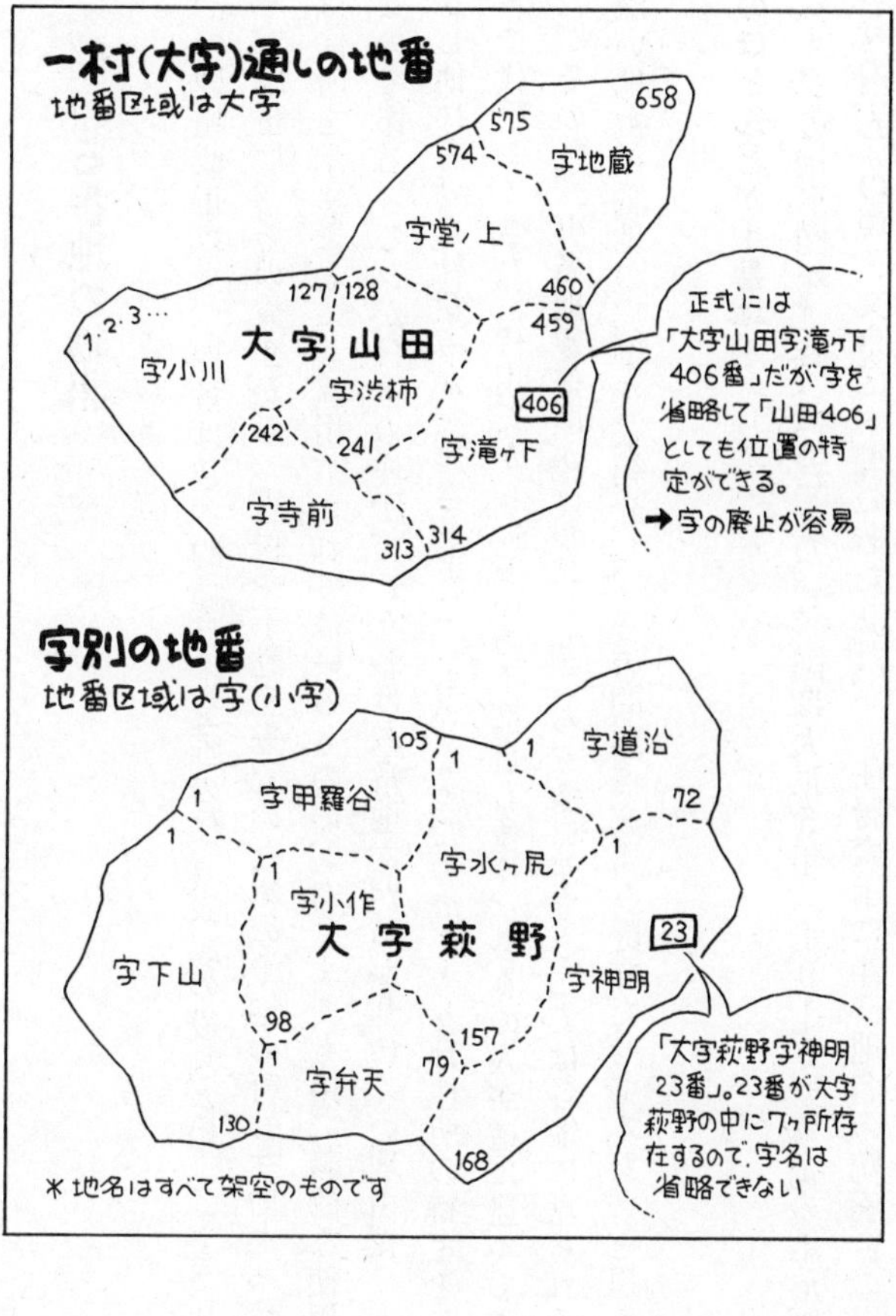
一村(大字)通しの地番
地番区域は大字
658
575
574
字地蔵
字堂ノ上
460
459
127
128
1.2.3…
大字山田
字小川
字渋柿
406
242
241
字滝ヶ下
字寺前
313
314
正式には「大字山田字滝ヶ下406番」だが字を省略して「山田406」としても位置の特定ができる。
➔字の廃止が容易
字別の地番
地番区域は字(小字)
105
1
1
字道沿
1
字甲羅谷
72
1
1
字水ヶ尻
1
字小作
23
大字萩野
字下山
字神明
98
157
1
79
字弁天
130
168
「大字萩野字神明23番」。23番が大字萩野の中に7ヶ所存在するので、字名は省略できない
＊地名はすべて架空のものです

2　悩める番地の物語

明治の地租改正以来、地番は基本的に日本全国の住所表記の役割を担ってきた。そもそも地番は、その成立から「課税や不動産登記のための土地の符号」であって、実際は住所を示すことに「流用」されてはいるものの、あくまでも第二義的な使用方法なのである。これが日本の住所、とりわけ「番地」がわかりにくい理由だ。

しかし他に有効な仕組みが実施されることもなかったので、人々は住所の特定をこの地番で代用してきた。代用だからいろいろ不都合も多く、多くの人が道に迷ってきたのだ。その後、町名地番整理が行われたところも多いが、ここでは各地に見られる興味深い地番・番地の実例をご紹介し、その問題点をより際立たせてみたいと思う。

町のほとんどが1番地！

81ページの地形図をご覧いただきたい。図は大正5年（1916）修正の地形図（1万分の1）の現・文京区本郷のあたりだが、住居表示に伴う地名の統廃合の嵐

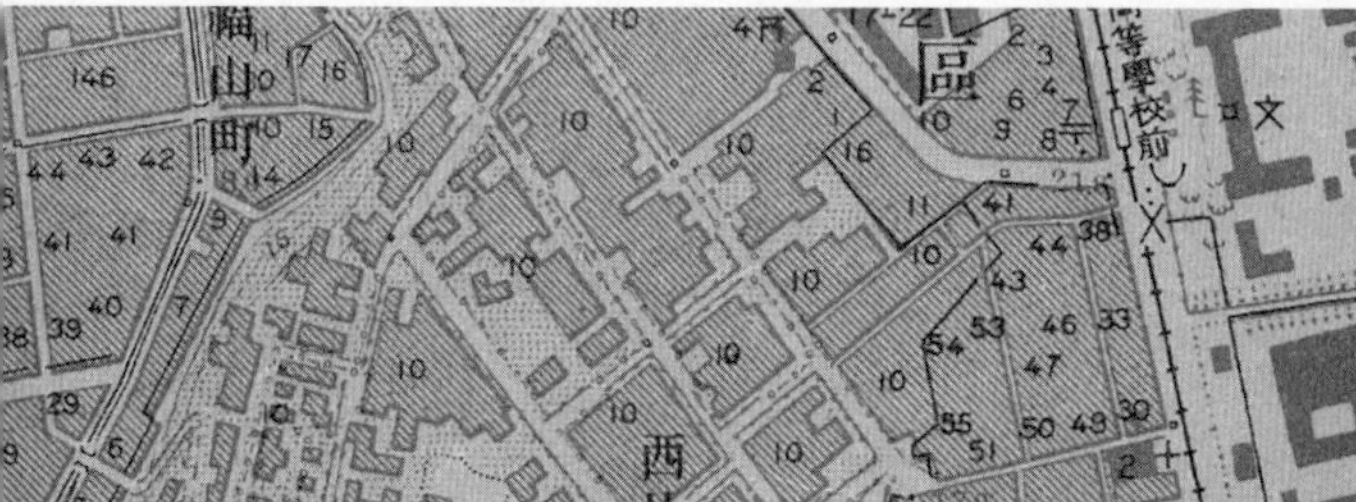

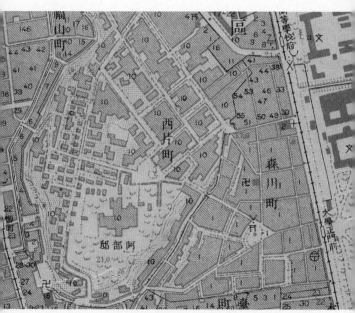

東京・本郷の森川町１番地と西片町 10 番地（1:10,000「上野」大正５年修正）

が吹き荒れる以前の、懐かしい町名が健在だ。

ところが地番がおかしい。図の右を南北に貫く本郷通りに面した森川町（現・本郷六丁目他）はほとんどが1番地であり、また西隣の西片町《にしかた》（現・西片一丁目他）の方はほとんど10番地となっている。

なぜだろうか。もちろん森川町の1番地、西片町の10番地ともに実際には支号がありながら、地形図では支号を表示しないため異様さが目立つのだが、少なくともそれぞれの親番（1番地、10番地）が、支号を付ける以前にそれだけ広大な1筆の土地であったことを示している。

これは江戸時代の切絵図（最近は復刻版が容易に入手できる）で調べてみたらすぐ理解できた。森川町の1番地にあたる広い土地が、ちょうど「本多美濃守」と記されていた。つまり三河（愛知県）岡崎藩の本多氏の下屋敷だったのである。また西片町10番地の方は「阿部伊予守」、こちらは備後（広島県）福山藩・阿部氏の中屋敷であった。つまりどちらも大名屋敷である。

この阿部氏の広大な屋敷は地形図にもはっきり描かれているが、東西80メートル、南北75メートルという実に巨大な建物である。周囲は庭園として鬱蒼《うっそう》とした樹木に囲まれていた。場所は中山道と日光御成《おなり》街道（岩槻街道）の分岐点である追分（図中右上、高等学校前電停のある場所）が目の前で、９万９千石の譜代大名・阿部氏が江戸の北方の要所に陣取ることで、東北方面の外様大名へ睨《にら》みを利かせる狙いがあったそうだ。

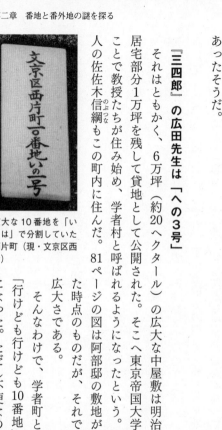

『三四郎』の広田先生は「への３号」

それはともかく、６万坪（約20ヘクタール）の広大な中屋敷は明治に入ってから居宅部分１万坪を残して貸地として公開された。そこへ東京帝国大学の近所ということで教授たちが住み始め、学者村と呼ばれるようになったという。夏目漱石や歌人の佐佐木信綱《のぶつな》もこの町内に住んだ。81ページの図は阿部邸の敷地が１万坪に減った時点のものだが、それでもこれだけの広大さである。

広大な10番地を「いろは」で分割していた西片町（現・文京区西片）

そんなわけで、学者町となった部分は「行けども行けども10番地」ということになった。ただし不便なので街区ごとに

「いろは」を付け、これと数字を組み合わせて一種の便宜的な「住居表示」が行われた。たとえば「西片町10番地い―1」などと呼ばれることになったのである。漱石の『三四郎』に登場する広田先生もやはりここの住民であり、先生の住所は「西片町十番地への3号」という設定であった。三四郎に向かって佐々木与次郎が、「いいか、九時迄だぜ。への三号だよ。失敬」と念を押しているから、やはりわかりにくかったのだろう。

日本一の支号錯雑

この西片町では「いろは」を付けて応急処置を施したせいか、根本的な地番整理をせずに昭和39年（1964）の住居表示の実施までそのまま続いた。地形図をさらによく見ると、同じ西片町でも、中山道沿いの旧御徒組《おかちぐみ》（将軍外出の際の警備係）の小規模な宅地（図の上端付近）は当初から地番が細かくなっているのがわかるだろう。

この「いろは」も実は正式な地番ではなく、実際の支号はおそらく日本一の複雑怪奇ぶりを示していた。86・87ページの図は、住居表示の整備を説き続けた小栗忠七氏（第四章住居表示の章参照）が「地番錯雑」の実例としてたびたび持ち出した西片町10番の分筆図である。

87ページの図の方は、支号（「いろは」とは無関係）を1から順を追って549まで線を引いていった軌跡図なのだが、氏によれば、これは製図に18時間かかったから、家を訪ね当てるには3日はかかるだろう、としている。実際に3日かけてもわからなかったので手紙で用を足した、という知人の話も紹介されているが、そちらの真偽のほどは不明だ。

明治期から行われた地番付け直し

森川町の方はどうだろうか。こちらは本多氏の下屋敷だが、江戸期の幕臣・森川金右衛門の屋敷付近が森川宿と通称されていたのにちなんで、明治5年（1872）に正式に命名されたものだ。明治以降は帝大の門前という地の利で下宿街として発達した。そのため分筆が非常に多くて支号（枝番号）だけで処理できなくなったからか、昭和初期の地形図ではすでに広大な「1番地」が消え、70番地～140番地に細かく地番の付け直しが行われたことが示されている。

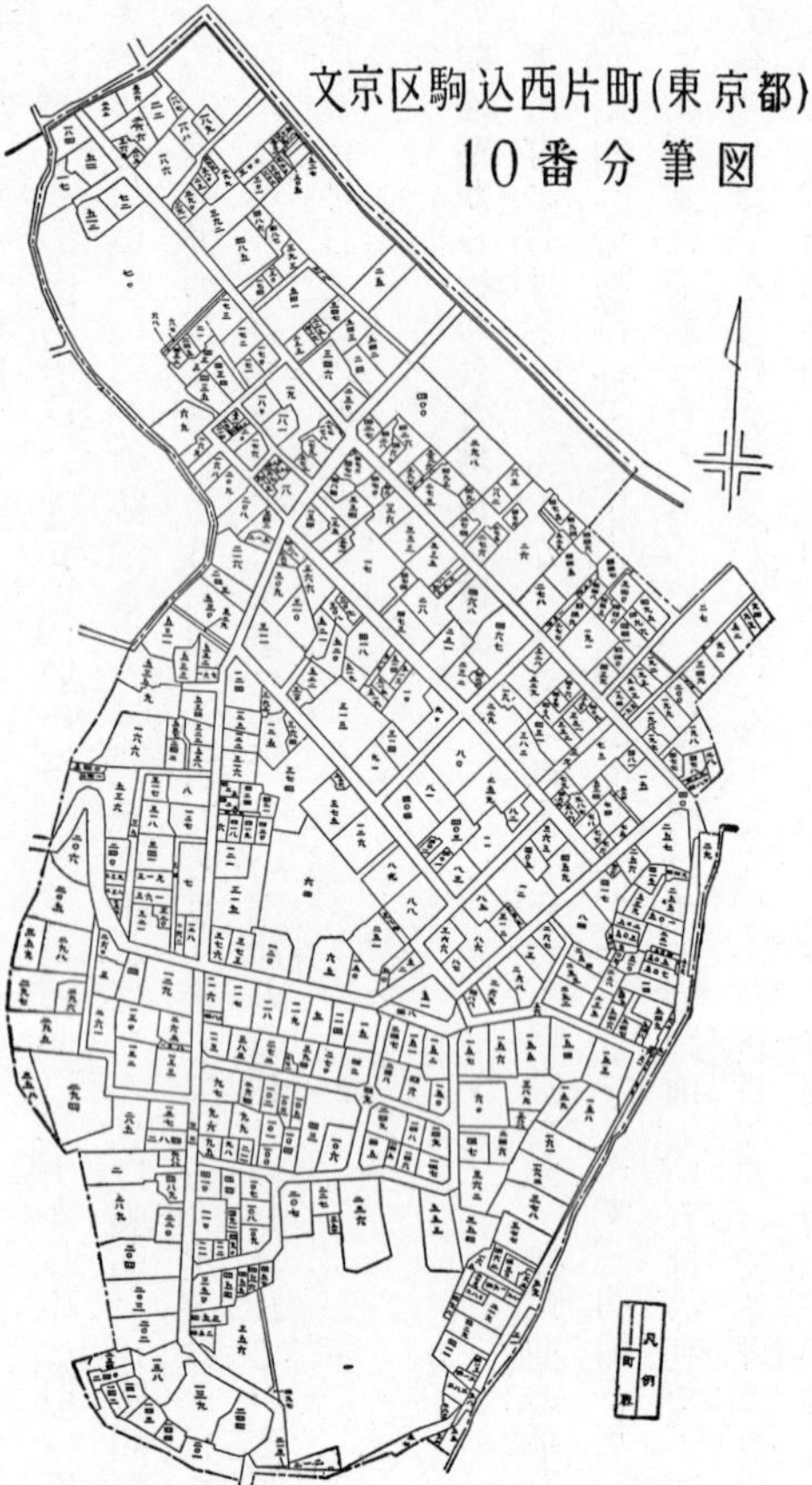

広くて有名だった「西片町10番」。この全域が10番地で、数字はその支号（枝番）を示す。(『新しい住居表示』市町村自治研究会編より)

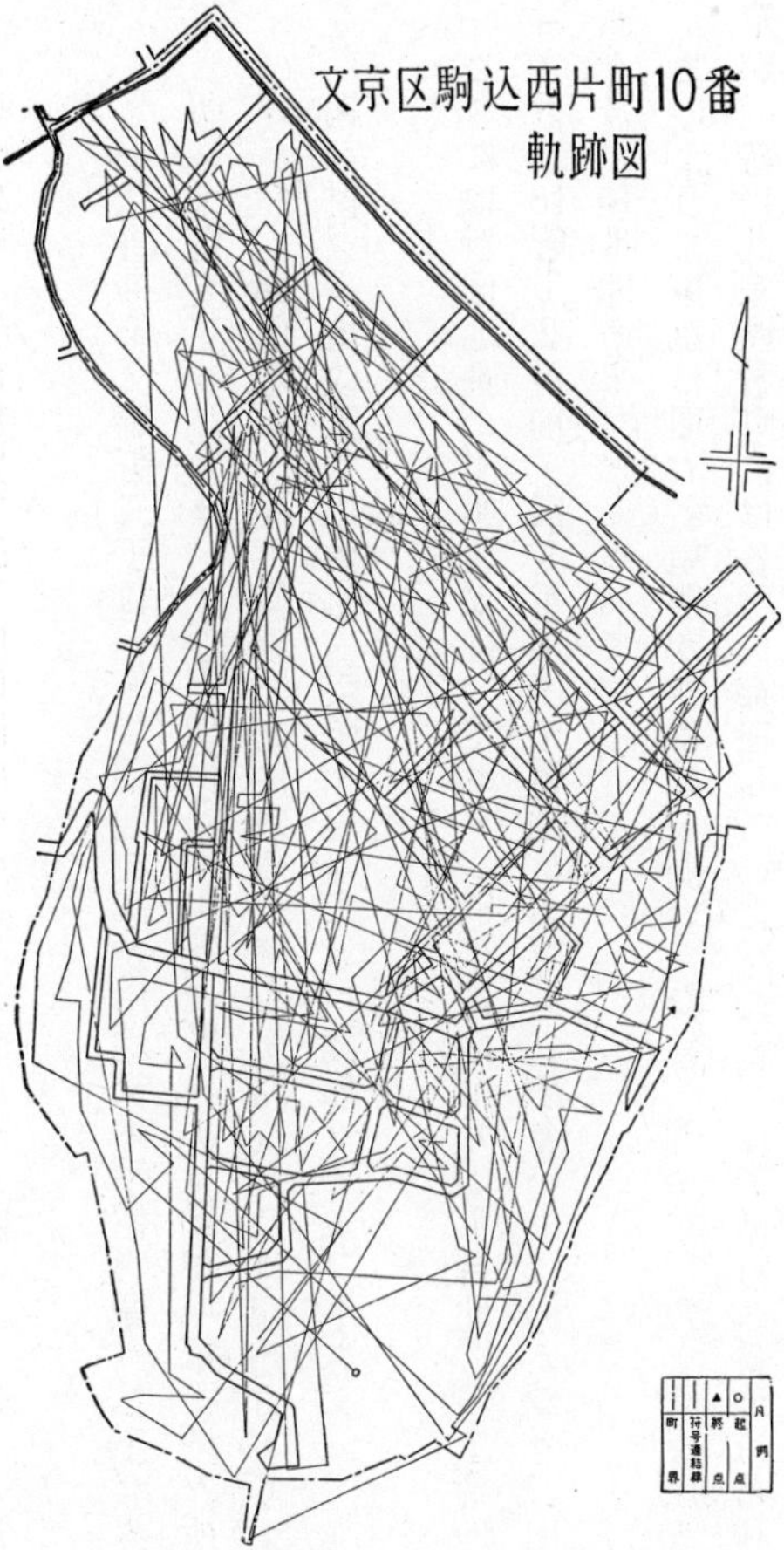

西片町 10 番の支号を 1 から順に末番（549）まで線を引くと……
（前掲書より）

『東京市史稿・市街篇78巻』には、神田錦町三丁目の地番付け直しの例が載っている。明治22年（1889）10月18日付けで東京市が認可した際の文書は次の通り。

十八日神田区錦町三丁目一・二番地文部省用地ノ内平沼専蔵ヘ払下ゲタル地所ノ地番変更ヲ認可ス。（その理由）神田区錦町三丁目壹番地貳番地々所大地坪ニ而《て》、郵便電信配達、警察署之戸籍調、区役所諸税之切符配達方不便不少《すくなからぬ》趣ニ付、番地改正願出候処、実際相違無之《これなき》ニ付聞届クルモノトス。

ここには新旧地番の対照表が載っており、旧1番地1号→1番地、旧1番地9号＋2番地15号→2番地、旧3番地〜7番地はもともと小さいので据え置き、旧2番地4号→8番地……などとなっている。

このように東京は旧大名屋敷が非常に多かったため、例に挙げたような広大な1筆が、特に武家屋敷町には各所に存在していた。たとえば矢来町3番地は若狭《わかさ》（福井県）小浜藩・酒井家の屋敷であり、新潮社の敷地も含む広大な「3番地」であったし（その後地番変更）、大正時代の1万分の1地形図を見ると、八重洲一丁目

（現・丸の内！）や銭瓶町《ぜにがめ》（現・大手町二丁目）など、1番地しか存在しなかった町も少なくない。

宅地開発でも生じる複雑支号

広大な土地は大名屋敷ばかりではなく、山林もその性格上、広大な1筆であることが多い。それが宅地開発などで分筆されると、分譲した数だけの膨大な枝番号（支号）が生じることになるのだ。

参考までに、筆者の住む東京都日野市の例を挙げてみよう。市内の南平《みなみだいら》といえば戦後、特に昭和40年代から急速に丘陵地の宅地開発が進んだ区域であり、南平1564番地という尾根に接した広大な1筆が数百に分筆された。91ページの図がそれだが、各区画に記入された数字は、すべてが1564番地の支号なのである。たとえば図中に「301」とあれば、日野市大字南平1564番の301（1564−301と略記）である。

支号の並び方を見渡してみると、番号順に並んでいるところもあるが、脈絡のないものや、順番に並んでいる数字の間に、突然はるかに大きな数字がはさまっていたりする。たとえば息子夫婦のために土地を分けたり、子供が独立したので敷地の半分を売りに出した、などで分筆が行われたためだろう。

それにしても、こんな支号の並び方では、住所を頼りに訪問する方は大変だ。しかし、この錯雑状態は「不動産登記事務取扱手続準則」第116条8項の規定「支号の支号は用いないものとする」とあるのでやむを得ない。これが親番号ならたとえば1、2、3、4と地番が並んでいて、その2番が分筆した際に2−1および2−2と分筆することが可能なのだが、すでに支号のある地番、たとえば54−1、54−2、54−3、54−4、……、54−103まで細かく分筆されていた場合、54−2が分筆する場合は同準則の規定に従って、最後の支号の次の数字を支号にするしかないのだ。だから、たとえば54−2の隣に54−104という飛び離れた数字が納まることになってしまう。ちなみにこのエリアでは平成22年（2010）に町名地番整理が行われ、支号錯雑状態は解消された。

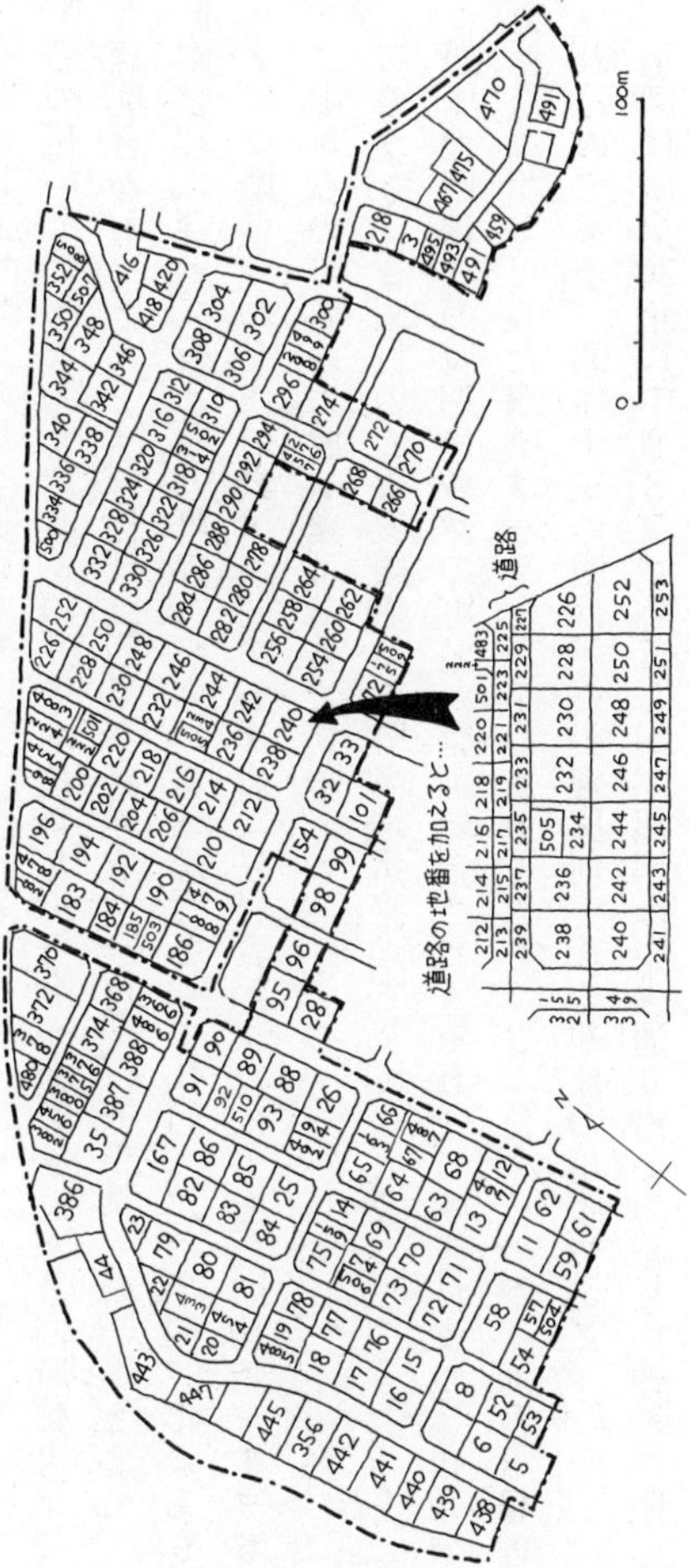

南平1564番地の支号一覧図

奇数と偶数でブロック分け——東京の地番整理

東京の都心部では地名の激動期が3回あった。まず明治維新直後の明治4年(1871)に武家地と町地の区別をなくし、翌明治5年(1872)ごろ、それまで町名の付いていなかった数多くの武家地に新しい町名が命名された(同時に町地でも統廃合があった)。2回目は、関東大震災後の「帝都復興事業」の一環として、区画整理に伴って行われた町界・町名地番整理。そして3回目が、昭和37年(1962)に施行された住居表示に関する法律(住居表示法)による、同40年(1965)頃からの町名の大胆な整理統合である。

このうち、2回目の震災復興事業の町名地番整理を見ていこう。銀座地区はこの時期に多数の町名が整理統合され、それまで四丁目まで(和光の交差点以北)だった銀座は一挙に八丁目までと大きくなった。その際、地番も整理されたのである。93ページの図は、震災復興前と後の銀座の地番である。

上図は明治20年(1887)発行だが、銀座は中央通り沿いの細長い領域に限られていて、西側などひとつ裏の道へ入れば別の町であった。その後昭和5年(1930)に震災復興事業に伴う町名地番整理が行われた。それが下図である。この図

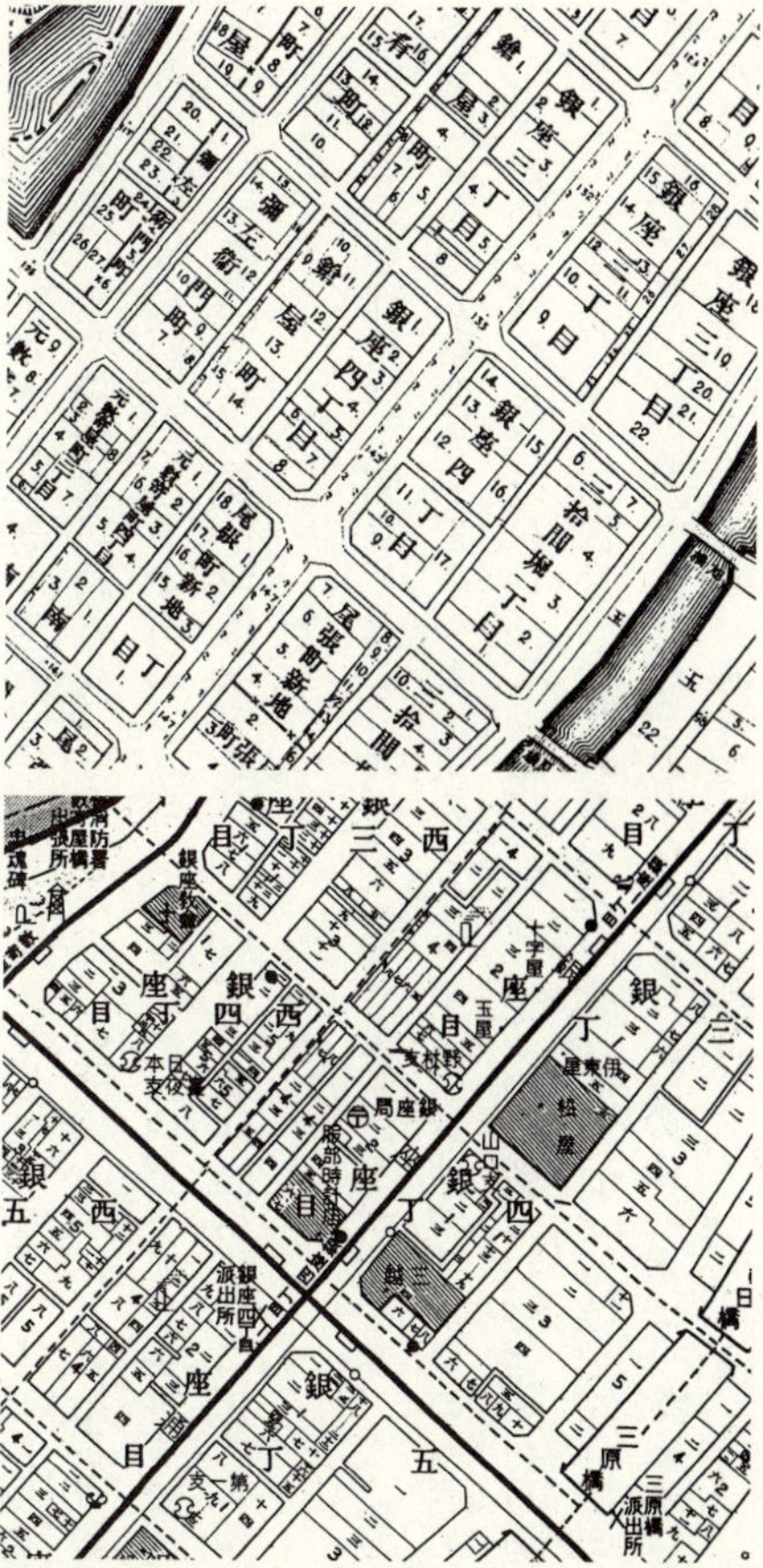

明治期の銀座の旧地番（上図）と昭和５年以降のブロック地番（下図）。出典：内務省地理局 1:5,000『東京実測全図』明治 20 年（上図）、坂西出版部 1:5,000『京橋区詳細図』昭和７年（下図）

は昭和7年（1932）発行のもので、算用数字が親番、漢数字が支号となっている。

銀座四丁目の地番に注目してみよう。整理前の上図では中央通りの西側に1〜8番地、東側に9〜17番地が見える。もちろん縮尺の関係ですべての地番を網羅しているわけではないが、通りの西側の北端の1番地から南下して8番地まで、以下東側に移って南から北へ9〜14番地が並び、さらに裏通り側へ移って15〜17番地という具合だ。

ところが整理後の下図は、三越のある中央通り東側にまず1番地、次に西側に2番地、3番地が東側の三越のひとつ東のブロック、4番地が2番地の西側のブロック……という具合に交互に進んでいる。ここでは2つの新しい地番の付け方が行われたことになる。まず街区ひとつに親番号を与え、各筆はその支号で示されること。これを、「ブロック地番」と呼ぶ。もうひとつは、町の中心の通りをまん中にして片方に奇数、もう片方に偶数の地番を付けたことだ。

この方式は銀座だけでなく京橋、日本橋、神田など江戸時代以来の市街地を中心に広い範囲で行われた。

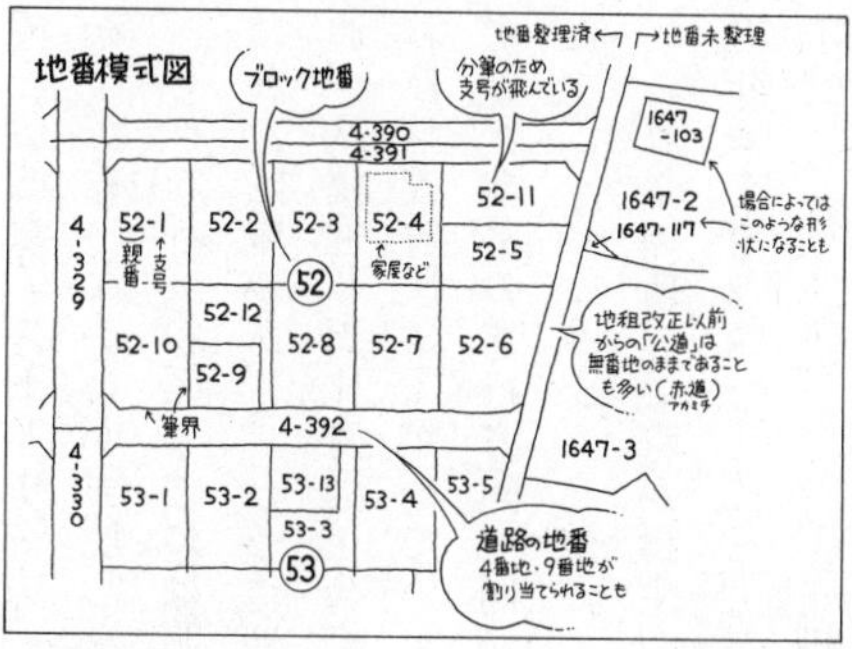

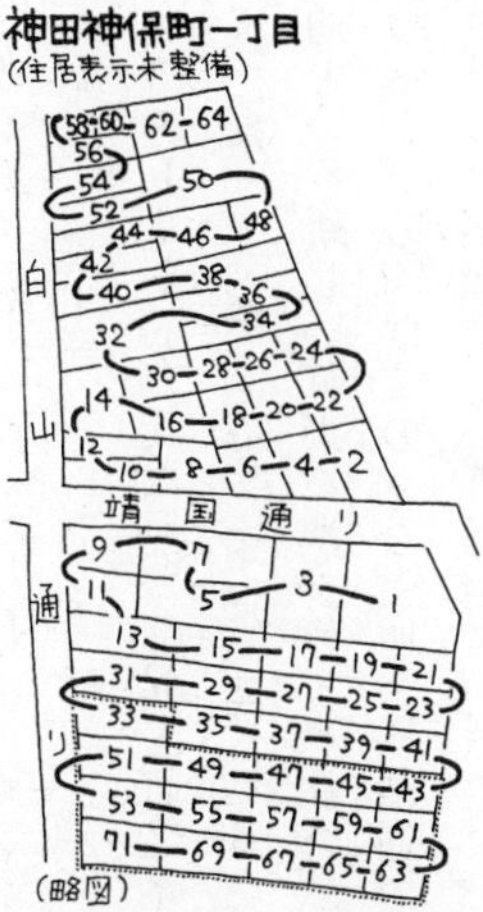

靖国通りの北側が偶数、南側が奇数の地番になっている東京・神田神保町。最近の再開発で街区が変わり、南端部の地番が100番台となった

千代田区の神田神保町は地番が50〜60番台まであり、左の図のように靖国通りの南側が奇数、北側が偶数となっている。その後は大半の地域で、住居表示法に基づく再度の町界・町名の整理によって、住所の表示としては変更が行われたが、神田神保町をはじめ神田駿河台《するがだい》、神田司町《つかさまち》、神田美土《みと》代町《しろちょう》などでは現在も残っており、これを知らない人は10番地を探すために11番地の周辺をウロウロして永久に見つからない、ということになるのだ。

通りの両側で奇数・偶数を分けるといえば、欧米で一般的な「ストリート方式」であるが、これについては日本でもあれこれ検討されながら、なかなか実現しなかった。

それでも渋谷区などには明らかにストリート方式に似た町界・町名地番整理が行われた区域がある。かつて渋谷区には、上通《かみどおり》、中通、下通、大向《おおむかい》通、栄通、神宮通、八幡通、恵比寿通、公会堂通という新しい町が、渋谷駅・恵比寿駅を中心におおむね放射状に広がっていた。97ページの図はこのうち上通と八幡通であるが、いずれも地番の進行方向左側が奇数、右側が偶数という具合で、まさに欧米式であった。

これらの新しい町が誕生したのは、まだ渋谷が東京市に編入される4年前の昭和3年（1928）、東京府豊多摩《とよたま》郡渋谷町の時代である。区内のこれら新しい町は「通」を称するだけあって細長い町域ではあったが、欧米のように裏へ回れば別の通り名があるわけでもなく、中途半端に太いものであった。日本で馴染みのない方式であったためか、その後、住居表示施行に伴って昭和40〜45年（1965〜1970）の間に（公会堂通のみ昭和35年〈1960〉）いずれも道路で区切る一般的な町割りに取って代わられ、この「先駆的町割り」は約40年の歴史を閉じた。

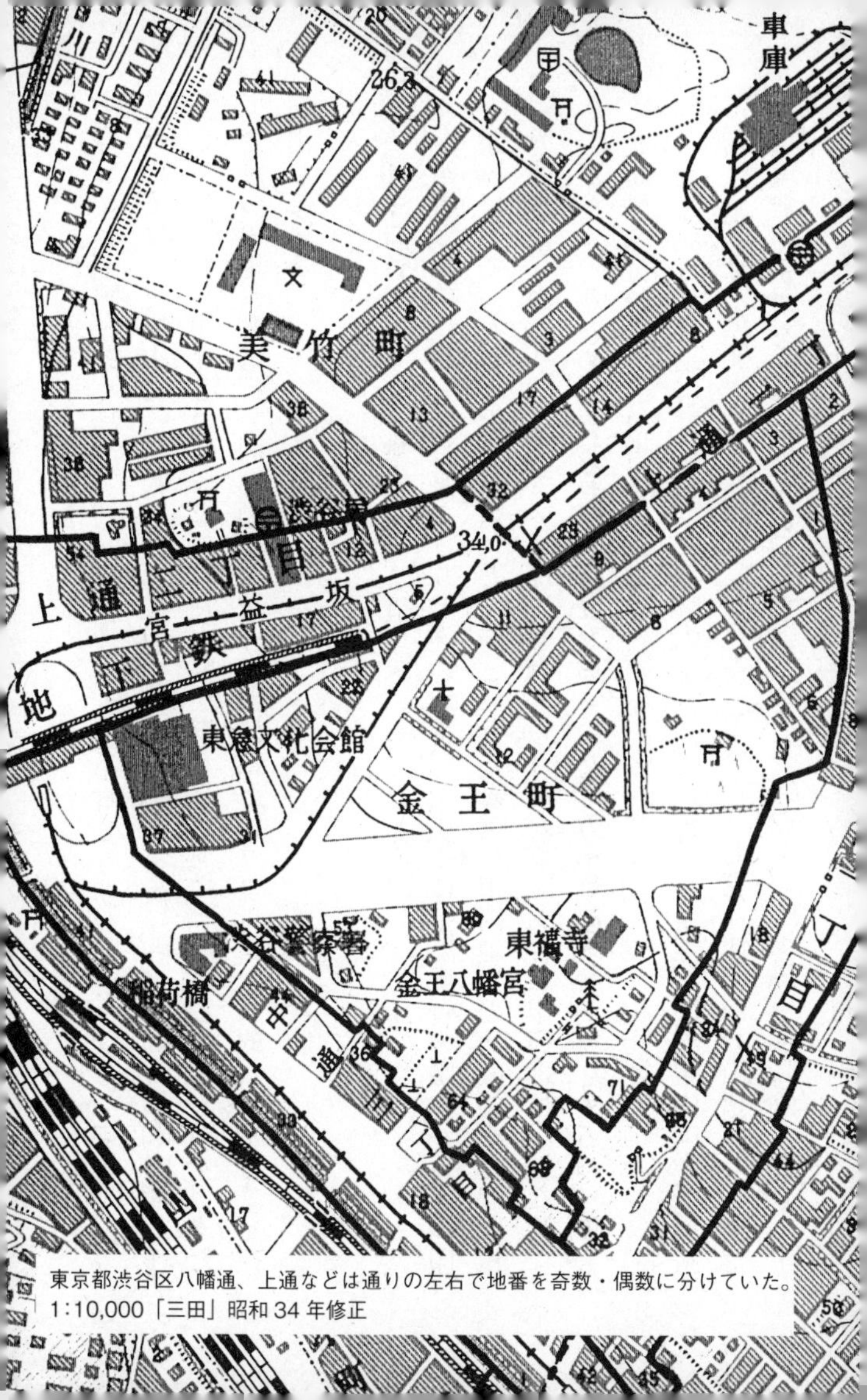

東京都渋谷区八幡通、上通などは通りの左右で地番を奇数・偶数に分けていた。
1:10,000「三田」昭和 34 年修正

しかし全国各地を見渡せば、まだこの方式の町割りが残っているところは多い。たとえば名古屋市には昭和区に「御器所通《ごきそ》」や「紅梅町《こうばいちょう》」（いずれも昭和8年〈1933〉から）などの短冊形の細長い町がびっしり連なっている地区があり、またこれらの地番は進行方向左側が奇数、右が偶数というヨーロッパ的な付番方式を採用している。

10キロ行っても同じ地名

筆者は以前から、長野県では5ケタの地番、要するに1万番台の番地が目立つ印象を持っていた。地番（筆数）が多いということは、市街地など比較的小さな面積の地番がぎっしり詰まっている場合も考えられるが、おおむね市街地は小さな町に分かれているため、むしろ筆数は少ないものだ。万単位の地番が存在するのは広大な面積を持つ農村部の大字であることが多い。

たとえば軽井沢町の長倉という大字は非常に広い。場所は旧中山道の沓掛《くつかけ》宿（現・中軽井沢駅付近）を中心としたエリアだが、北端は浅間山の山頂まで、南端は塩沢湖までを含む。端から端まで約10キロもあり、町役場も「長倉2381―

1」である。隣の大字軽井沢も広大で、三笠ホテルの北方から旧軽井沢、軽井沢駅を抜けて碓氷《うすい》バイパスまでが延々と「軽井沢○○番地」なのだから、番地だけでたどり着くのは容易ではない。そんな事情を背景にもったためか、軽井沢では地番とは別に独自の「別荘番号」が使われており、郵便の宛先として現在も有効だ。

「道案内」としての住所

蓼科《たてしな》高原あたりもそうだ。茅野《ちの》市街からビーナスラインで東へ行くと、バスで15分ほどの芹ヶ沢《せりがさわ》から茅野市の大字北山に入る。しかしそのまま蓼科湖を過ぎ、ピラタスの横岳《よこだけ》ロープウェイに乗って頂上の駅から坪庭を歩いて縞枯《しまがれ》山荘にたどり着くまで、すべて大字北山だ。国道299号沿いでも、横谷渓谷や渋川温泉、そして国道最高地点の麦草峠までが北山である。

だから蓼科周辺のペンションなど、ほとんどが「茅野市北山○○○番地」になってしまうため場所特定の機能はないに等しく、道案内には何の役にも立たない。このため、大字北山にある観光施設のほとんどは「蓼科湖」とか「明治温泉」「横谷渓谷」「蓼科高原別荘地」などの名称を案内の住所の一部に使っているのが現状だ。

これは志賀高原も同様で、入口の湯田中《ゆだなか》温泉や渋温泉に始まって丸池、高天ヶ原《たかまがはら》、一の瀬高原、発哺《ほっぽ》温泉などなど、このあたり一帯の観光地は、どの旅館でもスキー場でも「長野県下高井郡山ノ内町大字平穏《ひらお》〇〇〇番地」となってしまうのだが、それではあまりにも不便ということで、実際には次のような住所の表記が行われていることが多い。発哺温泉は同一地番（支号は別）のホテルなどがいくつかあるが、調べてみるとほぼ次の3種類が使われている。

山ノ内町大字平穏7149
山ノ内町発哺7149
山ノ内町志賀高原発哺温泉

いずれも同じ場所を指すが、志賀高原全体で実際に使われている住所には、最後の「志賀高原〇〇」というタイプが最も多い。一つめのように、「平穏」という志賀高原全域を覆って余りある巨大な大字の後に地番があっても、実際にどこを指すのかわからないからである。二つめは「発哺」という温泉名を出すことで場所を特定しながら、しかも地番も併せて記載する中間タイプだが、やはり最後のものが観光客には最もわかりやすい表示だろう。

茅野市北山の蓼科高原でも、「茅野市北山4026」と「茅野市北山　東急リゾートタウン蓼科内」などが混在している。これなど一企業のリゾートタウン名であって住所とは言い難いものがあるが、住所を道案内の側面から考えれば、「4026番地」などと突き放されるよりずっと親切である。

機械メーカーのファナック株式会社の以前の広告では、本社の住所を大胆にも「富士山麓山中湖畔」としていたが、正式な住所の「山梨県南都留《みなみつる》郡忍野《おしの》村大字忍《しぼ》草《くさ》字古馬場3580番地」よりもはるかにわかりやすいことは確かだ。

昔は多かった「道案内式」の住所

最近は少なくなったが、このような道案内式の住所表示は、昔は広告を中心にかなり広範に使われており、特に大阪などでは町が細かく分かれているため、京都市旧市街のように通り名や橋の名を組み合わせて示すことも多かった。

昭和15年（1940）10月号の『時間表』（時刻表）の巻末旅館案内を見ると、

ズラリと並んだ旅館リストの住所は、「正式」の地番付きのものに混じって、次のように「道案内的」な住所がずいぶん目立つ。

山形屋旅館　（大阪市）南区道頓堀新戎橋《しんえびすばし》北詰角
樋口旅館　（大阪市）大阪駅前阪急百貨店東辻南入
いづみ旅館　（大阪市）天王寺駅東アベノ橋北詰東一丁天王寺師範学校西
ホテル松屋　（東京市）電停麴町四丁目南入半丁四ツ角
人形町ホテル　（東京市）人形町堀留《ほりどめ》停留場三和銀行角
菊水旅館　（東京市）新宿甲州街道口右へ一丁

長野県に広大な大字がある理由

長野県の話に戻るが、それではなぜ同県に広大な大字が存在するのだろうか。これは明治の町村制以前の話に遡らなければならない。大字が原則として江戸時代までの「藩政村」であることはすでに述べたが、長野県の一部ではその原則にあてはまらないからだ。江戸時代から続いてきた村が明治22年（1889）の町村制施行の際に4～5村ずつ合併して新しい「行政村」ができた、というのが一般的な動向ではあったのだが、例外もあるのである。

実は県内の一部では、郡区町村編制法（明治11年）より早い明治8年（1875）頃に、町村合併を行った地域がかなりあった。これは長野県に限らず、岐阜県や大分県の一部などで行われたことであるが、小規模町村の合併により、多額の出費を伴う小学校建設、役場等の人件費、土木関係費などを節約することによって、地租改正の費用の捻出《ねんしゅつ》を図ったらしい。長野県の場合も、関東や北陸などの平地の大規模な村に比較して、平均的にみて小規模な山村が多かったことから、これに該当するのではないだろうか。

たとえば先ほどの蓼科高原の所属する茅野市大字北山は、こんな経緯で現在に至っている。まず明治8年（1875）に諏訪郡内の糸萱《いとがや》新田村・柏原《かしわばら》村・湯川《ゆがわ》村・芹ヶ沢村の4村が合併して諏訪郡北山村が誕生した。その後、明治22年（1889）に全国に町村制が施行され、「明治の大合併」となるのだが、ここ北山村ではすでに明治8年に合併を済ませて行政村規模になっていたため、そのまま単独で村制施行できたのである。全国の村々に地番が付けられたのは地租改正時だが、北山村の合併はちょうどその時期だったので、これだけ広い村なのに原則通りに「一村通し」地番が付けられたようだ。このため地番はどうしても7～8000、多ければ万単位、中には2万数千番まで付けざるを得なかったのである。

このような経緯により、北山村は村全体が「地番区域」となり、昭和30年（1955）に茅野町（3年後に茅野市）となって初めて「大字」となった。だから、他県なら本来大字レベルである旧藩政村の糸萱新田村などは「小字」扱いとなったのだ。おそらく、さらに下の地名階層にあたる藩政村時代の字（小名）は、事実上消滅してしまっているのではないだろうか。

しかし県内には明治7～8年の合併以来、そのまま単独村制施行して合併せずに今日に至っている村が少なくない。このため各村役場の所在地は、次のようにいきなり地番がくることになる。

南箕輪村《みなみみのわ》4825―1
王滝村《おうたき》3623
南相木村《みなみあいき》3525―1

3　番外地とは

網走刑務所の本当の住所は？

『網走番外地』という高倉健さん主演の映画シリーズのおかげで、「番外地」という用語は万人に知られるようになったのではないだろうか。そんなわけで、番外地は番地の並んでいるシャバの外の世界、というイメージが定着してしまった。バンガイチという音も濁点がちで、なんとなく迫力があるし。

それはともかく、網走刑務所の現住所は、次の通りである。

網走市字三眺《さんちょう》官有無番地

番外地ではなく、「無番地」である。番外地はあまり用いられない用語であるが、無番地と実質的には同じことを指している（無地番地ともいう）。つまり地番が付けられていない土地ということだ。最も身近な無番地には、道路や河川がこれに該当することが多い。しかし「公道」がすべて無番地というわけではなく、地番のある道路と無番地の道路が混在しているのが現状である。

表示登記をすれば必ず地番を付けることになっているので、地番がないということは、すなわち民法239条2項「無主ノ不動産ハ国庫ノ所有ニ属ス」の規定によって国有地ということなのだ。ちなみに、これら「法定外公共物」のうち、里道《りどう》、水路などの機能を有しているものについては、平成12年（2000）の地方分権一括法により、地元自治体に順次譲与されている。

そもそも、明治5年（1872）の戸籍制度発足の際に付けられた地番は官有地を除外したものであったが、その直後の地租改正では官有地も含めることになった。民間に払い下げた（「下げる」という用語には抵抗があるが）際に地番を後から付けると、その順序が混乱するというのが理由だったという。

『地租改正条例細目』（明治8年地租改正事務局議定）では「地所ノ種類ニ不拘《かかわらず》、官民ノ所有ヲ不論《ろんぜず》、一村所属ノ地ハ漏脱《ろうだつ》ナク」地番を付けよ、ただし道路や畔敷《あぜしき》（あぜ道）、堤塘《ていとう》（堤防）や用悪水路・河川は番外に置く、という指示が行われている。しかし全国には徹底されなかったようで、前出の『公図　読図の基礎』によれば、たとえば神奈川県などの場合、地租改正時にも無租地《むそち》に地番を付けなかったという。

自衛隊や旧国鉄用地に多い無番地

無番地のままになっている広い官有地には、まず旧軍関係が多い。たとえば練兵場や司令部、兵舎などの所在地、それから官有林（国有林）である。このうち軍用地はその後自衛隊の駐屯地などとして使われていることも多く、そのため自衛隊の住所には「無番地」が非常に多い。また国有林内の山小屋や三角点の所在地などを調べると、同様に多くが無番地となっている。

自衛隊関係の具体例を挙げてみよう。

陸上自衛隊旭川駐屯地　北海道旭川市春光《しゅんこう》町国有無番地
陸上自衛隊春日井《かすがい》駐屯地　愛知県春日井市西山町無番地
陸上自衛隊日本原駐屯地　岡山県勝田郡奈義《なぎ》町滝本官有無番地
海上自衛隊横須賀地方総監部　神奈川県横須賀市西逸見《へみ》町一丁目無番地

海上自衛隊航空集団司令部　神奈川県綾瀬市無番地
海上自衛隊佐世保地方総監部　長崎県佐世保市平瀬町無番地
航空自衛隊第28警戒群　北海道網走市美岬《みさき》官有無番地
航空自衛隊浜松基地　静岡県浜松市西区西山町無番地
航空自衛隊岐阜基地　岐阜県各務原《かがみはら》市那加《なか》官有無番地
航空自衛隊防府《ほうふ》基地（南北とも）　山口県防府市田島無番地

これだけ無番地が並ぶと壮観だが、いずれも「番外地」ではない。「番外地」を含む住所をインターネットで探してみたら、国有林内にあると思われる支笏《しこつ》湖温泉郵便局の所在地が「千歳市支笏湖温泉番外地」、また下北半島先端部にある佐井村の長後《ちょうご》診療所は「佐井村大字長後字長後川目番外地」（※平成12年の表記）であった。

佐藤甚次郎氏の『明治期作成の地籍図』（古今書院）によれば、北海道の屯田兵村の場合、酒保《しゅほ》（飲食物の売店）や日用品を販売する商店地区として「番外地」が設定されたという。語感から村はずれの印象を持たれがちの番外地だが、実際はその後、市街地として発展した地区も多かったのである。不良っぽいイメージを持たれがちな「番外地」の名誉のために付言しておこう。

無番地は旧「国有」鉄道であったJRの駅の所在地にも多い。民有地になったのに、どうして無番地なのかと戸惑うが、全国5000ほどあるというJRの駅である。かなり多数にのぼると思われる無番地に、一気に地番を付けるわけにはいかなかったのかもしれない。『停車場変遷大事典　国鉄・JR編Ⅱ』（JTBパブリッシング）で探したら、次のような無番地の駅が見つかった。

中央本線・四ツ谷駅　新宿区四谷一丁目無番地
東海道本線・戸塚駅　横浜市戸塚区戸塚町官無番地
東海道本線・浜松駅　浜松市砂山町無番地

JR東海のHPによれば、現在の浜松駅は「浜松市中区砂山町6―2」となっている。その後付番が行われたのだろうか。他にも鉄道駅の「無番地」は本当に無数にあるといってもいいほどだ。このうち四ツ谷駅は、江戸城のお濠《ほり》の跡地だから昔から無番地なのは当然かもしれないが、鉄道の駅は新橋～横浜間などわずかの区間を除いてほとんどが地租改正による付番以後に国有地になったのだから、おそらく地番のある民有地を分筆した際に「無番地化」されたのだろう。

埋立地の地番

埋立地というのは、海面や湖、河川など公有水面を埋め立てて造成する土地であり、当初は町名もない場合が多い。たとえば東京のゴミを埋め立ててまさに毎日造成されつつあるところなど、まだ町名が決まっておらず、さしあたって「中央防波堤外側埋立処分場その2」などと暫定的に呼んでいるが、そのうち地固《じかた》まって町名が決まり、工場やマンションが建ち並ぶなど、それぞれの埋立地の目的に沿って「町」がつくられていく。

駅の所在地の変遷にもそれが反映されており、たとえば品川区の埋立地上にある東京貨物ターミナルの開業時の所在地は「品川区勝島《かつしま》一丁目及び二丁目地先大井ふ頭その1埋立地」（ゴミ埋立地の所在地も同様の表示）であったのが、現在は新たに設定された町名で「品川区八潮《やしお》三丁目3番地」となっている。この「地先」というのも、工事の看板などでよく目にする用語だ。やはり国有地である河川敷の中で工事をする場合など、○○市無番地などと称していたら、地点を特定できないためだろう。

また、先ほど取り上げた海上自衛隊佐世保地方総監部が「平瀬町無番地」になっているが、こちらも埋立地であり、もとは名なしの「官有無番地」だった。昭和26年（1951）に市議会で議決された「佐世保市区域内に町名新設等に関する件」では、この埋立地の新たな町を「御船《みふね》川、今福《いまぶく》川、佐世保川を境とし、矢《や》岳《たけ》町に隣接する官有無番地20万1689坪をもって一町を新設する」と定めている。まさに「町の誕生の瞬間」だ。

山の頂上は無番地か？

前に国有林の住所に無番地が多いと述べたが、個別に調べてみるとなかなか興味深い住所が多い。

次に掲げたのはすべて三角点のプロフィールを記した「点の記」（国土地理院がホームページ www.gsi.go.jp/ で公開）によるものである。三角点が山頂にあるとは限らないが、以下はほぼ山頂またはすぐ近くにある三角点の所在地だ。

まず無番地のものから。

八甲田山　　青森市大字荒川字荒川山無番地（２５２林班《りんぱん》い１小班）

雄山（三宅島）　東京都三宅村字雄山無番地

カッコ内はただ「無番地」だけでは場所が特定しにくいので、林野庁による「森の住所」たる林班の番号が併記されたものだ。また数ヶ村（大字）の入会地《いりあいち》や「共有林」である場合は、どの大字にも所属していない土地であることが多い。

国有林でも地番が付いているものもある。

岩手山　岩手県岩手郡滝沢村（現・滝沢市）大字滝沢岩手山３４７番地１（岩手・山国有林93林班ニ小班）

穂高岳　長野県南安曇《みなみあづみ》郡安曇村（現・松本市）大字上高地字横尾ヨリ上堀迄４９６９番地（上高地国有林１０８林班ロ小班、１０９林班ロ小班）

赤岳（八ヶ岳）

一等三角点の記

山

ふりがな 点名	赤《あか》岳《だけ》	1/20万 図名 甲府	1/5万 図名 八ヶ岳 三角測量原簿一次第 99部
冠字選点番号	以第 39号	標識番号	標石 第――号
所在地	長野県茅野市豊平字東岳４７３３番地の１（東岳国有林３４９林班 イ小班） 山梨県北巨摩郡高根町大字清里字念場原３５４５番地の１	地目	山林
所有者	林野庁 （諏訪営林署） 山梨県 （韮崎林務事務所）		
測標の種類	三脚 アンテナ高 1.184m	埋設法	地上（保護石一個）上面 舗装
選点	明治 ２７年 １２月 １３日	選点者	舘 潔彦
造標	平成 ―年 ―月 ―日	造標者	――――
埋標	明治 ２８年 １０月 ２６日	埋標者	田中 万太郎
観測	平成 6年 9月 24日	観測者	㊥ 宮川 嘉隆
備考	１．自動車到達地点 ： 林道終点（第二堰堤上） ２．歩道状況 ： 登山道（巾０．６m）あり、落石注意 ３．徒歩時間（距離） ： 約３時間３０分（約４．６km） ４．三角点周囲の状況 ： 岩山、北東約５０mに山頂小屋あり ５．その他 ： 八ヶ岳中信高原国定公園特別保護地区 平成 6年 8月26日 更新 柱石長 $0^{m}82$ 高度基準点測量 第５００５部		

三角測量簿第二八号用紙

長野県茅野市豊平字東岳４７３３番地の１（東岳国有林３４９林班イ小班）

山梨県北巨摩《きたこま》郡高根町（現・北杜《ほくと》市）大字清里字念場原《ねんばはら》３５４５番地の１

韓国《からくに》岳（西霧島山三角点）

宮崎県えびの市大字末永字白鳥１４７０番地（55林班と小班）

このうち赤岳は三角点の標石

が長野・山梨両県にまたがっているからか、2通りの住所が記載されている。

日本の山岳はしばしば信仰の対象として古くから神社仏閣の境内地となっていることが多く、「点の記」にもそれが明記されている。次はそのような例を挙げてみよう。カッコ内が三角点所在地の所有者である。

岩木山　青森県中津軽郡岩木町（現・弘前市）大字百沢《ひやくざわ》字寺沢27番地（岩木山神社）

大山　神奈川県伊勢原市大字大山字阿夫利山《あふりやま》1（大山阿夫利神社）

蓼科山　長野県北佐久郡立科町大字芦田字蓼科5154番地（蓼科神社）

白山　石川県石川郡白峰《しらみね》村（現・白山市）大字白峰29号1番5（白山比咩《しらやまひめ》神社）

富士山　静岡県／山梨県（富士宮市・富士山本宮浅間《ほんぐうせんげん》大社）

このうち、富士山の住所が県名のみで市町村名さえ記載されていないのは、山頂付近が静岡と山梨の県境未定区域であり、かつ市町村の所属も決まっていないからだ。はっきりしているのは、山頂の三角点所在地の土地所有者が静岡県富士宮市の富士山本宮浅間大社ということだけである。

東京・銀座にもある「番外地」

境界未定地では所属市町村が決まらない場合も多いが、山林や原野だけでなく東京・銀座にもあるのをご存知だろうか。地下鉄丸ノ内線の銀座駅を降りてすぐの首都高速道路の下に入っている「銀座インズ」がそうだ。

ここはもともと江戸城の外堀であったのを埋め立てた土地であり、河川や用水の通例のとおり無番地であった。これはインズだけではなく、この外堀に続く旧河川敷の約400を数える店舗の問題なのだが、今なお決着していない。

従来は外堀の中心にあった千代田区（有楽町）と中央区（銀座）の境界であったが、両区とも外堀川の埋立地を「自らの土地」であるとして譲らないため、住居表示が実施できない。銀座インズは「銀座西二丁目2番地先」という表示で会社の登記をしてあるというが、銀座西は今は存在しない町名だ。

そんなわけで所属区が決まらないため、インズでは便宜上、保健所の管轄が千代田区、税務署と警察が中央区という暫定的な取り決めでやりくりしているのだという。

境界未定地にある「河原番外地」

江戸川と旧江戸川の分岐点あたりにも、東京都江戸川区と千葉県市川市の境界未定区域があるが、東京の市街地図には、そのあたりに「河原《かわら》番外地」という「町名のようなもの」が記載されている。ここにある建物は、国土交通省江戸川工事事務所だけで住民はいない。番外地とは唐突だが、なるほど市川市河原という町名の西側に隣接している。番外地以外の「河原」は住居表示整備済みなので、未実施地区を区別するために町境の破線記号で区別したのだろう。

ところが、別の出版社の地図を見て驚いた。そちらは「東篠崎町」となっている。この町名は以前から江戸川区の町名であり、この地図には未定のはずの都県境も入っていた。これは、地図作成にあたって、東京都と千葉県のどちらの役所の見解に従ったかを反映しているのかもしれない。

ちなみに筆者が調べた4社の地図のうち、「河原番外地派」が2社、「東篠崎町派」が2社に分かれた。さて、この都県境争い、今後はどうなるのだろうか。

「欠番の4番地」はどこへ？

東京都日野市の住宅地図を眺めていて、奇妙なことに気付いた。同市内には町名地番整理の行われた区域が多いが、このブロック地番（街区ひとつずつに本番を付け、各筆を支号で表わす）に「欠番」があるのだ。しかも4番地に集中していて、ざっと調べてみると、旭が丘一丁目～六丁目、豊田《とよだ》一・三・四丁目、南平一丁目～七丁目・九丁目、程久保《ほどくぼ》一丁目～八丁目など、非常に広範囲に及んでいることがわかった。もちろん地番は合筆などで消えることもあるのだが、街区ごとに付けられるブロック地番、しかも4番地だけがこれだけ偶然に消滅するはずはない。

調べてみると、道路など住宅のない所にこの4番地が割り当てられていることがわかった。思えばマンションやホテルの部屋番号で「4」が欠番となっているのはごく一般的だし、地番で「欠番」としている区域があってもおかしくはない。

いずれにせよ、ブロック地番で町名地番整理を実施する場合は、オールクリアの状態で好きなようにナンバリングできるから、このような配慮が払われたのだろう。

しかし担当者や時代によって「配慮」が異なったのか、同じ日野市内でも多摩平《たまだいら》など4番地が堂々と存在する区域もある。

日野市といえば、かつてある市長が「将来にわたって有料道路であり続ける高速道路には固定資産税を課す」と当時の道路公団に迫って話題になったが、その中央自動車道の市内の地番（町名地番整理済区域）を東の端から順に追っていくと、次の通りになっている。

日野本町一丁目4番地
日野本町二丁目4番地
日野本町三丁目4番地
大坂上一丁目4番地
新町一丁目4番地
新町三丁目4番地

中央道を走行の皆様、どうぞ安全運転で。ちなみにJR中央本線や京王線の線路敷地には、9番地が多く割り当てられている。

第二章

京都・北海道の住所のしくみ

1　京都の住所

通り名で表示する京都独自の方式

「住所の研究」にあたっては、京都の伝統的住所表示システムを取り上げないわけにはいかない。周知の通り、この古都では長らく、東西と南北の「通り名」を組み合わせた独自の方式が存続してきた。

まず、京都市の旧市内の範囲をほぼカバーする上京・中京・下京の区役所の所在地を並べてみよう。いずれも東西・南北の通りが示され、それに上下東西の方向指示が入る。先刻ご承知かもしれないが、「上《あが》る」は北へ、「下《さが》る」は南へ、「西入《にしい》る」は西へ、「東入る」は東へ、それぞれ入ることを意味する。

上京区役所　上京区今出川《いまでがわ》通室町西入堀出シ町285番地
中京区役所　中京区西堀川通御池下る西三坊堀川町521番地
下京区役所　下京区西洞院《にしのとういん》通塩小路上る東塩小路町608番地8

京都市中京区の町割り

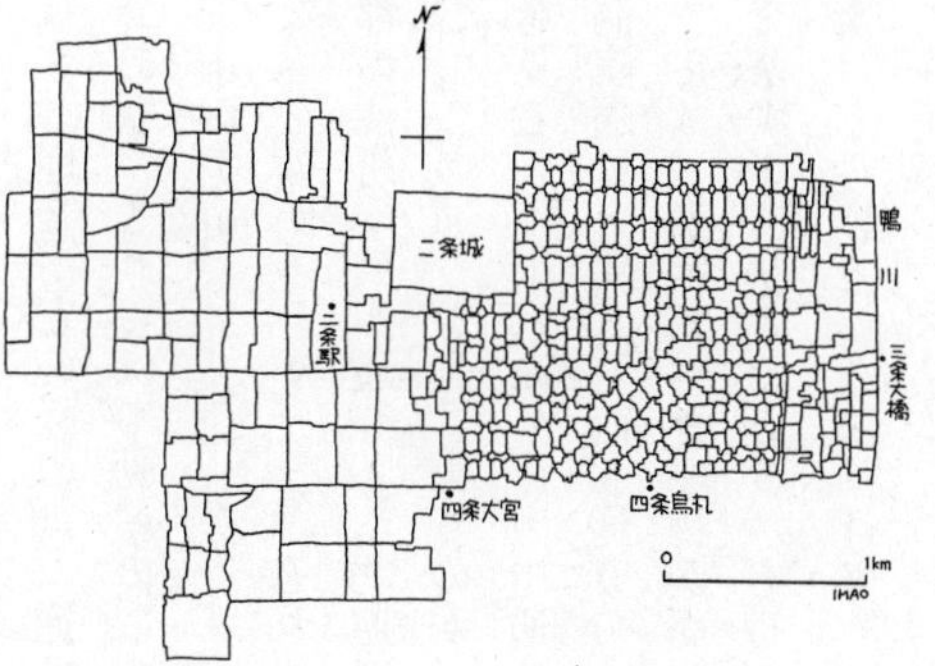

東京都中央区の町割り（上と同縮尺。破線は丁目界）

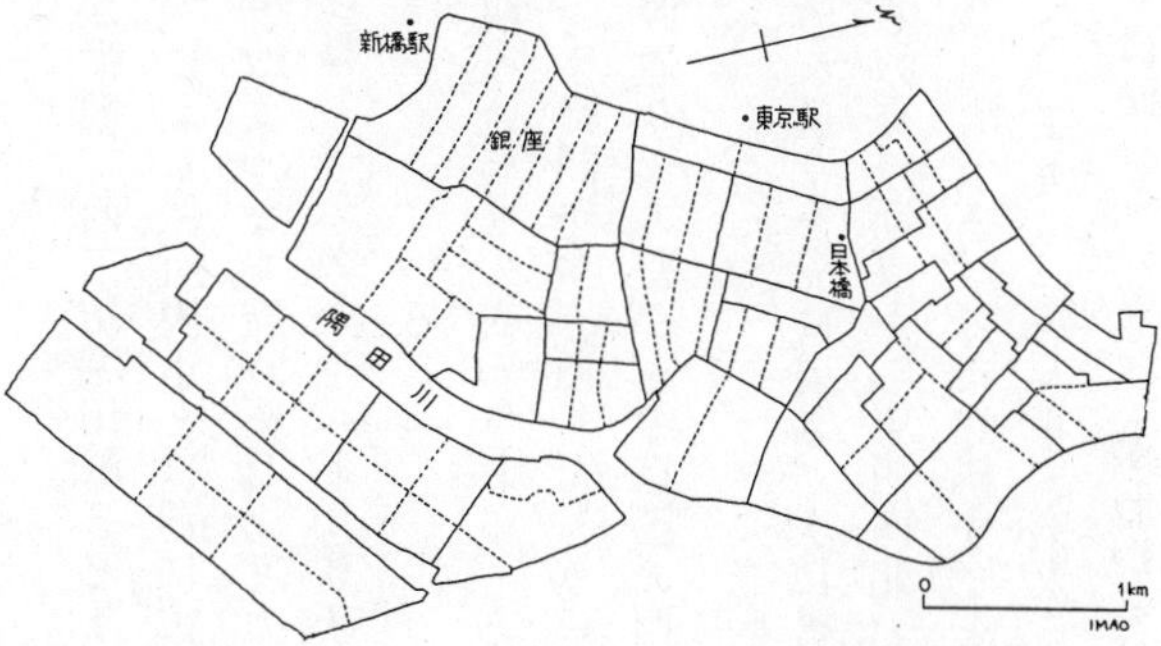

120ページの住所のうち、堀出シ町285番地、西三坊堀川町521番地、東塩小路町608番地8、というのは「通り名」による住所表示とは別に古くから存在する町名であり、これらは不動産の取引など改まった場合以外はあまり使われない。これら旧市内の町《ちょう》は非常に狭く、おおむね1ヘクタール（100メートル四方）に満たないものが多いが、それぞれに由緒を誇っている。

さて、京都の住所が東西通りと南北通りの組み合わせで表わされる、というのはわかるが、どちらの通りを先に書くのか、という疑問がすぐ湧《わ》くだろう。3つの区役所の住所を見ると、上京区の今出川通は東西通りなのだが、中京区の西堀川通と下京区の西洞院通はいずれも南北通りである。

結論から言えば、表示すべき建物が面している通りを先に書き、次に書かれるのは最寄りで交差する通り名である。そして、その交差地点から東西南北どちらへ行けばたどり着けるのかを「上る・下る・西入る・東入る」で指し示す、というのが京都の伝統的住所表示システムなのだ。だから、住所に「西入る・東入る」があれば東西通り、「上る・下る」があれば南北通りに面していることがわかる。

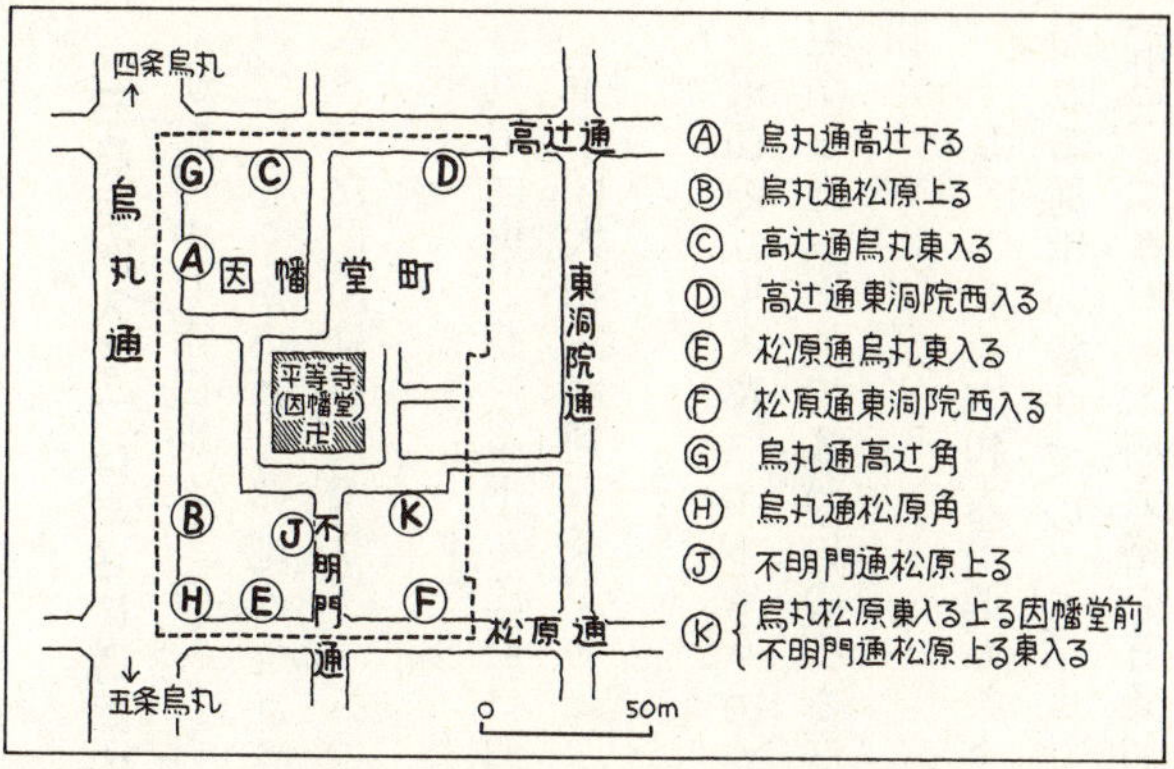

京都旧市街では、同じ町内でも場所によって住所の表記が変わる

それでは、ちょうど角の家はどうなるのだろうか。下京区の角の建物を調べてみると、ホテル・京都・ベース四条烏丸《からすま》が「下京区烏丸通松原東南角」、橋本人形店が「下京区富《とみの》小路《こうじ》通仏光寺《ぶっこうじ》角」と、そのものズバリの「角」という表記をしていた。

そんなわけで、同じ「町」であっても、最寄りの通りとの関係で異なる住所の表示が行われる場合がある。たとえば下京区の因幡堂《いなばどう》町という町は、建物の場所・入口の如何《いかん》によって、上の図のように10〜11通りに表現されることがある（実際には該当する建物が存在しない場合もあるが、ここでは「原則」を示した）。図のA〜Kがどのような住所の表示になるかをじっくりご覧いただきたい。

「三筋目西入る」はまさに道案内

また、中心市街地から少し外れて東山方面へ行くと、碁盤目の街区が崩れ、名前のない通りや小さな路地が追加されたりしているため、「上る・下る・西入る・東入る」だけでは対処できず、次のような表示になることもある。

東山区東大路三条下る三筋目西入進之《しんの》町
東山区大和大路《やまとおおじ》通五条下ル三丁目西入西棟梁《とうりよう》町

最初の「東大路三条下る」の次の「三筋目西入」は、「東大路を三条通との交差点から南へ下って3つ目の小さな通りを西へ入ったところにある進之町」という意味だ。

そして次の「大和大路通五条下ル」の次の「三丁目西入」だが、これは現在用いられる通常の意味でのブロックとしての「三丁目」ではなく、長さとしての3丁(町)、すなわち大和大路を五条通から約109メートル×3=約327メートル下

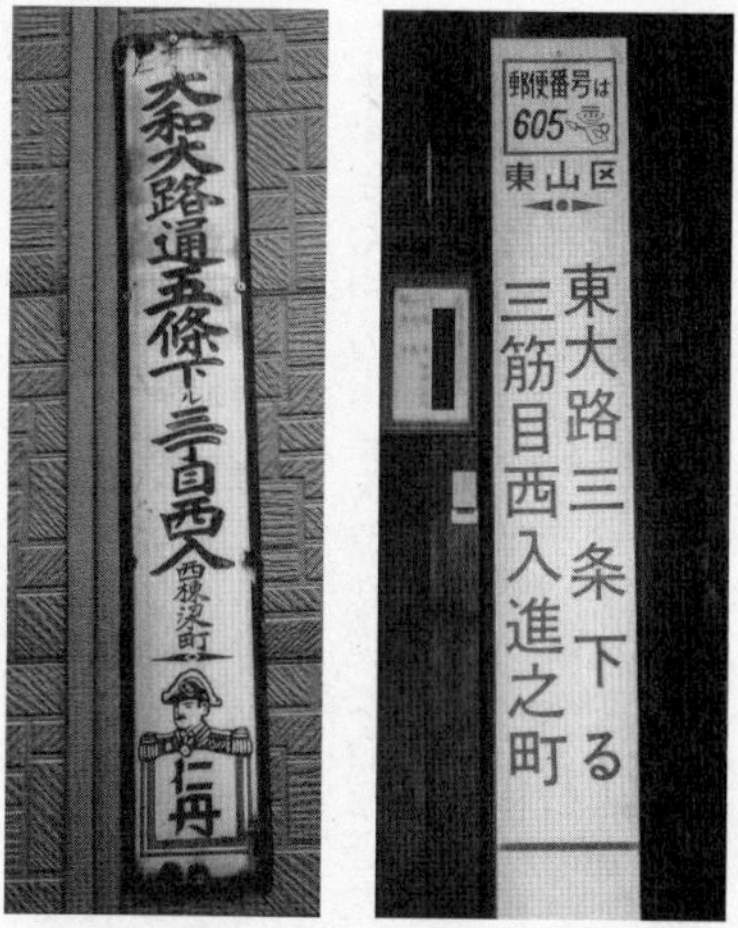

京都の道案内的な住所の表記。京都旧市街では通り名表記を先に、町名は末尾に記される。町名はそれぞれ「進之町」「西棟梁町」

ったところを西へ入った西棟梁町、である。もちろん「三丁」は正確にではなく、およそということだ。現在の五条通からはもっと距離が短いのだが、五条通は戦争中に建物疎開で大幅に拡張されたので、通りの北側から測ったものだろう。

　なお、京都旧市内で「丁目」が出てきたら、このような本来の意味で使われていることが多いので注意が必要だ。たとえば下京区の下魚棚《しもうおのたな》四丁目（下魚棚通西堀川西入る）は「四丁目」しかない町で、現代の感覚からすれば奇妙な町なのだが、これもやはり古くは

「大路」であった西洞院通から「四丁目」の距離にある町、という意味であり、一丁目から三丁目がなくても何の不思議もない。

もとは数字ばかりだった平安京の住所

平安京はもともと計画都市なので、当初はガチガチの座標方式が使われており、足利健亮氏編の『京都歴史アトラス』(中央公論新社)によれば、次のような住所表示だったという。

まずまん中の朱雀大路を境に右京と左京に分け、北から一条、二条、三条……、朱雀大路から東西へ一坊、二坊、三坊……とし、組み合わせて「右京三条四坊」などとした。その正方形ブロックを127ページの図のように16等分して千鳥式で番号を振って「町」とし、その町をさらに「行」「門」で細分化して表わした。これで家の所在地を表わすと、たとえばこうなる。

左京四条四坊四町西二行北五・六門

平安京の住居表示

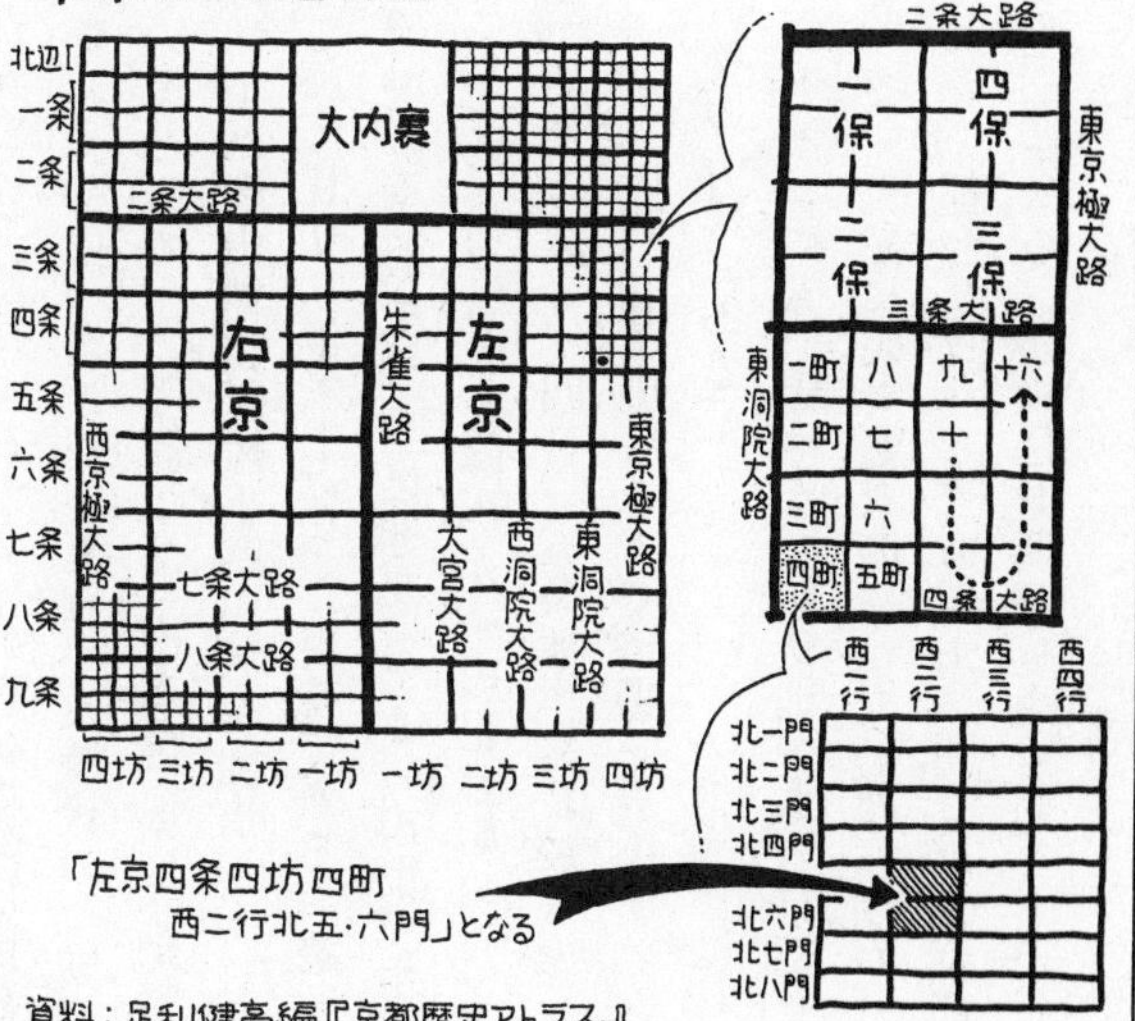

資料：足利健亮編『京都歴史アトラス』

やはりこう数字ばかりでは不便だったのか、11世紀以降は現在に近い道路名を中心とした表示方法に変わっていった。たとえば平安時代の「安元《あんげん》の大火」（1177年）で焼けた公卿の家として、「錦小路大宮内大臣、源大納言、……三条西洞院中宮大夫、……三条油小路藤中納言、綾小路西洞院別当……」（『玉葉』）という記録が残っているが、これは900年以上経った現在でもその場所がほぼ特定できるから、なかなか感動的である（『史料 京都の歴史4 市街・生業』平凡社）。

室町時代に入ると「上る・下る」の呼称が一般化し始めた。文明12年（1480）の『長興宿禰記《ながおきすくねき》』には「去る十四日、五条油小路に於《おい》て土一揆、所司代浦上の群（軍）勢と合戦す。土一揆、五条堀川を下り道場を放火す」とある（前掲書より引用）。応仁の乱の直後の時代である。

大内裏に向かって「上る」のも、緩やかな扇状地である京都を標高的に上るのも同じ方向だったので、ごく自然に定着したのではないだろうか。また、名古屋や大阪のように間近に山のない都会に比べ、三方を山に囲まれた京都は方角を把握するのが容易で、「東入る」「西入る」が誰にも理解しやすいことが、この座標方式の普及を助けたかもしれない。

なお、送り仮名は「上ル・下ル・東入ル・西入ル」とカタカナで表記されることも多く、また東入・西入のように送り仮名なし、というケースもある。

地形のわかりやすさと数え歌

座標方式が機能するためには、庶民が通りの名前をある程度は覚えていないといけない。一条通、二条通、三条通……は自明のこととしても、その間に3本ずつ挟まっている通り名を覚える「数え歌」がいつの頃からか誕生した。

丸竹夷二押御池　姉三六角蛸錦　四綾仏高松万五条

これは東西の通り名、つまり丸太町通・竹屋町通・夷川《えびすがわ》通・二条通・押小路《おしこうじ》通・御池通・姉小路通・三条通・六角通・蛸薬師《たこやくし》通・錦小路通・四条通・綾小路通・仏光寺通・高辻通・松原通・万寿寺《まんじゅじ》通・五条通の頭文字を順に並べたものだ。七五調にするため、御池と六角と五条はフルネームになっている。京都ではかなりの人がこれを手鞠歌《てまりうた》として子供の頃に覚えてしまい、日常的に活用できているのではないかと思うが、最近の若い世代では知らない人も多いらしい。

余談であるが、二条、三条、四条の間に3本ずつ通りが入っているのに四条と五条の間に5本もあるのは、通りの間隔がここだけ狭いのではなく、五条通が移転したからだ。時は天正17年（1589）、豊臣秀吉が伏見から京都の内裏へ行くのに都合がいいようにと、五条大橋をずっと南の六条坊門通の位置に移転してしまったのである。このため六条坊門通は「五条橋通」と呼ばれるようになり、そのうち正保《しょうほう》の頃（17世紀半ば）から単に五条通となった。名を奪われた五条通の方は松原通として現在に至っている。

京都の通り名の覚え歌に限らず、江戸時代では寺子屋で地理を教えるときに、このような七五調にして身近な地域の地誌を子供に暗誦させたという。地誌だけでなく、漢字もこれで自然に覚えられたというから、優れたメソードである。地理教育に割く時間が少なくなった現在、改めて検討されてもよさそうだ。

京都の地番はなぜ大きいか

京都の旧市街地では町名と地番があまり使われず、通り名だけで十分通用することを述べてきたが、この使用頻度の少ない地番に注目してみると、これまた面白いことに気がつく。

国土地理院発行の1万分の1地形図「京都御所」で、京都随一の繁華街である四条河原町周辺の地番を見ると、阪急の河原町駅近くに416、557、538、327、205といった数字が印刷されている。もちろんこの縮尺の地図で地番を全部記入することはできないので要所に適当に入れてあるのだが、京都旧市街の場合はその脈絡がつかみにくい。

当然ながら四条河原町周辺は旧市街であり、その例に漏れず数十メートルからせいぜい100メートル四方ほどの町がぎっしり並んでいるところだから、1つの町だけで500筆を超えているとは考えにくい。それに、隣接した町の地番が近接しているので、これはいくつかの町をまとめて通し番号を付けているだろうことは容易に想像がついた。

しかし、市内のある区役所に聞いてみたところ、この地番がどのような基準で付けられているかはまったくご存知でなかった。それならばと、法務局に聞かずに何か法則が発見できないかと、まず下京区の住宅地図を購入し、1軒1軒の地番をひたすら追跡していった。その結果、面白いことがわかった。

まず滅多に見つからない「1番地」を見つけ、そこから次々と番号順に追跡する。そうすると蛇行するなどいくつかのパターンによって各町を縦横に網羅していき、最後にこれ以上番号が増えないところに到達するのだ。

これを1つのブロック（地番区域）とすれば、そのブロックが下京区の中にいくつも浮かび上がってきたのである。その境界線はおおむね東西の通りが松原通、五条通、六条通、南北の通りが堀川通、西洞院通、烏丸通、柳馬場通などであった。町界がジグザグなので、切手のミシン目のようなギザギザのある長方形がいくつも並んだのを見て、これはどこかで見たことがある形、と思い出したのが「学区」であった（134・135ページ参照）。

地番と学区の意外な関係

そこで前述の『京都歴史アトラス』のページを繰ってみると、市内の小学校の旧学区の境界線と、その地番の1ブロックが見事に一致したのである。それならどうして学区ごとに地番を付けたのかと思ってさらに調べてみると、小学校は「番組小学校」と称する日本初の学区制小学校であることがわかった。これは全国的に学制が公布された3年も前の明治2年（1869）、京都の町衆がおカミに頼らず自ら資金を拠出して作ったものだ。

彼らは学校建設と運営の費用として、町内にカマドを構えるすべての世帯から「カマド金」という分担金を集めて「小学校会社」を設立、その資金で金融業を営み、利潤を学校運営費に使うという見事な町人の才覚で、各学区とも競って立派な校舎を建設し、自らの手で教員を雇った。

特に、地場産業である西陣織や清水焼など工芸品の基礎となる日本画の授業には力を入れ、また富商が高価な実験器具や楽器を学校に寄贈するなど、次世代の育成を町衆たちが自らの力で行うという、「都市自治の原点」というべき光り輝くような歴史を作ったのである。明治5年（1872）に京都の番組小学校を訪れた福沢

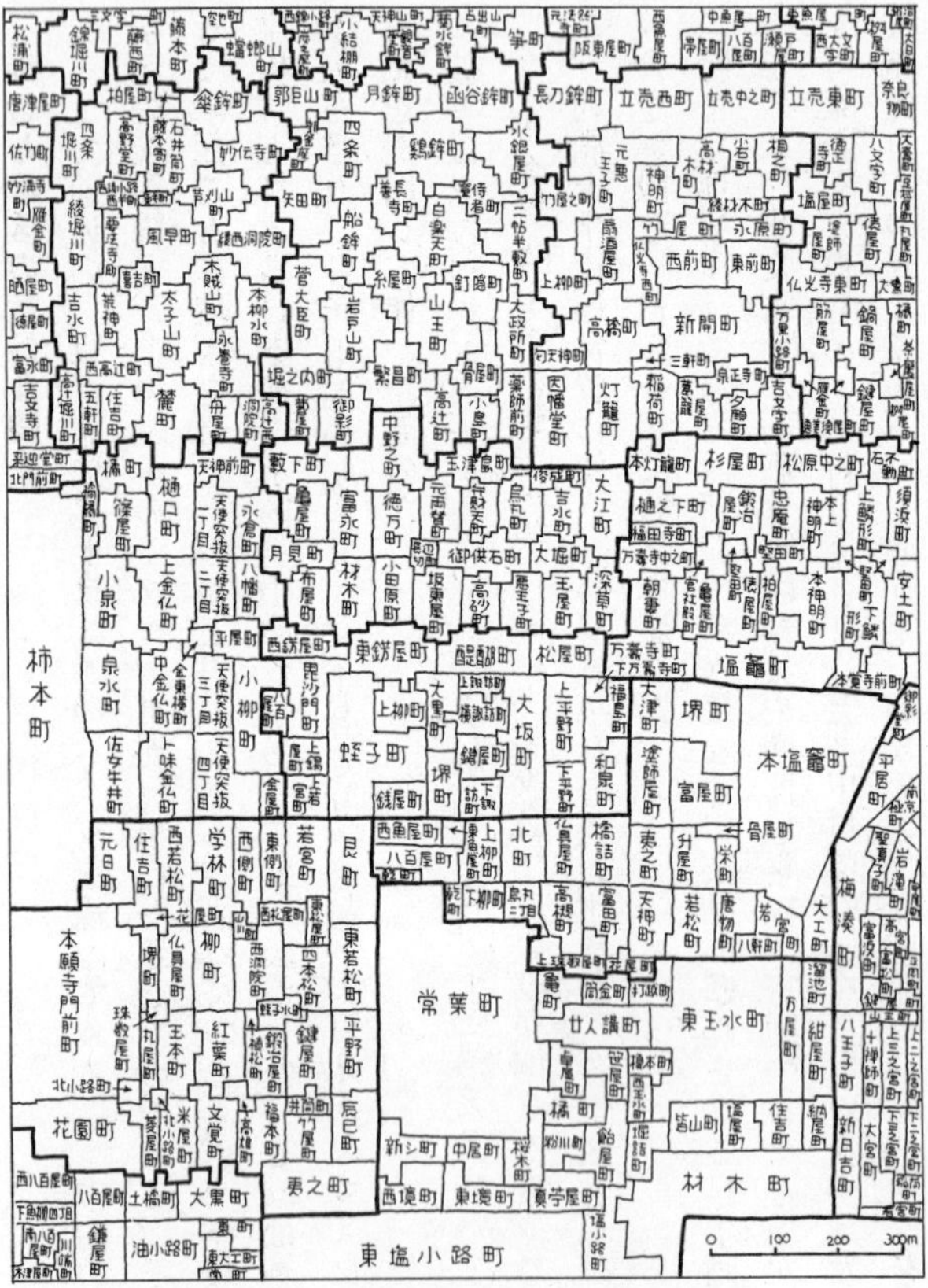

京都市下京区中心部の細かい町割り

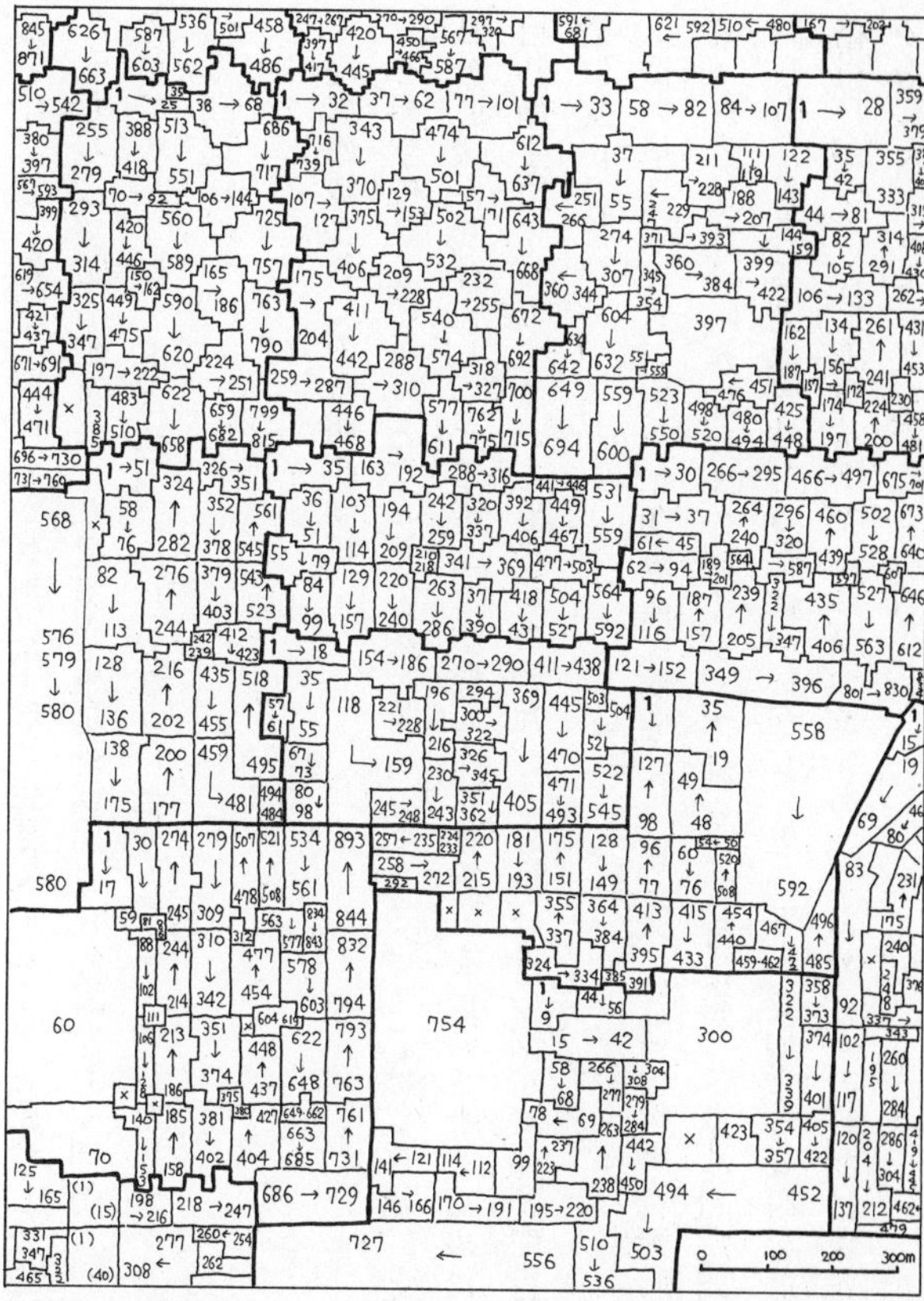

右と同地域の地番。『ゼンリン住宅地図京都市下京区・東山区』2002年版に表示された地番から、同じ町内の最初と最後の地番を抜き出したもの。公図を資料としていないので欠番が目立つが、地番の進行方向は判断できる。太線は後述の「番組」の境界

諭吉は、「わが積年の宿志《しゅくし》が京都の学校に生きている！」と感激したという。

もちろん、明治維新により皇室が東京へ転出し、公家たちや使用人、その他関係者がごっそり家を引き払って寂しくなり、「都」でなくなった焦りが背景にあったのは間違いない。

地域の核としての番組小学校

その学校設立の単位となったのが「番組」である。これは「町組」として応仁の乱の直後から存在し、その戦乱で荒廃した京都の町を復興させるために、庶民の自己防衛手段として生まれたものであった。その後は世の安定に伴って行政の下部組織に変化していく。

長い年月のうち、天正年間以前にあった「親町《おやちょう》」の他に枝町《えだちょう》、新町《しんちょう》、離町《はなれちょう》と呼ばれる新しい町が加わっていくが、これらは親町に対して従属関係であるなど、同じ町に見えて実は厳然たる階級が存在したという。このような町の歴史に基づく格付けがからんだ独自基準での結びつきであったため、その範囲は錯雑して飛地が多く、大小もまちまちであった。

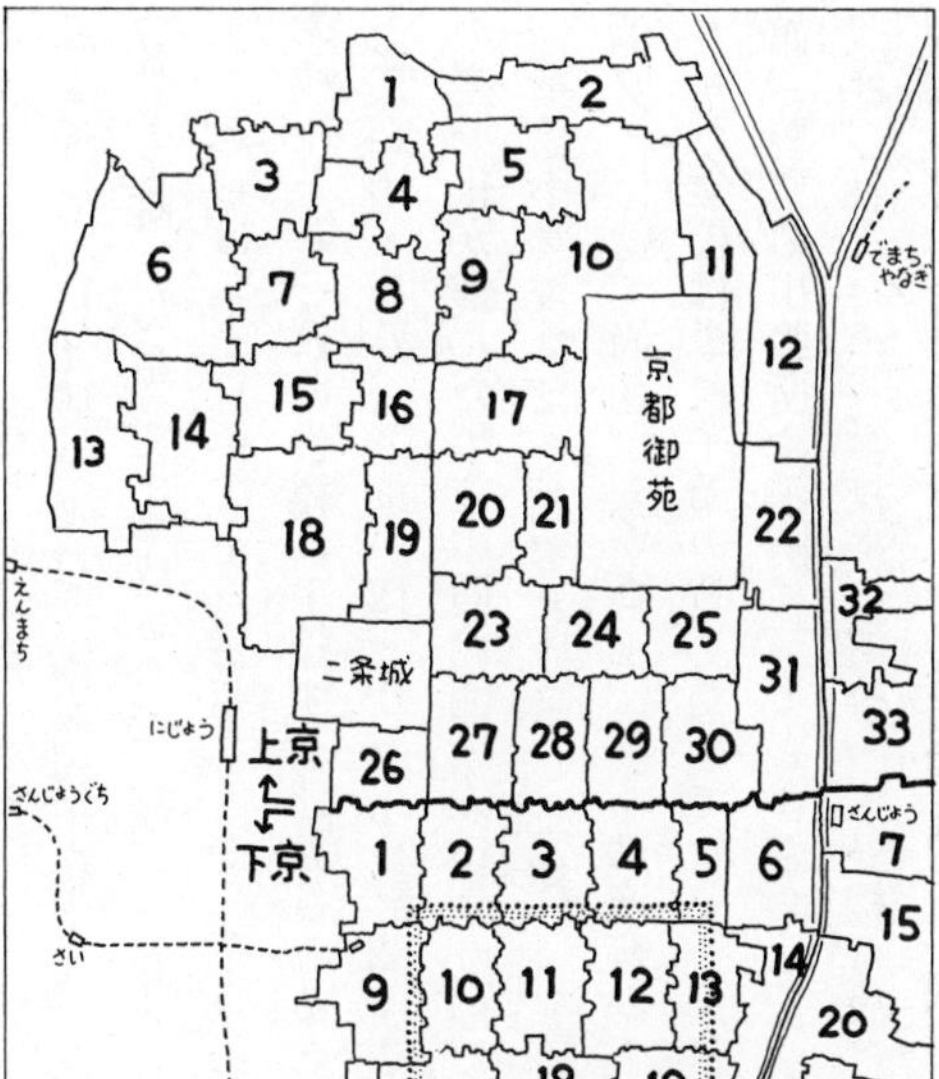

京都旧市街の地番区域となった上京・下京の「番組」。これは同時に小学校の学区でもあった（鴨川以東の一部を省略）

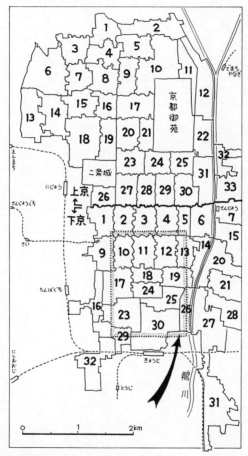

これが明治に入って改められ、1つの番組がほぼ長方形で、平均約26個の町が入るように平準化され、新たな「番組」として近代京都の町の自治を担《にな》ったのである。三条通を境に北側を上京、南側を下京と称し、上京が33（884町）、下京が32（821町）の番組に編成された（明治8年9月時点／137ページ参照）。

これらは「上京第二十三番組」とか「下京第八番組」などと呼ばれることになり、学校はそれぞれの番組に1校ずつ建設されることになった。ちなみに当時の人口は上京が10・3万、下京が12・0万、合計22・3万人であった。この数字は、都心部の空洞化が進んだ現在の同範囲の人口よりはるかに多い。

番組小学校にはそれぞれ立誠《りっせい》、生祥《せいしょう》、日彰《にっしょう》、明倫、開智、豊園《ほうえん》、成徳《せいとく》、格致《かくち》、郁文、修徳、尚徳、安寧など、多くは漢籍から採った「徳目」名が付けられた。

また学校は単に子弟の教育だけでなく、戸籍事務など現在の区役所の業務、公民館、警察の出張所や消防に至るさまざまな仕事を行う「自治センター」として位置づけられたため、学校には望楼《ぼうろう》・太鼓楼《たいころう》も設けられた。地租改正により地番が付けられることになった際に、「番組ごと」が採用されたのはごく自然ななりゆきと言える。

旧市街以外の町名について

これまで京都の旧市街のことを長々と述べてきたが、旧市街の外側に広がっている部分の方が圧倒的に広いのが現在の京都市である。京都市のこれまでの合併の歴史は次の通りである。

明治11年（1878）
郡区町村編制法により上京区・下京区を設置。

明治22年（1889）
上京区・下京区を合併して市制施行、京都市となる。行政区として上京区・下京区を設置。

明治35年（1902）
葛野《かどの》郡大内村の一部を下京区に編入。

大正7年（1918）
愛宕《おたぎ》郡野口村・鞍馬口《くらまぐち》村・下鴨《しもがも》村・田中村・白川村の各全域、大宮村・上賀茂《かみがも》

村の各一部、葛野郡衣笠《きぬがさ》村を上京区に編入。

葛野郡大内村・七条村・朱雀野《すじやくの》村の全域、西院《さいいん》村の一部、紀伊郡東九条村・柳原町の各全域、上鳥羽村・深草村の各一部を下京区に編入。

昭和4年（1929）

上京区を分割して左京区、下京区を分割して東山区、上京・下京両区をそれぞれ分割して中京区を設置。

昭和6年（1931）

葛野郡嵯峨《さが》町・京極村・川岡村・西院村・梅津村・桂村・松尾村・太秦《うずまさ》村・花園村・梅ヶ畑村を編入（右京区設置）。

伏見市・紀伊郡深草町・下鳥羽村・横大路村・納所《のうそ》村・堀内村・向島村・竹田村・宇治郡醍醐《だいご》村を編入（伏見区設置）。

愛宕郡上賀茂村・大宮村・鷹峯《たかがみね》村を上京区に編入。

愛宕郡修学院村・松ヶ崎村を左京区に編入。

紀伊郡吉祥院《きつしょういん》村・上鳥羽村を下京区に編入。

宇治郡山科町を東山区に編入。

戦前だけでこれだけ多くの市町村を合併しているのだが、とりあえず新市街の住所を説明するのには十分なので、戦後はここでは省略する。大雑把に説明すると、戦後は北部を中心に大原や鞍馬などかなりの市域拡大があり、また分区で山科区や北区、南区、西京区が設置されて現在に至っている。

京都市内に編入された旧村域は、現在ことごとく「町」が付けられているが、複合町名がほとんどを占める。つまり旧村の名を冠してその旧小字を重ね、それに「町」を付ける方法である。たとえば右京区には次のようなタイプの町がある。

A　太秦安井池田町
B　宇多野《うたの》福王子町
C　梅ヶ畑清水町

このうちAは昭和6年（1931）に編入された葛野郡太秦村の領域だが、その太秦村は明治22年（1889）の町村制施行の際に安井村を含む5村の合併で誕生しているものであり、太秦は町村制以降の行政村名、安井がその旧村（藩政村）の名、池田町というのが旧村内の小地名（小字）ということだ。つまり昭和6年までは「京都府葛野郡太秦村大字安井字池田」であった。

Bの宇多野は同じく葛野郡花園村の大字となった旧宇多野村（藩政村）の名、福王子は藩政村内の小地名である。この場合、花園は冠していないのが太秦と異なる。Cの梅ヶ畑は町村制の際に単独村制施行したので問題なく「梅ヶ畑」が冠称となり、清水という小字と組み合わせて町名としたものである（市編入以前は葛野郡梅ヶ畑村字清水）。

まとめてみると、京都の住所は、明治初期の旧市内にあっては「通り名＋上る・下る・西入る・東入る、通常は地番なし」、その後編入された旧郡部は「旧村名＋旧字名由来の2～3層構造の町名、地番あり」が一般的である。これはあくまでも一般論なので、各所で例外もあることをお断りしておく。

なお、平成10年（1998）に郵便番号が7桁になった際には、通り名にお構いなく「いつもは使わない町名」に番号が振られてしまったため、最近では通り名だけでなく町名と地番を律儀に書くことが多くなった。その結果、住民は他の大都市の倍以上の漢字を書かなければならず負担増に違いない。しかし、それなら通り名を省略して町名＋地番でいいかといえば、そう簡単ではない。膨大な数の町名がひしめいているため、同じ区内に同名の町がかなり多く（たとえば中京区に梅屋町が3か所、大黒町も3か所、中之町が4か所など枚挙に暇《いとま》がない）、町名だけでは地点の特定ができないからだ。

なかなか厄介な問題であるが、そもそも7桁郵便番号を導入する際に、これは当時の郵政当局が京都の特殊性を考慮しなかったことに起因する（または知っていて無視した？）。この面倒くささを解消すべく「京都市中京区河原町3－4－5」のように東京的な住居表示が行われないよう祈りたいが、そのあたりは歴史を大切にする京都市民の良識に期待したいものだ。

2　北海道の条・丁目

札幌の住所は算用数字が一般的

札幌の住所には次のようなパターンが多い。

札幌市中央区北一条西二丁目（札幌市役所）

碁盤目都市である札幌では、やはり計画都市であった京都のように、東西と南北の通り名を組み合わせて表示する方法を選んだ結果である。

北海道の場合は算用数字が市民に広く使われており、市街地図でも算用数字になっているものが多く、「北1条西2丁目」といった表記が一般的だ。もしこれが京都なら、たとえば「3条烏丸」とか「4条河原町」などと書いたら教養を疑われてしまうところだが、北海道では北8条でも西12丁目でも誰も気にしない。それどころか、略称で「南2西7」のように表示されることも多い。そういえば、札幌市営地下鉄の駅名も「北24条」など算用数字が正式となっている。また、どうでもいいことかもしれないが、北海道では四条を「よじょう」と読むのも特徴だ。ＪＲ宗谷本線には旭川四条《よじょう》駅がある。

周知の通り、北海道では武士の失業対策の意味合いも込めて、開拓と防衛を併せた任務をもつ屯田兵の制度が設けられ、早くも明治8年（１８７５）に現・札幌市西部の琴似《ことに》に初めて屯田兵村が設置された。その後明治32年（１８９９）の士別《しべつ》および北剣淵《けんぶち》・南剣淵地区に至るまで、石狩・空知《そらち》・上川各支庁（現・総合振興局・振興局）管内を中心に全道で37の兵村が設置され、計４万人が入植している。

また屯田兵村とは別に一般の入植地として、明治22年（１８８９）の大水害で土地を失った奈良県十津川《とつかわ》村から６００戸が現・新十津川町の地域に入ったのを皮切りに、その後、ほぼ明治30年代末にかけて入植が続き、北海道内の「国有未開地」の開拓が進められた。もちろん、この「未開地」が先住民の生活の場であったことを忘れてはいけないが。

条・丁目と東西南北

まず札幌では東西の通りが「条」である。大通を起点として北へ1筋目が北1条、2筋目が北2条……と北上して北51条まで、南は同様に南39条まである。ちなみに公園をはさむ2筋の通りが「大通」であり、これが事実上の「0条」ということになり、南北の1条はその次の通りということだ。

1ブロックは、通りの幅員《ふくいん》（道路の幅）を除いた正味の寸法が1辺1町（1丁＝60間、約109メートル）の正方形で、街区によっては中間に路地が1本はさまっている。それぞれの条・丁目の道路は標準サイズで10間＝約18メートルだから、当時としてはかなりゆとりを持った設計だったといえる。

碁盤目の方位の基準は地形などにより異なるため、他の区画との接続部ではつぎはぎ的な不整合が見られる。たとえば札幌でも、中央区南西部の旧・山鼻屯田兵村の街区は、碁盤目の向きが「大通」中心の座標と6度ほどずれているため、両者の接続部分は半端な街区となっている。

南北の通りは「丁目」だ。起点は南から北へまっすぐ流れる創成川《そうせいがわ》で、これより東へ行けば東1丁目、東2丁目、西へは西1丁目、西2丁目……となっている。ただし「条」の起点・大通が「ゼロ条」であるのと異なり、丁目は創成川の両側の通りがそれぞれ「西1丁目」「東1丁目」である。通りの間隔は条とほぼ同じだから正方形の街区が整然と続いているが、例外の地区もある。

ついでながら、明治11年（1878）までの札幌では、通り名に固有名詞がついていた。たとえば北1条が「浜益《はまます》通」、南1条が「渡島《おしま》通」、西4丁目が「小樽通」、西6丁目が「室蘭通」（いずれも創成川以西）など、いずれも道内の地名が採用されていた。

京都とは異なるブロック表示

北海道では条・丁目を用いた住所の表示が目立つ。上砂川町にて

それでは住所の表示はどうなっているだろうか。京都の場合は東西通りと南北通りという「線」中心の表示法であったが、札幌の場合は、たとえば「さっぽろ東急百貨店」の所在地を「北4条通西2丁目西入る」のように表示するのではない。札幌で

は原則として、ブロックごとに町（丁目）を定めている（11世紀以前の平安京時代や、現在のドイツ・マンハイムと同様）。

東急百貨店のブロックには「北4条西2丁目」という町名が割り当てられており、このブロックの4辺は北4条、北5条、西2丁目、西3丁目の4本の通りに面している。だから必然的に北5条と西3丁目の交差点の南東側も、住所としては「北4条西2丁目」なのである。

ただし、この原則は場所によって微妙に異なっており、たとえば大通の南側では「南3条西○丁目」という区域は南3条通の両側の、それぞれ次の裏通りまでが範囲となっている。このため「○条○丁目」から自動的に該当する街区を特定することができないのは残念だ。住居表示を導入するならもう少し合理的なシステムにすれば良かったのに。きっと、従前の住所を熱望する住民や店舗などがあって難航した末の決定なのだろう。

ちなみに北海道の都市における旧市街の「○条○丁目」は、町名（地方自治法でいう「町または字の区域」）としてブロック的に仕切られてはいるが、本州の住居表示のようなブロック分けの順序づけではないため、欠番もあるし、場合によっては河川敷などで全域が非居住地、という場合がある。札幌では、たとえば北海道大学構内の農場にも機械的に条・丁目が設定されており、「北14条西12丁目」などいくつもの「町」が全域農場・人口ゼロである。

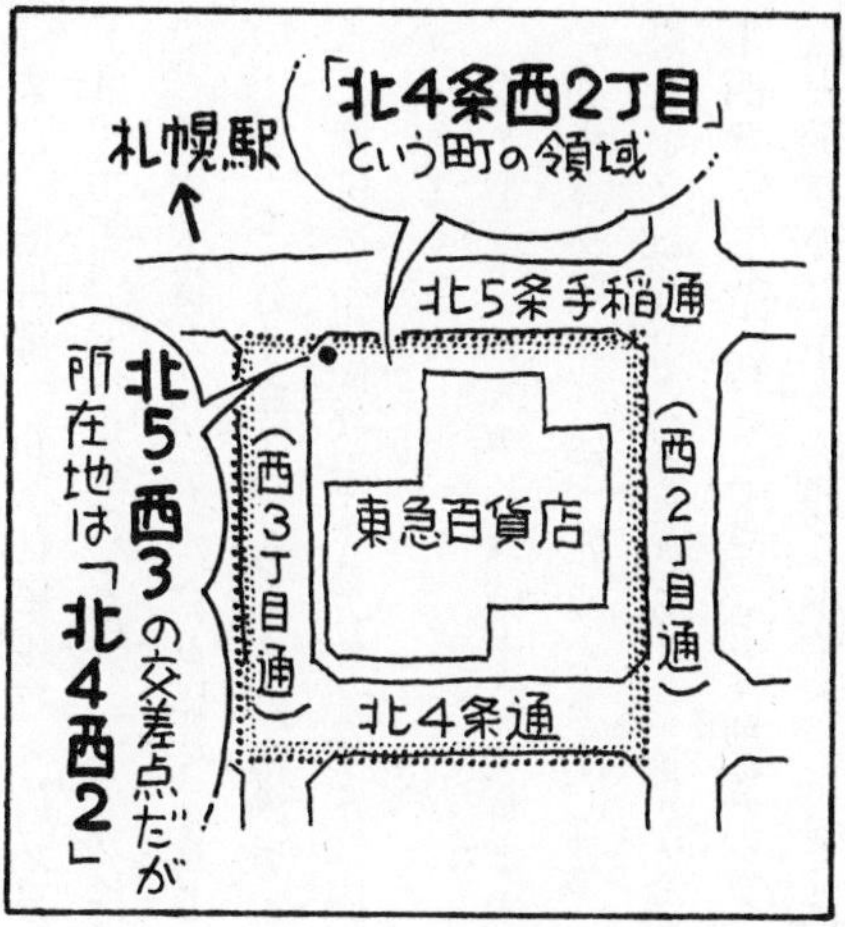

交差点の信号に4種類の表示が？

なお、丁目以下の表示は本州の住居表示のシステムと同じだし、住居表示未実施地区は地番表示の地区とほぼ同様だ。札幌市中心部の未実施区域には、たとえば山鼻時代以来と思われる「郊外型」のケタの多い地番もあり、札幌プリンスホテルなど「南2条西11丁目329番地の2」であるし（実際は条・丁目のみの表示）、この周辺には1000番台の地番も珍しくない。

また、旧郡部や新興住宅地など周辺部では「発寒《はっさむ》3条2丁目」とか「新川5条3丁目」「厚別《あつべつ》中央4条5丁目」のように地名が冠され、また碁盤目とは限らないので、条や丁目の間隔もかなり広めになるし、本州の都市のように「ブロックとしての丁目」に近くなる。もちろん市内でも白石区や厚別区の周辺部などの農村地区、また南区の定山渓《じょうざんけい》温泉あたりなど、山間部では言うまでもなく「条・丁目」は用いられない。

条・丁目のシステムは、中心からどのくらい離れているかが一目瞭然であるなどの利点もあるが、困ったことも生じる。交差点の四隅の信号が全部異なるからだ。たとえば北2条通と西5丁目通の交差点は「北2西5」の他に「北2西4」「北1西5」「北1西4」と、計4種類のプレートが並ぶ可能性がある。交差点名は地点表示なのだから「通り本位」にして統一すればいいものを、律儀に信号機の立っている足元の住所を示すとこうなってしまうわけだ。

これは札幌に限らず市街地では共通なので、北海道でクルマを運転する際にはこの点に十分注意しなければいけない。153ページの写真は同一交差点に4種のプレートが掲げられた札幌市内の実例である。ちなみにこれらのプレートは以前から

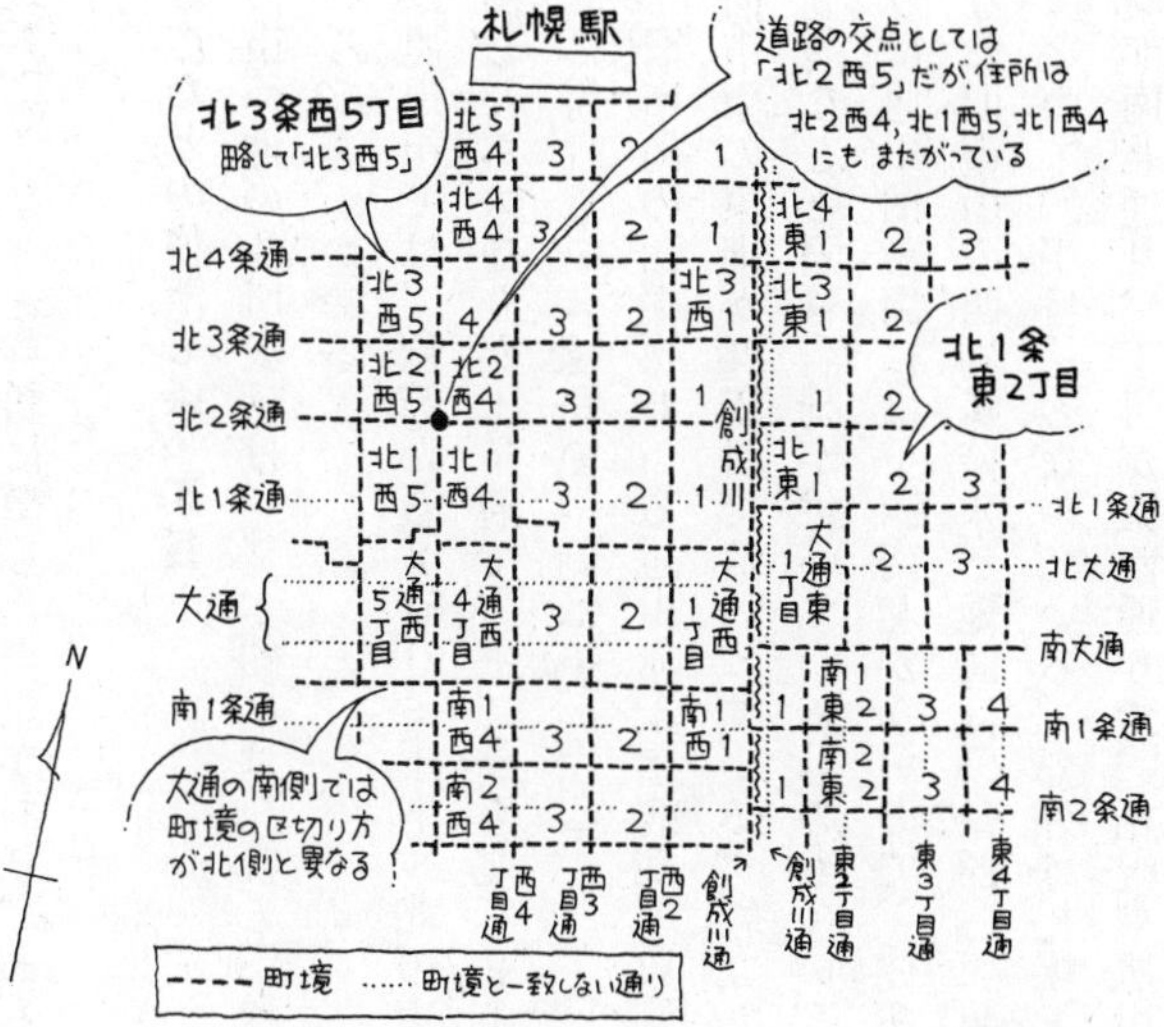
札幌駅
北3条西5丁目
略して「北3西5」
道路の交点としては
「北2西5」だが、住所は
北2西4、北1西5、北1西4
にも またがっている
北1条
東2丁目
北4条通
北3条通
北2条通
北1条通
大通
南1条通
北1条通
北大通
南大通
南1条通
南2条通
大通の南側では
町境の区切り方
が北側と異なる
創成川
西4丁目通
西3丁目通
西2丁目通
創成川通
創成川通
東2丁目通
東3丁目通
東4丁目通
N
---- 町境　…… 町境と一致しない通り

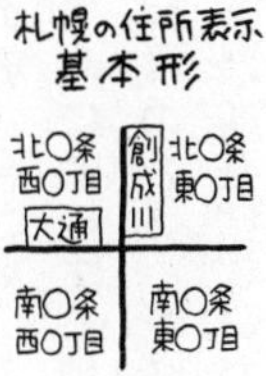
札幌の住所表示
基本形
北○条
西○丁目
創成川
北○条
東○丁目
大通
南○条
西○丁目
南○条
東○丁目

「North 8 West 5」などと英語に徹した表記があり、ある意味で潔い。

旭川・帯広などの住所も条・丁目

北海道の市街地の住所表示は、基本的には札幌と同様のところが多いが、当然ながらいろいろな違いがある。

たとえば旭川市では、駅前から200メートル北の東西の通り、つまり旧・西武旭川店に面したバス通りが1条通で、そこから北へ2条通、3条通……と加算するので、南北は付けない（線路の南側は忠別《ちゅうべつ》川）。

東西は、旧市街の西端にあたる旭川赤十字病院の東側の通りから1丁目、2丁目と数え、旧市街の東端が26丁目で終わっている。ただし南北通りには昭和通、緑橋通、中央橋通などと固有名詞が付いているものも多い。

このように旭川旧市街には東西南北がないので、住所の表示もだいぶシンプルな印象だ。なお旧市街の西に隣接する地区は○条西○丁目、北に隣接する地区は○条東（北ではない）○丁目、となっている。郊外は札幌と同様のパターンである。

帯広は条が南北通り、丁目が東西通りで、札幌や旭川とは逆だ。このため「東1

同じ交差点なのに信号機のプレートは４通りある。各信号の立っている地点の町名が異なるため（札幌市北区の札幌駅西通り北口付近）

条南20丁目」「西３条南５丁目」といった表示になる。起点は南北通りが大通（国道236号）、東西が国道38号。

その他の都市は、屯田兵村などの開拓村起源の都市では条・丁目方式が多いが、その他の港町や炭鉱都市など、たとえば函館や小樽、室蘭、三笠、歌志内《うたしない》などでは住所のシステムは完全に「内地風」であり、函館の栄町や末広町、小樽の相生町や稲穂など、アイヌ語起源でないものの方が多い印象だ。

農村部は「線・号」式

都市部以外の住所はどうか。農村部の役場の住所をいくつか挙げてみよう。

まず最初の第○線だが、これは開拓地に特有の番号表示の道路である。いずれの開拓地でも、まず「基線」と呼ばれる基準道路を定め、ここから第1線、第2線、または東西を付けて東1線、東2線……のように順次設置された。またこれらと直交する道路には、南1号や北1号のように「号」を用いた。なお、線と号はどちらが東西・南北かは地区によって異なり、基線がどちらかの端に置かれたときは東西南北のない線・号の表示となっている。

これら開拓地の区画は、原則として大区画が正味900間（約1636メートル）四方、これを縦横3等分した300間（約545メートル）四方が中区画、さらに間口100間×奥行150間の小区画が設定された。道路の幅は国道が15間（約27メートル）、その他の道路が8間（14・5メートル）と余裕があった。

155ページの地形図に見られる碁盤目は、このうち中区画のものであり、道路を含めた平均的な寸法として2万5千分の1なら22ミリ、5万分の1なら11ミリというのが目安だ。

新篠津村第47線北13（石狩郡新篠津村）

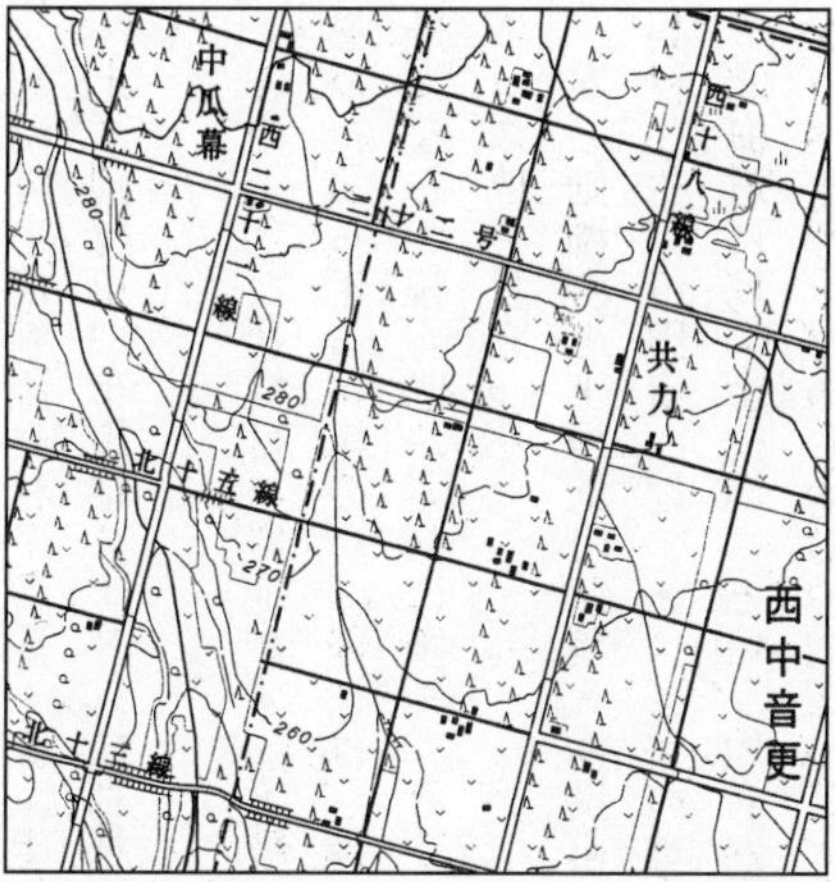

碁盤目に区画された十勝平野の農村部。線・号で表示された道路が見える。1:50,000「上士幌」

農村部では「号」と「線」で表示することが多いので、バス停名にも必然的にこのような名称が目立つ

剣淵《けんぶち》町字南剣淵兵村775―5（上川郡剣淵町）※剣淵町役場の旧住所
上湧別《かみゆうべつ》町屯田市街地318（紋別郡上湧別町＝現・湧別町）

このような碁盤目の農地がずっと続くのが新篠津村などの場合だが、そんな地域をひたすら走る路線のバス停には、他に名付けようがなくて「西35線」とか「北9号」などが続く例が非常に多く、そうでなければ「○○宅前」などと個人宅を名乗るバス停も目立つ。

次の剣淵町と上湧別町（現・湧別町）だが、これは屯田兵村そのままの「南剣淵兵村」や「屯田市街地」という字の地名に地番が付いた、野趣あふれる事例である。北海道には「市街地」という地名が多い。これは鉄道の駅前など開拓村の中心となるべき部分をあらかじめ周辺の広大な農地と区別し、これを「市街地」に指定したものだ。夕張郡長沼町役場の所在地も、つい最近までは長沼町字市街地1738番地であったのが、最近になって「中央北一丁目1―1」に表示が変わった。またひとつ北海道らしい住所が減ったことになる。

占冠《しむかっぷ》村字シムカプ原野46―25（勇払郡占冠村）※占冠村役場の旧住所
礼文《れぶん》町大字香深《かふか》村字トンナイ558―5（礼文郡礼文町）

占冠村のシムカプは、漢字があてられる以前のアイヌ語地名が表記された住所で、「原野」にしても、道外の人が聞くと驚くようだが、これは北海道には非常に多い地名だ。「三方ヶ原」とか「武蔵野」に違和感がないのと同じくらい、北海道には「原野」のつく地名がたくさんある。

次の礼文島の例は大字に「村」が付いている。これも北海道特有といってよく、昭和31年（1956）に合併する前の旧村名が、そのまま「村」ごと残された例だ。礼文町は船泊《ふなどまり》村と香深村が合併して誕生したものだ。現在は石狩市の一部となったが、同市内にある厚田小学校のかつての所在地表記は「厚田郡厚田村厚田村109―2」と称した。

第四章

日本の住居表示はどこが問題か

1　住居表示とは何か

住居表示に関する法律、いわゆる住居表示法が施行されたのは、東京オリンピックの2年前にあたる昭和37年（1962）のことであった。「オリンピックまでに外国人にもわかりやすい住所を」という気運のもと、地番を用いた従来の住所の表示とは別の合理的なシステムを、と銘打って導入されたのが、この「住居表示」である。

課税のための地番から合理的な住居表示へ

前述したように、そもそも従来の地番を用いた住所の表示というのは、明治初期に地租改正で土地への課税のために付けた地番を「代用」してきたものだ。番号は土地所有の観点で並べられているため、その広狭・形態は必然的にさまざまで、広い土地を分筆すれば支号（枝番号）が発生し、合筆すれば欠番が生じるようになった。

そんな変化が明治時代から長期間にわたって繰り返され、また区画整理や町村合併、河川改修による河道《かどう》変更、また自治体の境界変更なども加わった。特にスプロール的な発達を遂げた住宅地などでは、地番による住所表示では到底たどり着くことができない場所も珍しくないのが現状である。

そこで分筆や合筆などに左右されない、合理的な住所の表示方法が検討された。なお、この住居表示は、特に都市部（都市計画区域）の住居表示の改善のために実施されることを想定したもので、農漁村部などは対象外であることをおことわりしておこう。

住居表示法第2条には「市街地にある住所若《も》しくは居所又は事務所、事業所その他これらに類する施設の所在する場所を表示するには（中略）次の各号のいずれかの方法によるものとする」とあり、次の2通りを挙げている。条文によれば、

一　街区方式

市町村内の町又は字の名称並びに当該町又は字の区域を道路、鉄道若しくは軌道の線路その他の恒久的な施設又は河川、水路等によって区画した

場合におけるその区画された地域（以下「街区」という。）につけられる符号（以下「街区符号」という。）及び当該街区内にある建物その他の工作物につけられる住居表示のための番号（以下「住居番号」という。）を用いて表示する方法をいう。

二　道路方式

市町村内の道路の名称及び当該道路に接し、又は当該道路に通ずる通路を有する建物その他の工作物につけられる住居番号を用いて表示する方法をいう。

このうち「二　道路方式」は、欧米のように通りの両側に住居番号を奇数・偶数に分けて順番に付けていくものだが、なぜか日本の都市には適合しにくいとして、もし採用するなら自治省（現・総務省）へ届け出ること、という規定（事実上採用するなというメッセージらしい）があって、実際に現在日本で用いられているのは、筆者が調べた限りでは山形県東根《ひがしね》市と北海道浦河町（日高管内）だけらしい。東根市の珍しい「道路方式の住居表示」については後述する。

さて、全国的に行われている「街区方式」だが、これは要するに道路や鉄道などに囲まれた区画に番号（街区符号）を振り、その中の建物を住居番号で区別する、という方式で、都市部によくある「大手町1—3—5」のようなタイプが多い。

略記したが、正式には「大手町一丁目3番5号」である。この中で「大手町一丁目」というのが、条文にいう「町又は字の名称」、「3番」が街区符号、「5号」というのが住居番号である。住居表示済み区域には「丁目」で分けられたものが多いが、場合によっては丁目のない単独のものもある。たとえば「東五軒町6—3（6番3号）」なら、6番が街区符号、3号が住居番号ということだ。

文章で説明するより図でご覧いただいた方がわかりやすいだろう。下の図中央の道路で囲まれたこの

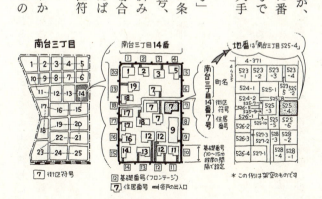

全域が1つの街区であり、1つの街区符号が付けられる。町の中でこの街区符号がどのような方向で並んでいるかは自治体によって異なるが、基本的には町の端を起点に定められた方向へ進み、行き止まれば折り返す、いわゆる連続蛇行式が一般的だ。

都心とは皇居のことである！

「東京都における住居表示の実施に関する一般的基準」（東京都総務局行政部、昭和38年〈1963〉）によれば、街区符号の並べ方について次のように規定している。なお、ここでいう都心とは皇居であると、実施基準の「町または字の定め方」に明記されている。

（1）街区符号は、数字を用いて、町ごとに順序よくつけること。
（2）街区符号の起点は、原則として、特別区にあっては、都心に近く、都心からみて右側の街区とし、市町村にあっては、特別区に関する基準に準拠するかあるいは当該市町村の中心となる場所を定め、その場所に近く、その場所からみて右側の街区とすること。

（3）街区符号の配列は、右廻り連続蛇行式とすること。

他の市町村でも似た実施基準がそれぞれ定められていて、たとえば新潟市の「住居表示整備実施基準」（平成9年〈1997〉一部改正）では、街区符号について、東新潟地区は新潟駅、西新潟地区は白山公園に最も近い街区を起点として、順序よく付けることになっており、また平塚市では「JR平塚駅に一番近い場所から」とある。

他の自治体でも中心駅が起点という例は多い。また広島市は「北東にある街区から千鳥蛇行式に振っていきます」と起点を指定している。「千鳥蛇行式」は163ページの図のような連続蛇行式と同じことだ。

知っておくと便利——住居番号は右回り

住居番号は、街区の道路沿いに10〜15メートル間隔でぐるりと1周するように設定された「基礎番号」が基本になっている。この間隔は、自治体の家の平均的なサイズによっても異なり、たとえば新潟市、広島市、福岡市などは10メートルだが、広い邸宅の多い武蔵野市などは20メートル、東京都大田区は15メートルとまちまちだ。自治体によってはこの基礎番号のことを、英語で間口を意味する「フロンテージ」と称しているところもある。また、街区の都合で半端が生じるときは、基礎番号間隔の2分の1以上なら独立した基礎番号に、未満の場合は直前の基礎番号に含める、としている場合が多い。

さて、この街区の中には大小さまざまな家が建ち、空地もある。中には「敷地延長」の私道の突き当たりの奥まったところに建っている家もある。もし、これらを家ごとにナンバリングしてしまうと、家が新たに建った場合、また3軒分まとめてマンションになったなどの場合に、番号が乱れてしまう。そのため基礎番号をあらかじめ1周させておき、その建物の出入口が面している場所の基礎番号をもって「住居番号」とする、というのが住居表示の特徴だ。

だから、出入口の面した基礎番号がたまたま隣家と同じであれば、まったく同じ表示となる。これは土地所有の識別番号である地番ではあり得ないことだ。また、特に角地の場合、出入口の場所が2辺のどちらに面しているかで基礎番号が異なってしまう。

基礎番号の「1番」をどこに設定するかは自治体により異なるが、その回り方は「右回り」(時計回り)に統一されているようだ。筆者はまだ左回りの基礎番号にお目にかかったことがない。だから、この「右回り」さえ知っていれば、住所を頼りに未知の家を訪問するとき、余分に歩かなくて済む。

住居番号については、たとえば街区に大きなビルが1つしかないのに、基礎番号と出入口との巡り合わせが悪くて「7番」などとなってしまうのを避けるため、新潟市などでは「棟番号」的な考え方で「1番」を付けられるように配慮してある。また地番が「支号の支号を用いない」と定めているのに対して、住居表示の住居番号は、同じ住居番号がかなり多数にのぼる場合には(袋小路を抱えている部分など)、枝番号を付けることができる、と「実施基準」で定めているところもある。だから「本町3－5－14－7」のようなことが起こりうる、ということだ。

住居表示法施行前には「通常」の縮尺の市街地図では全部の地番を表示できず、要所要所の番号を飛び飛びに記載するしかなかったのが、この住居表示なら街区符号はブロックに1つずつなので記載もれがない利点はある。さすがお役人が机上の地図に線引きした方式だけあって、地図との相性はいいのである。

藤沢市役所ホームページでは住居表示のメリットとして次の4項目を挙げている。

・初めての家を訪ねる場合も、探したい家が見つけやすくなります。
・緊急を要する場合にパトロールカー、救急車、消防自動車等がより早く現場に急行できます。
・郵便物、小荷物、電報などが早く正確に配達されるようになります。
・各種の行政事務がスムーズになります。

いずれも裏を返せば、従来使われてきた地番利用による住所の表示方法の欠点ということができる。もちろん地番錯雑の迷宮から出られない経験をした人にとって、もしこの欠点が本当に克服されれば良いシステム、ということができるだろう。

住居表示の速やかな実施に民間から協力するために設立された「住居表示協力会」（日本商工会議所をはじめ電力、運輸、マスコミなど幅広い分野の団体・個人が参加）は、住居表示法施行後に出した『住居表示の友』（昭和39年〈1964〉）

で、その効能を次のようにＰＲしている。

だいいち救急車が迷わなくなるので助かりそうもない命も助かるようになる。このあいだもモデル地区（住居表示の＝引用者注）にいって警察署長の話を聞いたが、犯罪の発生場所が的確に摑《つか》めるし捜索も楽になったといわれた。往診の医者が道に迷うそうだが、もう迷（ママ）はなくなる。百貨店の配達、保険会社の集金、証券会社の勧誘なども楽になろうし、オート三輪を路上に留めて家捜《さが》ししているうちに歳暮《せいぼ》の鮭がなくなってアルバイトの学生が泣きだす心配はさらさらなくなる。

「住居表示」が登場するまでの経緯

昭和37年（１９６２）に住居表示法が成立するまでの経緯を簡単に述べておこう。わかりやすい住居表示のシステムづくりについては戦前から研究が行われ、町名地番整理事業などで「ブロック地番化」などの改善が行われてきたことはすでに触れたが、戦後の動きとしては、まず昭和30年（１９５５）に「町名地番整理研究会」が発足したのが最初のようだ。

理事長に就任した小栗忠七《おぐりちゅうしち》氏は、もと内務省の大臣官房都市計画課に勤務した区画整理の専門家として、多数の論文を発表している。この人の考え方は、地番の並び方はもちろん、地名はなるべく平易に、境界は単純明快に、というもので、『現代「地名」考』（谷川健一編著）には次のような氏の論文の一節が引用されている。

地名は現代人が使うものである以上、現代語でその事情がよくわかるように、すなおに二〜三字以内で付けてこそその恩恵を受けることができると思う（番地整理促進協議会編『文化生活と町名番地』）。

都市の建設がいづ《(ママ)》れも古いので、封建的名称が大多数を占めているのはやむを得ないとしても、社会生活と遊離した複雑怪奇な町名や、全く意義をなさない字名が多いことに、誰しも驚かないものはないであろう（『所の研究』）。

氏は「地名はひたすら合理的な符号であるべき」と考えている。もちろん、符号のように没個性な地名の羅列は、本来の意味で合理的ではないのだが。とにかくこのような人物が理事長に就任する状況が、その後の住居表示論議の方向性に与えた影響は少なからぬものがあったはずだ。ちなみに、先ほどの「歳暮の鮭」の文章を書いたのも、住居表示の普及に熱心に取り組んだ小栗氏である。

研究会発足の4年後には「番地整理促進協議会」が立ち上げられた。メンバーは郵政省（現・総務省及び日本郵政グループ）、電電公社、東京都、東京電力、日本通運、日本百貨店協会、全国市長会、日本商工会議所、ＮＨＫ、日本新聞協会など広範囲にわたり、協議会では昭和34年（１９５９）３月に「町名地番整理に関する陳情」を法務省と自治省（現・総務省）に提出している。

翌年には自治省（現・総務省）が全国の実態調査を行い、埼玉県川越市、東京都荒川区、宮城県塩竈《しおがま》市で実験的町名地番整理を行った。昭和36年（１９６１）には首相の諮問機関として「町名地番制度審議会」が発足、次のような答申が出された。

まず従来の地番制度とは別の合理的な住居表示方法を定め、これを国の施策として整理する。具体的には欧米で行われているハウスナンバー制を参考にして建物に番号をつける、という主旨であった。

足枷だらけの実施基準

多くの法律には実施基準が伴っているが、当初のそれには次のような条項があった。

まず町界は道路、鉄道、河川、水路などで区分すること、街区方式に適した規模に揃えるべく面積・人口などに一定の基準を設けること、町名は「できるだけ読みやすく、かつ、簡明なものにしなければならない」(法律の条文)とし、また新たに町名を設けるときは当用漢字を用いるなど簡明にすること、丁目を付けるときは一定の基準により整然と配列すること、また丁目を採用する場合は「××町○丁目」と町をつけず、「××○丁目」とすること(東京都の実施基準では23区内では原則として丁目を用いること)、など、細かく足枷《あしかせ》がはめられた。

法律の主旨は地番錯雑を改良して合理的な住居表示システムを構築する、という結構なものなのだが、実施基準がこれでは、歴史的地名を守っていくのがかなり困難になってくる。

まず、町界を道路、鉄道、河川、水路などの恒久的構造物に限った条項が、江戸時代以前から一般的であった「通りを挟んだ両側が同一の町」という伝統を否定することになったのだ。特に家の背中合わせのラインを境界としてきた、いわゆる「背割り町界」が標準であった城下町など、新住居表示を正直に実施したら、従来の町域は半分ずつずらさなければならない。従来の町のコミュニティは分断され、行政の地名と祭礼など重要な活動の中心となる町内会の境界がずれる、という大きな問題が起こったのである。

由緒ある小さな町を滅ぼした

また、次の条項である「街区方式に適した規模」にするためには、歴史が古いほど小さい従来の町をいくつも統合しなければならなくなった。都の「実施基準」では商業地10ヘクタール（3万坪）、住宅地17ヘクタール（5万坪）、工業地27ヘクタール（8万坪）を「標準」として明記してしまった。商業地のこの面積（約300メートル四方）だと、1～2ヘクタールのものも珍しくない城下町由来の小さな町は、ほとんど合併を余儀なくされてしまう。

たしかにこのような旧市街地の区域は、地図で見ると細かい字がびっしり並んで複雑に見える。しかし逆の視点で考えれば、場所を識別する機能がそれだけ高い、とも言えるのだ。このことは、次のような東京都港区赤坂の例で明らかだ。カッコ内は「丁目」を言っても通じないタクシーの運転手さんのための指示例。

①赤坂四丁目（赤坂警察署の裏の山脇学園あたりへ）
②赤坂五丁目（TBSのあたり）
③赤坂八丁目（赤坂郵便局から外苑東通りを……）
④赤坂九丁目（防衛庁の跡地です）

住居表示実施後、赤坂の各町すなわち表町、氷川町《ひかわちょう》、檜町《ひのき》、溜池町《ためいけ》などなど、多数の町が単に「赤坂○丁目」とされたため、ひとつの町名の区域が実に広大になった。昔の町名ならそれぞれ、1＝丹後町、2＝一ツ木町、3＝新坂町《しんざかまち》、4＝檜町にほぼ該当（必ずしもイコールではない）したのだが、今は「丁目」で区別するしかなくなっている。しかし、どちらが覚えやすいだろうか。

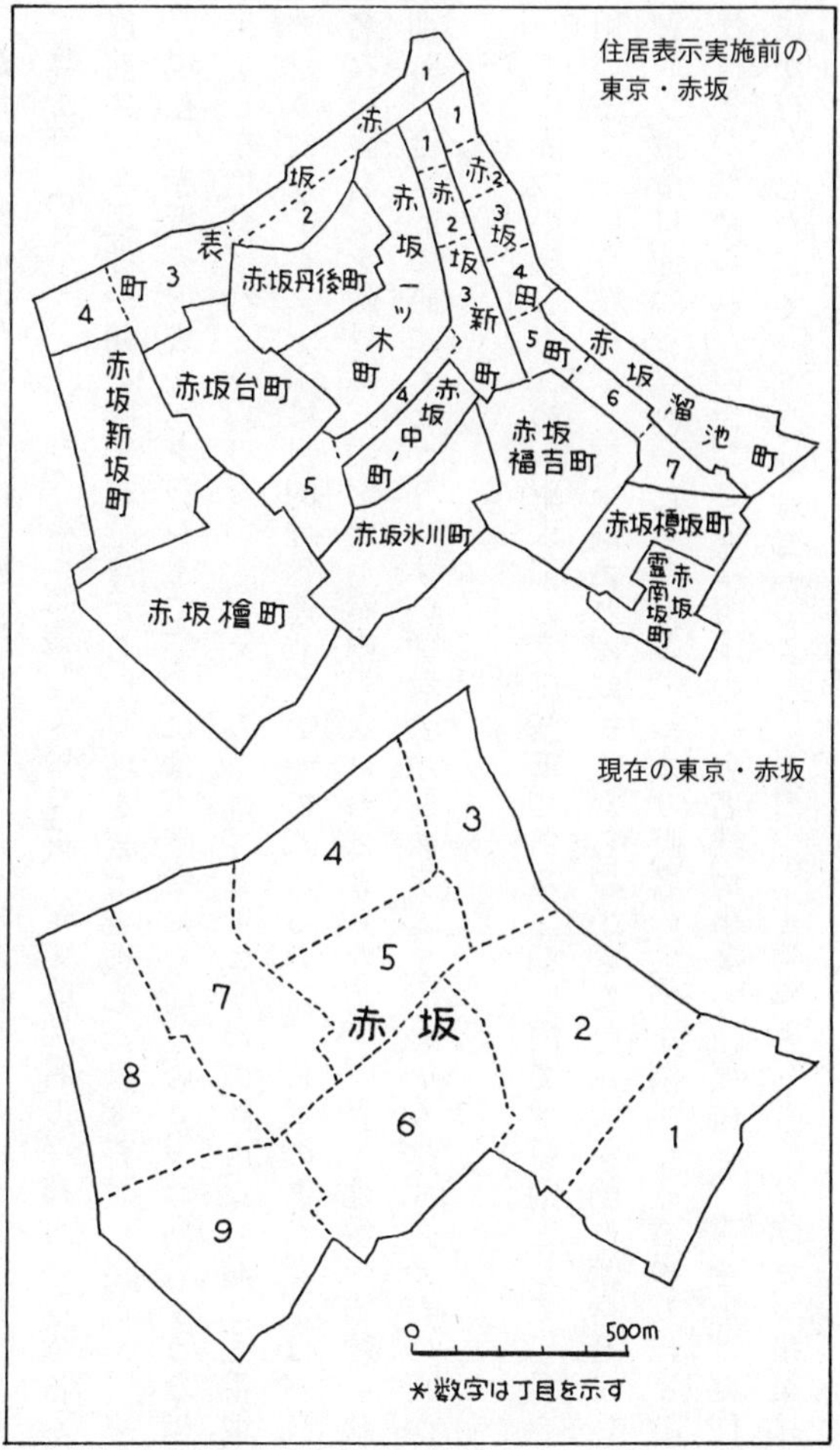
住居表示実施前の
東京・赤坂
赤坂表町
赤坂丹後町
赤坂一ツ木町
赤坂新町
赤坂田町
赤坂溜池町
赤坂新坂町
赤坂台町
赤坂中町
赤坂福吉町
赤坂榎坂町
赤坂氷川町
赤坂檜町
赤坂霊南坂町
現在の東京・赤坂
赤坂
0
500m
＊数字は丁目を示す

人間の記憶が固有名詞に強く数字に弱い、という基本的なことを「協議会」とか「審議会」のメンバーがちゃんと認識していれば、歴史的地名の保存というはるか以前に、合理性や使い勝手の観点から旧町名をきっと残したはずだ。

現在、赤坂のどこかへタクシーで行くには、不幸にも前述のカッコ内のような指示をしなければたどり着けない。考えてみれば、ヨーロッパの都市なら通りと番地を言うだけでタクシーは目的地へ連れていってくれるのに、日本のタクシーは、有名な施設などを除けば、乗客が道案内しなければならない。町界・地番の錯雑に訣別し、合理的で誰にもわかりやすい住居表示システムを、というはずだったのだが……。

この赤坂の場合も含め、東京都の実施基準である「23区内では原則として丁目を用いる」という項目は、言い換えれば「古くからの小さな町は大々的に統合せよ」という指令に他ならなかったのである。つまり町名の大半を消滅させる事業に、お墨付きが与えられたのだ。この事実上の「町名抹消事業」に気付き、声を上げた住民が存在したごく一部の地域（たとえば新宿区の牛込地区など）を除き、事業は粛々《しゆくしゆく》と進められ、現在に至っている。

有楽町もあわや「有楽」に

しかし、最後の「丁目をつけるときは町を付けるな」条項で引っかかったのが有楽町であった。昭和41年（1966）のことだが、当時は朝日、毎日、読売の3紙の社屋が集まっていた有楽町を、実施基準に従って「有楽〇丁目」とする案が出されたのである。

これに対して、有楽町はあくまで全国区のユウラクチョウであり、町を外すなどあり得ない、と三大新聞社をはじめとするマスコミがいっせいに反発、困った当局は「一般に広く慣れ親しまれている地名については、必ずしも町の有無にこだわらない」と妥協した。その後は「町」付きで住居表示された例は多数あるが、この有楽町の一件がなければ、「町」のない町名がもっと大幅に増えていただろう。

住居表示法の施行以来、全国各地の都市で次々と住居表示が実施され、歴史的地名が急激に失われていった。細かく区切られた従来の町々を大雑把に統合する手法にはさすがに一部で抵抗はあったものの、たいていの地域では行政の思うままに破竹の勢いで進められていったのである。この大雑把な地名統合（地名抹消事業）の傾向は、おおむね次のようなものであった。

まず知名度の高い地名があれば、そこに「丁目」を付けて広域で統合してしまう。「丁目」が多くなり過ぎる場合は東西南北を付けて区別。また、それほど知名度の高くない同士が統合される場合は、各地名の頭文字を並べたり、まったく別の地名をひねり出したりという、明治22年（1889）の町村制施行の際に行われたような破壊的方法が、またも反省なしに利用されたのである。

東京都内で思いつくままに例を挙げれば、まず「知名度の高い地名に統合」タイプでは、本郷、赤坂、六本木、浅草、上野などたくさんあるし、東西南北を付けて「領土拡大」させたタイプとしては西新宿や北新宿、南麻布、東麻布、東上野、東新橋、東池袋、西大井、南大井など、枚挙に暇《いとま》がない。

次の「合成地名」型として典型的な例では、杉並区の成田東・成田西（昭和44年住居表示実施）が挙げられる。この成田というのは、戦国時代から見える古い地名の「成宗《なりむね》」の成の字と、東田町・西田町の田の字を組み合わせた合成地名である。成宗に比べて東田と西田という地名は歴史が浅く、昭和7年（1932）に田端を東西に分けて成立したものだ。もとは古い地名である田端をもとに田端東・田端西とするはずだったのが、田端では「田舎臭い」と忌避され、結局東田町・西田町に落ち着いた。合成地名である成田を東西に分けるぐらいなら、歴史ある成宗と田端にすれば問題なかったのではあるまいか。なんとも謎の住居表示地名である。

板橋区の小茂根《こもね》という地名（昭和40年住居表示実施）は小山《こやま》町、茂呂《もろ》町、根之上《ねのかみ》町という3つの町の頭文字を並べただけの無邪気かつ破壊的な地名だ。小茂根も一～五丁目まであるのだから、もし「丁目」を設定しなければ、そのまま従来の町名が生かせたものと思われる。このような例は小茂根に限らないが、都の実施基準に「23区内では原則として丁目を用いること」という無用な一文があったために、3つの地名が一挙に抹消されてしまった実例である。

前述の有楽町の「町」削除問題の他、文京区「弥生町」の区域のうち、弥生式土器が出た部分が根津に編入されそうになった際の反対運動などをはじめ、遅まきながら乱暴な住居表示実施に反対する運動が起きたことをふまえ、昭和42年（1967）には住居表示法の一部改正が行われた。具体的には「町又は字の名称をあらたに定めるときは、できるだけ従来の名称に準拠するとともに、読みやすく、かつ、簡明なものにしなければならない」（傍点＝引用者）という文言が盛り込まれたのである。思えば、最初の住居表示法に「従来の名称に準拠」という規定がなかったのは信じられない。しかし、日本橋の上に首都高速道路を平気で覆い被せた時代である。現代よりはるかに「古いものの価値」は軽視されていたようだ。

この点で言えば、明治初期の方が「地名を尊重すべし」という思想が貫かれていたことは、次に掲げるように明治14年（1881）の太政官達《たっし》（原文に句読点を補った）を見ればわかる。この時期、内務省は小地名を「歴史の考証や地誌の編纂に最も重要なもの」と位置づけているのだ。その後の政府の方針に、残念ながらこの精神が貫かれなかったことは、全国の地名の置かれた状況を見れば一目瞭然だ。

各地ニ唱《とな》フル字《あざ》ノ儀ハ、其地固有ノ名称ニシテ往古ヨリ伝来ノモノ甚《はなはだ》多ク、土地争訟ノ審判、歴史ノ考証、地誌ノ編纂等ニハ最モ要用ナルモノニ候条、漫《みだり》ニ改称変更不致《いたさぬ》様可心得、此旨《このむね》相達候事。但《ただし》実際已《や》ムヲ得サル分ハ、時々内務省へ可伺出事《うかがいいずべきこと》。

地名保存は老人の懐古趣味？

小栗忠七氏は前出の『住居表示の友』で、市街地に町名が多いことを「弊害」と断定し、次のようにコメントしている。

町名の多いということは、裏がえすと町の区域が狭ま過ぎるということにもなる。さてそうなると何という町名を潰すかという問題になるが、一般的にいって郷愁があるから簡単にいかない。それに老人層と青年層にギャップがある。これは、いつの時代でも同じだと思うが「老いては子に従え」という諺《ことわざ》もあることだから老人層よりもこれからさき地名の恩恵を永く受ける青年層に譲ってくれるとよいのだが、どっこい、町名になると理屈通りにならないで手間取ってしまう。

長く続いてきた歴史的地名をただの郷愁として片付け（もちろん郷愁は地名保存の立派な理由になるが）、地名整理に協力しない「老人層」を批判している。この文章からは、数百年の時代を超えて受け継がれてきた無形文化財である地名への敬意はまったく感じられない。

小栗氏は、住みやすく美しい都市の実現のためには建築活動に一定の制限を設けるべき、との現代に通じる問題意識を持った内務省の優れた都市計画法規の第一人者であったというが、こと地名に関する限り、その歴史的価値にはあまり重きを置いていなかったようだ。

着物や庭の意匠、南画の手法とか神社参拝の作法に至るまで、そんな伝統はなくても現代人は生きていけるさ、というレベルの話になれば、すべての議論はそこで終わりになってしまうが、歴史的地名を無理やり捨てさせられようとした地元住民が抵抗するのは当然だ。

商店街は道の両側が一体なのに

住居表示の実施が全国的に広がっていった時期である昭和39年（1964）1月に、住居表示協力会が行った「住居表示制度推進研究会」の記録によれば、甲府市では通りの両側が同じ町名である伝統的町割りを、道路で区切る街区方式の町割りに変更することになり、地元から猛烈な反対運動が起こった。その経緯を市の担当者が述べている。

街区方式に反対する地元商店街の意見は、これまで同じ町内であった通りの両側で街路灯やアーケードを整備し、大売り出しを行うなど一体となってやってきたのに、なぜ通りで分割して背中合わせの別の商店街と一緒にするのだという、もっともなものであった。また住居表示法を勉強し、道路方式の方が好都合ではないかと代案を提示しているのに対し、市は合理的な理由もないまま、「議会で街区方式がすでに決まっている」と押し通した。

茨城県日立市などは、ヘタに住民に相談すると地元のボスが動いてややこしいことになるから、と説明会も審議会も一切行わなかったという。そのかわり「皆さんが皆さんの町の名前をつけてください」と町名を公募した。結局1000票ほどしか集まらなかったのに、これで半永久的に残る町名を決定したというのだから、ずいぶん乱暴な話である。

ゴリ押しされた全国一律の街区方式

同年の9月に開かれた第2回の研究会では、大阪市の担当者が、「大阪の都心部は道修町《どしょうまち》や心斎橋筋など、『背割り』ながらすでに整然とした町割りになっており、地番もわかりやすい。しかし住居表示の街区方式とは相容れない。なんとか大阪独自のような方式を認めてもらいたい、と自治省（現・総務省）にもお願いしている」（大意）という意見を述べた。

これは、全国の旧市街地のほとんどに当てはまったはずだ。これまでまったく不便はなかったのに、なぜ画一的に街区方式に変えなければならないのか、というもっともな考え方である。第3回研究会では、宮城県石巻市の担当者から、町割りは氏子＝町内会と密接であるため、住居表示法通りの町界の設定に苦慮している様子が報告されている。

はるか後年になって、大阪市では、道修町など一部について従来の町割りのまま住居表示を行った。これは全国各地で消されていった無数の町々が、もう少し当局の法解釈とその運用が柔軟であったならば生き残れたことを、非常に遅まきながら証明している。

そもそも「町」の形態は地方や歴史的経緯によりさまざまであり、町の大きさや番号の振り方まで全国一律の基準に合わせるという思想そのものが、的外れだったのである。しかし法律ができればそれに忠実に従う市役所があり、真面目な担当者ほど歴史的地名より法律の方を優先して仕事をする。このようにして無用な地名破壊や地域住民のコミュニティの分断が法の名の下に強行されていった。これが住居表示の歴史である。

東根市の「道路方式」

この章の冒頭でご紹介した、山形県東根市の珍しい「道路方式による住居表示」だが、その名が示すように、名前を付けた道路の両側に奇数・偶数に分けた住居番号を付けたものである。要するに欧米で最も一般的に行われている方式であるが、日本ではきわめて珍しい。ここ東根市で「道路方式」による住居表示が導入されたのは昭和53年（１９７８）のことであった。

欧米方式ということから、市内の市街地には通りの名がくまなく付けられているかと思いきや、旧市街地では一般的な街区方式による住居表示が行われている。道路方式が導入されたのは、むしろ郊外の農地が広がる地帯であった。場所は山形空港の東、神町《じんまち》駅東方に広がる乱川《みだれがわ》扇状地上に位置している。東根市はサクランボの名産地として知られ、山形新幹線には「さくらんぼ東根」という駅もあるほどだが、果樹園の広がるこの扇状地上の若木、営団《おさなぎ》、新田《しんでん》地区に「道路方式」は実施された。

そもそもこの区域は字界や地番が錯綜しており、何らかの整理をしないと不便であったという。ただ、農業地区ゆえに街区方式ではその街区があまりにも広大になってしまうため、住居番号が２００番を超えてしまう。この地区では幹線道路が比較的東西南北に整然と走っており、それなら道路方式による住居表示が好都合、との結論に達した。

東根市神町地区の道路方式による住居表示の実施基準によればおおむね次のような規定となっている。

まず道路の基本線を、「県道新田・神町停車場線」と、若木山東の最も山裾に近い南北道路と定め、県道と並行している道路には「通り」、若木南北線に並行する道路には「街路」という名称を付ける。またこれにより難い場合（斜めの小径な

道路方式による住居表示 模式図

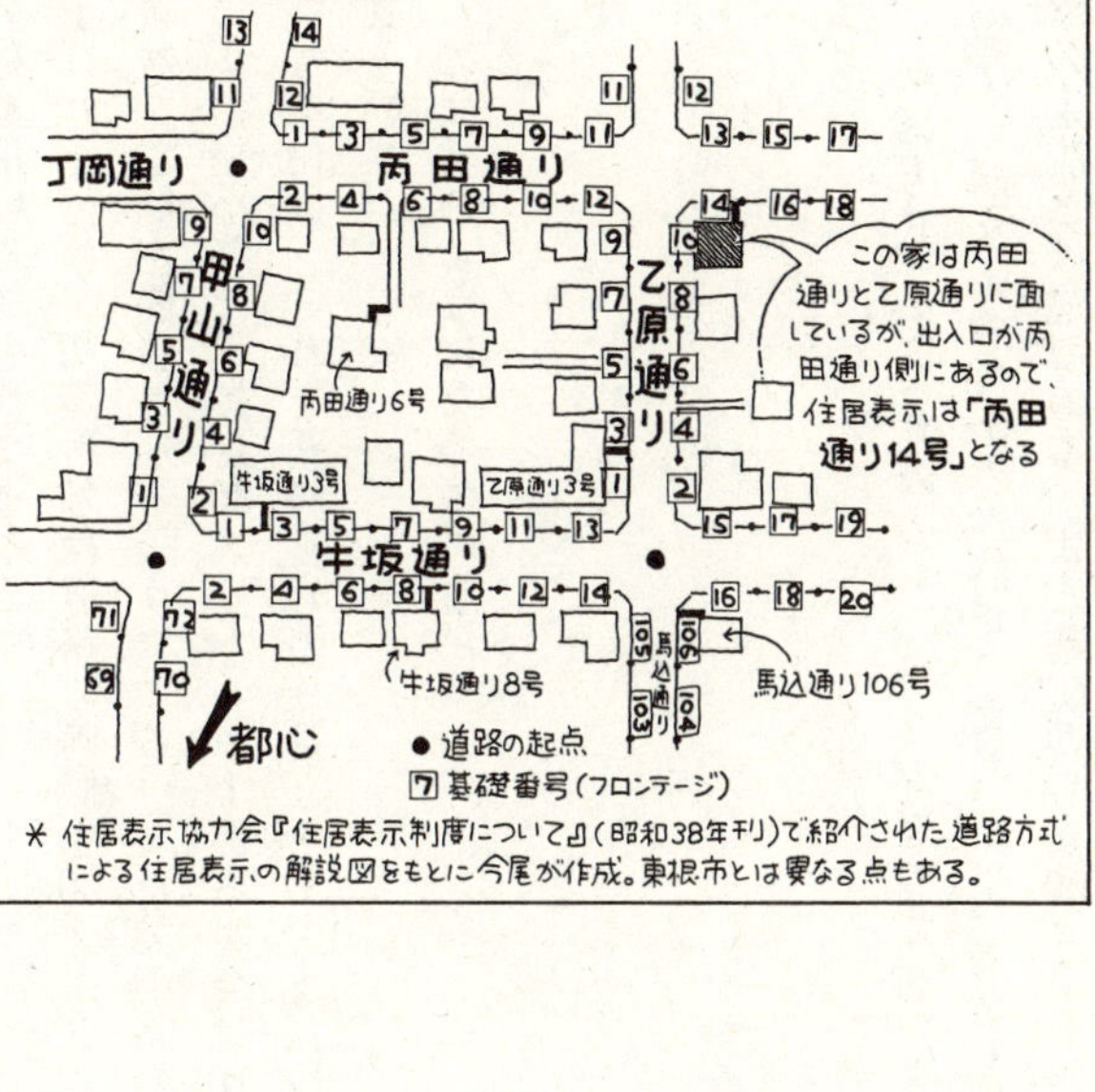

＊ 住居表示協力会『住居表示制度について』（昭和38年刊）で紹介された道路方式による住居表示の解説図をもとに今尾が作成。東根市とは異なる点もある。

ど）は「小路」という名称を用いることができる。

長い道路には適宜「丁目」を付け、基礎番号は道路の両側を20メートル間隔で区切る。その際、右側が奇数、左側が偶数となるようにする。また袋小路のある場合で、その中に5戸以上、また袋小路の延長が30メートル以上ある場合は10メートル間隔で区切って同様の番号を付け、これを基礎番号の枝番とする。また住居番号と家屋との関係は街区方式と同様だ。

ちなみに、具体例としては次のようになっている。

東根市板垣大通り5号
東根市若木通り一丁目3号
東根市板垣西小路4号

一見してわかる通り、街区方式でおなじみの「○番」がなくて、いきなり「○号」となっているが、「街区」がないのだから当然だ。なお、右が奇数というのは、ウィーンやパリなど西欧の主流とは逆である。また基礎番号が20メートルと長いのは、都市部よりも敷地面積が広い農家が主体であるためだろう。

2　住居表示と地番の関係

不動産登記や公図の閲覧の際、ハタと直面するのが住居表示と地番の違いである。住居表示というのは、文字通り住居の位置を表示するためのシステムであるから、その街区符号や住居番号は、地番とは別に定められている。

住居表示が実施されると、市街地図や住宅地図に掲載されている数字が変わるので、何となく「地番」もそのように変更されると勘違いされやすいのだが、住居表示が実施されても地番は別個に存在し続けるのだ。

また、住居表示が3組の数字であることが多いため（赤坂1－3－5のように）、「山田2056番」など、住居表示していない区域とは簡単に区別できると思われがちだが、住居表示済でも「丁目」のない「小川町1－2」のような例もある。さらに、3組の数字で表わされていても、住居表示していない場合（ブロック地番方式での町名地番整理済）もある。

これは住居表示？　それとも地番？

たとえば、次のような住所は判断がつけにくい。

①日野市神明1―12―1（東京都日野市役所）
②港区芝公園1―5―25（東京都港区役所）

このうち①は、「町名地番整理済」の区域（住居表示は実施せず）、②が住居表示済み区域である。このように「住所」だけを並べたのでは区別がつかないが、正式に書くと次のように異なってくる。

①日野市神明一丁目12番の1
②港区芝公園一丁目5番25号

①の「12番の1」というのは地番で、町名地番整理した街区ごとの「ブロック地番」としての12番に、いくつかの支号（枝番号）が付いており、ここでは「12番の

1」という土地である。これに対して②の「5番25号」は、5番が街区符号、25号が住居番号だ。

細かいことを言えば、①の「12番の1」は日野市の土地（市役所の敷地）であり、それ以外にたとえば個人宅や事務所などが含まれることはあり得ないが（逆に数筆を同一人または法人が所有している土地はある）、②の住居表示における「5番25号」は、その住居番号となっている「25」という基礎番号に出入口が面した建物があれば、同一の住居番号を持つ人の家が複数あってもおかしくない。

説明が重複するが、要するに住居表示はあくまでも「地点の表示」であり、地番は資産としての土地を、他の土地と区別するために付けられた番号なのである。

住居表示済み区域の地番は旧町のものを流用

不動産の広告チラシなどを見ると、たとえば「栄町1―3―5（住居表示）」とか、「東町1―2341―5（地番）」といった表現にお目にかかる。この表記は、特に不動産を取り扱う広告は住居表示も地番表示も扱うため、どちらであるかを厳密にする必要があるからだ。

これらを観察していると、ある傾向が見えてくる。それは住居表示済み区域に特有の3組の数字（○丁目・○番・○号）のまん中の部分が大きな数字になっていることが多いことだ。たとえば前出の「東町1－2341－5」は、まん中の数字だけが2341と重たくなっている。住居表示では街区符号がこれだけ大きな数字になることはあり得ない。もし街区符号が3ケタになるほど大きくなりそうな場合、必ず丁目が増設されるはずだからだ。

地番表記ではこの2341が昔ながらの地番で、「たとえ住居表示によって町名・町域が変更されても、地番については旧町時代のものをできる限り流用する」という原則があるからだ。

実際に、東京の住居表示済み区域の住居表示と地番表示を比較してみよう。以下は新聞に掲載された不動産広告のリストであるが、物件を特定できないように地番からは支号（枝番号）を、住居表示からは住居番号を外してある。丁目・番などは省略（ハイフンの前はすべて丁目）した。

現在の住居表示

世田谷区北沢3―31
世田谷区等々力1―14
世田谷区用賀1―24
中野区江古田4―31
杉並区高円寺北3―13
杉並区井草1―30
豊島区池袋2―20
練馬区早宮《はやみや》1―27
北区赤羽西1―23
板橋区舟渡《ふなど》4―6
板橋区若木2―6
葛飾区南水元2―7
葛飾区四つ木4―12
葛飾区東金町《ひがしかなまち》5―22

現在の地番

北沢3―921
等々力1―163
用賀1―281
江古田4―1643
高円寺北3―489
井草1―80
池袋2―1115
早宮1―4499
赤羽西1―96
舟渡4―4669
若木2―1055
南水元2―783
四つ木4―243
東金町5―563

住居表示以前の町名地番

北沢3―921
玉川尾山町163
玉川用賀町1―281
江古田4―1643
馬橋《まばし》4―489
正保《しょうほう》町80
池袋2―1115
練馬仲町《なかまち》4―4499
稲付《いなつけ》町4―96
志村西台町4669
志村中台町1055
水元飯塚町783
本田四ツ木町243
水元《みずもと》小合《こあい》町63

以上をじっくり見比べてみると、住居表示と地番、それに旧町との関係がはっきりすると思う。住居表示済み区域の地番表示は、まず「町名」には現行の住居表示地名を用い、「地番」は旧町時代のものを流用する。右の例には、たまたま新旧両町名が一致するものもあれば、異なる場合もあるが、たいていは旧地番がそのまま流用されていることがわかる。

新町内に同一の旧地番がある場合

ただし、最後の葛飾区東金町の例をご覧いただきたい。この地番だけが、旧町時代のと異なり、旧63番が563番となっているのである。

理由は簡単だ。新旧の町域が異なる場合、特に旧町の方が面積の小さな町であったときなど、現行の町域に同一の地番がいくつも含まれてしまうからだ。旧町の大小にかかわらず、境界の都合によっては同一地番が同一町内に出てきてしまうので、これを区別するため、一定の数字を加算するのだ。この東金町のケースでも「東金町五丁目」に、旧町の「63番」などが複数存在するために加算が行われたものと考えられる。

このことは都心部では特に多い。なぜなら都心部では、住居表示以前の旧町域の方がずっと狭いのが普通だからである。

ちなみに現行の「銀座四丁目」の領域には、住居表示以前の旧・銀座四丁目に加えて、銀座西四丁目および銀座東四丁目が含まれている。このため、旧地番を流用してしまうと同一の地番が3カ所ずつ存在してしまうので、これらを区別すべく、たとえば旧「銀座東四丁目4番」(地番)であった現「銀座四丁目9番」(住居表示)の現在の地番は、旧地番に200を加算した「銀座四丁目204番」等となっている。

3　住居表示の実際

「上町A番」――アルファベット住居表示

昭和37年（1962）の施行以来、その主旨から逸脱して全国各地の由緒ある地名を消して回っていた住居表示法だが、行政側の住居表示実施と、住民側の旧町名保存運動が各所で激突するなど、スムーズに実施が進まないところもあり、中にはだいぶ奇妙な事態が生じるところも出てきた。

ここでは大阪市の例を見ていこう。説明するより上の写真をご覧いただけば一目瞭然だ。

大阪市中央区にある「上町《うえまち》A」というプレートだが、これもレッ

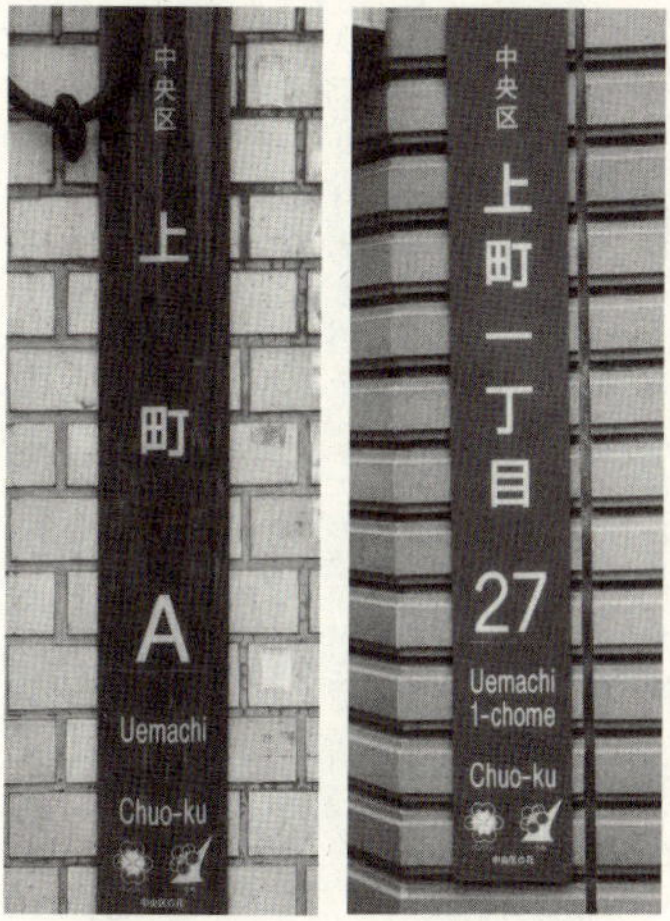

大阪・上町の住居表示。「上町一丁目」は通常のやり方、「上町」は街区符号にABCを用いている

キとした「街区表示板」である。街区表示板とは、通常は「銀座四丁目3」など街区を表示する金属板で、たいてい紺や濃緑、焦《こ》げ茶など暗色系の地に、縦書きの白抜き文字、というのが相場だ（プレートの色や字の書体・大きさなどは各都市の住居表示実施条例などに定められている）。

上町台地といえば、大阪旧市街の東方に、大阪城から天王寺方面にかけて南北に小高く盛り上がったエリアであり、この上を南北の通りである上町筋が貫いている。南方の上本町（六丁目）といえば近鉄大阪線のターミナル（大阪上本町駅）であり、現在では天王寺区の上本町一丁目～九丁目が細長く2キロにわたって続いている。中央区の上町はその上本町の北隣に続く80×200メートルという狭い町だ。戦前の地図を見ても上町の領域は変わらない。もちろん地番は普通の数字であった（現在も地番は原則として従来のものを流用）。

さて、現在ではこの東隣に「上町一丁目」という住居表示地名がある。タダの「上町」と「上町一丁目」が隣り合っているのだ。しかも「上町二丁目」というのは存在しない。なぜだろう。

調べてみると、上町一丁目はかつて広小路町、寺山町、内安堂寺町通《うちあんどうじまちどおり》一丁目、東雲《しののめ》町三丁目などに分かれていた。これが昭和54年（1979）に住居表示の実施とともに統合されて上町一丁目となったのである。つまり「老舗の上町」と「新参の上町」が、何らかの理由でくっつかず、別々に存在しているのだ。

上町は、町域を変更せずに住居表示を実施したので、街区も道路や水路などが境界というわけではなく、家の裏に境界のある伝統的な「背割り」の町なのだが、街区符号は道路を境界にして3つ設定した。しかし困ったことに、街区符号を1、2、3とすると、たとえば「上町1―3」などと表記したときに、次の2通りの解釈が可能になってしまった。

上町1―3＝上町一丁目3番（○号）
上町1―3＝上町1番3号

将来「上町二丁目」が誕生したら、2番という街区符号も使えなくなる。3番もダメかもしれない……。となるとアルファベットしかないか、という決着だったのだろう。

街区符号「渡辺」も登場！

次ページの写真は大阪・船場《せんば》のまん中にある中央区久太郎町《きゅうたろうまち》である。この町名そのものは古くからあるが、その下にある「渡辺」というのが異彩を放っている。隣に写っている街区表示板を見ればわかるように、渡辺は街区符号であり、通常なら数字がくるはずだ。先ほどの上町ではＡＢＣであったが、こちらは漢字。なぜこのように不思議なことになったのか、そのあたりの経緯を説明した新聞記事を引用しよう。

大阪市東区と南区の合併に伴って、来年二月に新しい住居表示制度を実施する大阪市は十二日、全国の渡辺姓のルーツといわれ、町名存続の市民運動が起きていた東区渡辺町について、本来は数字で表す街区符号に「渡辺」の名前を残すことを決めた。

東区では船場、大江両地区で五十七の町名を四十八に統廃合する町界町名変更案が今年三月の市議会で可決された。ところが、町域全体が坐摩《いかすり》神社の境内になっている渡辺町（約五千平方メートル）では、同神社の渡辺清音宮司（75）をはじめ、「全国渡辺会」「地名を守る会」などが、市長や市議会議長に対して町名の存続を求めていた。

そこで、大阪市は「中央区久太郎町四丁目三番」と表示されることになっていた渡辺町について、「久太郎町四丁目渡辺」とすることにした。

（昭和63年7月13日付『朝日新聞』）

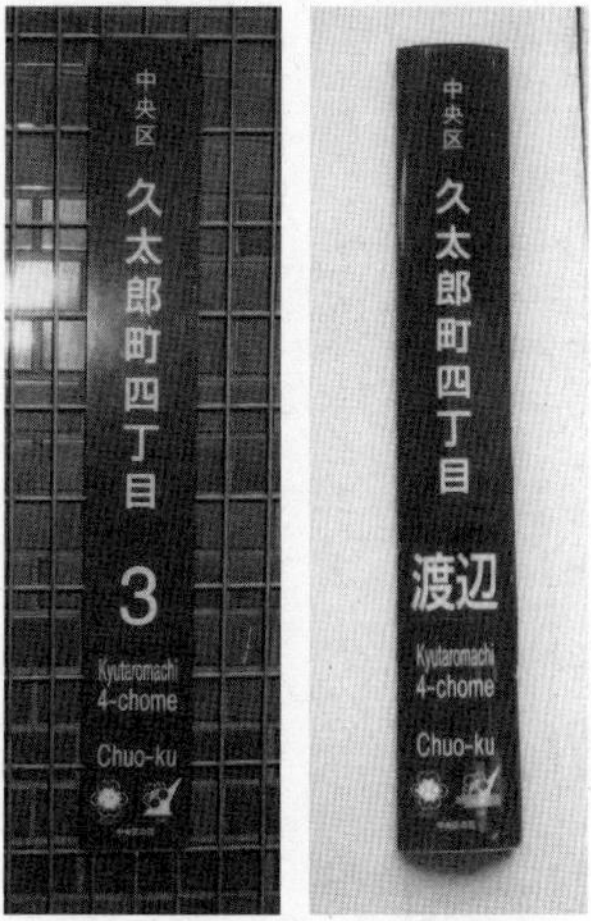

大阪・久太郎町の街区符号には数字に混じって「渡辺」という漢字符号がある。これは旧・渡辺町の名残り

この渡辺町は、記事にあるように神社境内だけの非常に狭い町域（住民も宮司夫妻のみ）であったため、統廃合されることになったものだ。

漢字＋数字の街区符号

上町と渡辺の双方とも、堺市にお住まいの藤本至氏の情報提供（新聞記事を含めて）によるものだが、氏はさらに変わり種街区符号として、次のような鶴見区の事例を教えてくれた。

こちらは鶴見区北部の「花博記念公園鶴見緑地」に近いところだが、諸口《もろくち》一丁目～六丁目という住居表示実施済みの町名がある。この五丁目の北側の一部が「浜＋数字」の表示なのだ。住居表示以前の地図を調べてみると、このあたりだけ北に隣接する茨田浜町《まったはまちょう》がはみ出しており、この部分が「浜○番」という街区符号のエリアに重なっている。幹線道路を境界にする「住居表示法の精神」にしたがって「諸口」となることが決まったものの、浜の地名を失うことに抵抗があった住民が熱望したための妥協策なのだろうか。

またもう少し北には「焼野《やけの》」という住居表示地名があるが、ここでも焼野一丁目・二丁目の南側の一部に「南1」「南4」などの「漢字＋数字」街区符号が存在する。

相容れない「背割り」町と「街区主義」

大阪市は全域が住居表示実施済となっている唯一の政令指定都市であるため、今後は町名の統廃合はあまり起きないだろう。それでも大阪市の住居表示実施済の町を各所で見ていくと、年代ごとにかなり住居表示整備の傾向が異なり、当初の住居表示の「原則」もだいぶトーンダウンしている印象だ。

たとえば、住居表示法の基本原理ともいうべき「街区主義」が崩れつつあることである。この街区主義が大阪都心部の伝統的「背割り」町と激突した結果——。

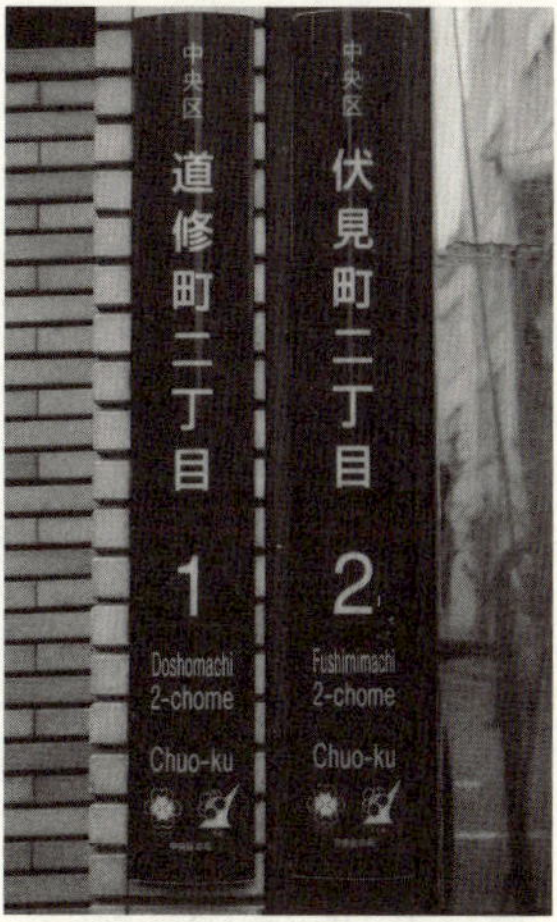

大阪では「背割り町界」を生かして住居表示を実施した地区もある

まず、大阪の都心部である船場や島之内と呼ばれる町の構造を簡単に見ていこう。

昭和40年代までの市街地図を見ると、大阪の中心部は、見事に東西に横長の短冊型の町が並んでいた。それぞれ「町《まち》通り」と呼ばれる東西通りの両側が同じ町名になっており、東から順に「一丁目」「二丁目」……という順に、しかも同じ丁目の領域は、南北に隣接する町も同じであった。つまり御堂筋の東側の歩道を南下すれば、北浜四丁目、今橋四丁目、高麗橋《こうらいばし》四丁目、伏見町四丁目、道修町四丁目……と心斎橋まで「四丁目」がずっと続く、という具合だったのである。

東西の「町通り」に対して、南北の通りを大阪では「筋」と呼ぶ。本来、家々の間口は町通りに面しており、そのため「筋」は家の側面が延々と続く「単なる通路」という位置づけであった。今でこそ心斎橋筋や御堂筋などを代表とする大通りのイメージがあるが、江戸時代の標準的な道幅は町通りが幅4間（約7・3メートル）であったのに対して、筋は3間（約5・5メートル）と狭かった。

ところが、その後の住居表示の実施で町が大規模に統合され、「街区主義」が貫かれる区域も出現した。「南船場」や「東心斎橋」「島之内」などである。これらは伝統的な大阪の東西に延びる短冊形の町割りを廃止し、東京や名古屋の住居表示地区にあるような広いブロックにしてしまったのである。町の境界は道路となり、従来の町割りは否定された。もちろん、この際に多数の町が消えてしまった。

それでも、現在の中央区北側地区については、昔ながらの「背割り」そのままに

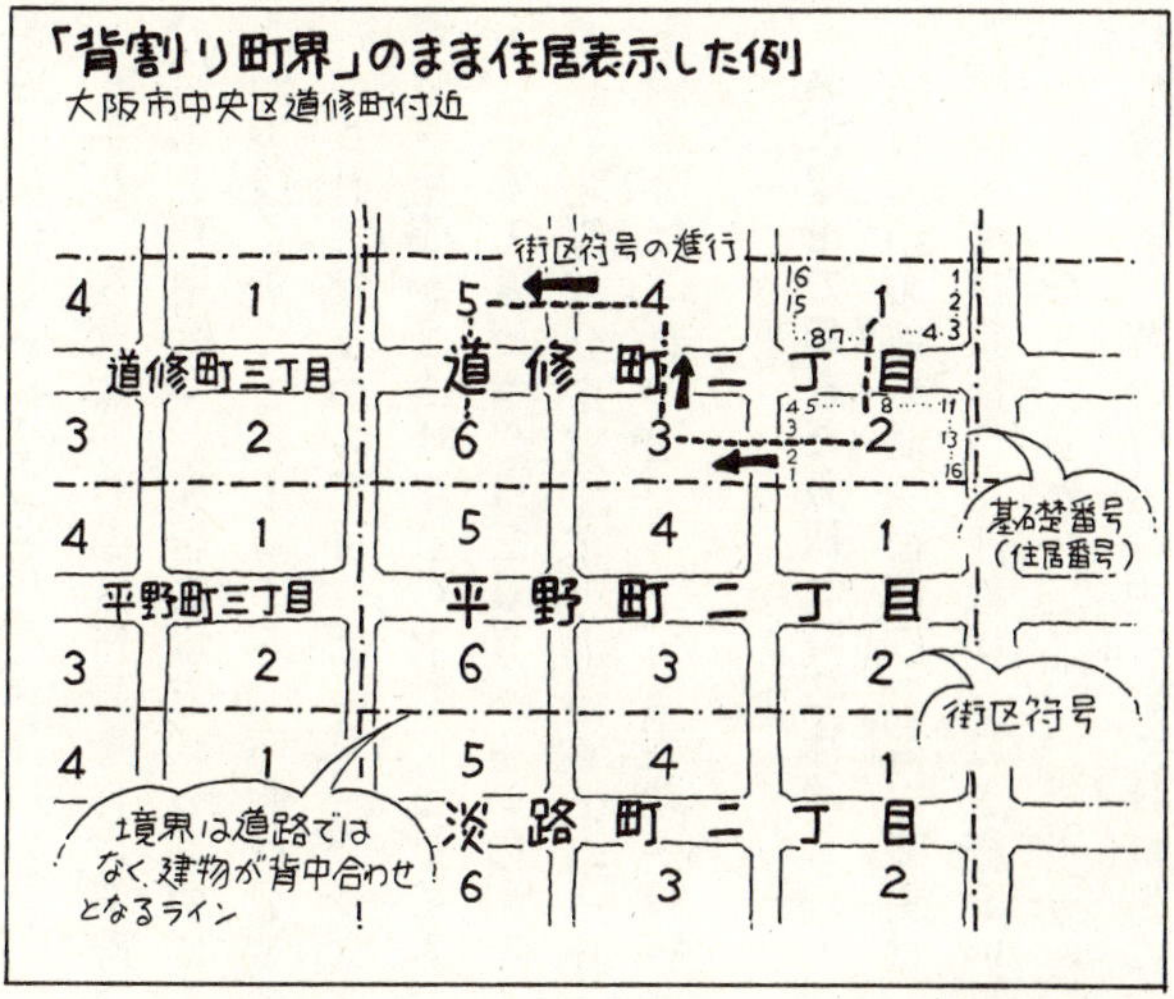

住居表示が行われている。江戸時代から薬種問屋《やくしゅどいや》が軒を連ね、今なお製薬会社のビルが並ぶ道修町など、整理統合などとんでもない、という気風も伝統もある町が続く地区を、全国標準の「大雑把なブロック町」として統合することはできなかったのだろう。

　最近では住居表示法の柔軟な解釈で、地域に合った住居表示を実施する都市が増えているようだが、この大阪市中央区北側もその代表のような区域だ。町界が「背割り」のままなので、当然「街区」もブロックの南北で異なり、それぞれに街区符号が付けられている。

しかし、残念ながら街区符号を付ける際に、せっかくの整然とした大阪の碁盤目の街路を利用せず、住居表示方式の標準である「蛇行」を採用したため、町通りの北側歩道を歩くと1↓4↓5、南側は2↓3↓6とわかりにくくなってしまったのだ。これだけ1つの丁目に街区符号が少ないのだから、せめて北側が1↓3↓5の奇数、南側が2↓4↓6の偶数、とはできなかったのだろうか。なお、住居番号のもととなる基礎番号は205ページの図をご覧いただければ一目瞭然だが、まず町通りの北側部分は、北東の端から道沿いに南↓西↓北と進んで北西の端で終わる。南側部分はこれの逆で、まず南西端から道路沿いに北↓東↓南と進んでいく。

名古屋市で起きた激烈な町名抹消

名古屋市の住居表示に伴う町名の変更は、他に例を見ないほど激烈なものであった。かつては京都市に匹敵するほど細かい町が背割り方式でぎっしりと詰まっていたのだが、今となっては「栄」「新栄」「桜」「丸の内」などの広い面積をもつ町名に統合され、昔の町名は中心部ではほとんど見られなくなった。このような大規模な町名の抹消事業が進んでしまった名古屋の、これまでの町名の変遷史を簡単に振り返ってみよう。

尾張徳川氏の大城下町であった名古屋は、かつて織田信長の居城のあった清須《きよす》（清洲）に転封となった徳川義直《よしなお》（家康の九男）の時代に、水害の危険が大きいとして移転したものだ。この熱田台地の平坦面に、従来よりはるかに大規模な城と城下町を計画・建設したのである。

城下町は正方形の整然たる街区をもつ碁盤目に設計され、ここに清洲から城下の町人が続々と移住した。これを「清洲越《きよすごし》」と称し、新城下の町人町の7割を占めるに至った。その際に清洲時代の町名をそのまま名づけることが多かったのである。

これが明治維新による廃藩置県（明治4年〈1871〉）の際に、小規模な町はかなりの規模で整理統合され、残った町名に「丁目」が付けられたものが多かった。なお、丁目の進行方向は東西方向の道路に面した町は堀

旧町名を今に伝える交差点の信号プレート

川を起点に東へ一丁目、二丁目……とし、また南北の街路は北から、つまり名古屋城に近い方から順に一丁目、二丁目……という順に整備されていったのである。

しかし、それでも清洲越の町名はかなり多くが生き残り、通りごとに町名が変わる細かい町割りであった。大阪の中心部では東西の「町通り」が主体であったため東西に長い町になったのと対照的に、名古屋では東西・南北どちらの通りにも同じように家が正面を向く構造であったため、通りの両側を1つの町名とすれば、必然的に、京都の中京区あたりに典型的に見られる菱形の「両側町」となる。

京都の場合は菱形のそれぞれが別の町名を持っているのだが、名古屋の場合は廃藩置県の頃の統合で「丁目」が東西または南北に進むようになったため、東西の丁目と南北の丁目は交差し、ソロバンの玉のような丁目が重なり合う独特の構造をもつに至ったのである（209ページの上図を参照）。

ところが、昭和37年（1962）にできた住居表示法が、この名古屋をも直撃することとなった。当初の同法とその実施基準を厳格に適用すれば、どう見ても名古屋城下町の細かい町名は生き延びられなかったのである。そもそも、住居表示の町界を道路や鉄道、水路などにせよ、という方針は、背割りの両側町が中心の名古屋

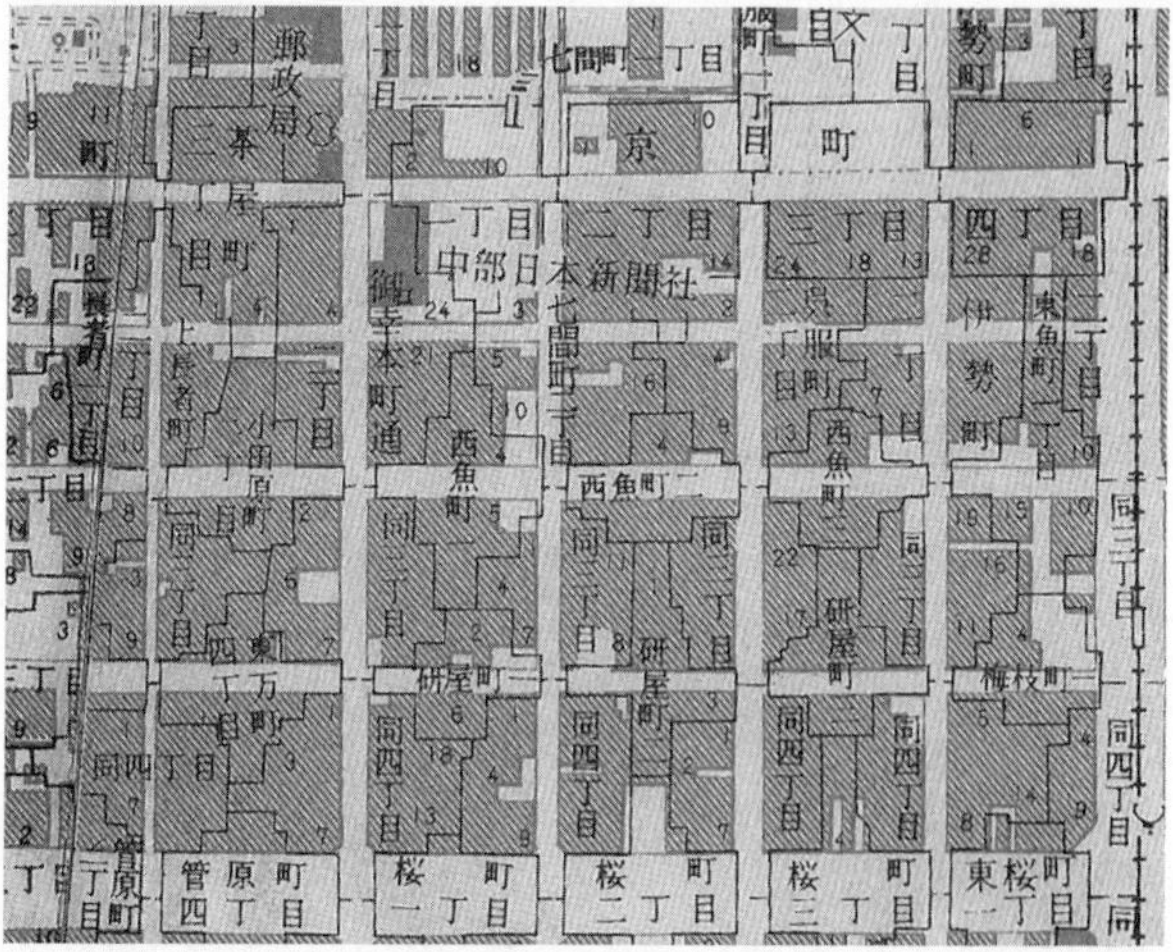

名古屋都心部には江戸時代以来の小規模な町が多かった。上は 1:10,000「名古屋西北部」＋「名古屋東北部」昭和 28 年修正、下は「名古屋城」昭和 62 年編集

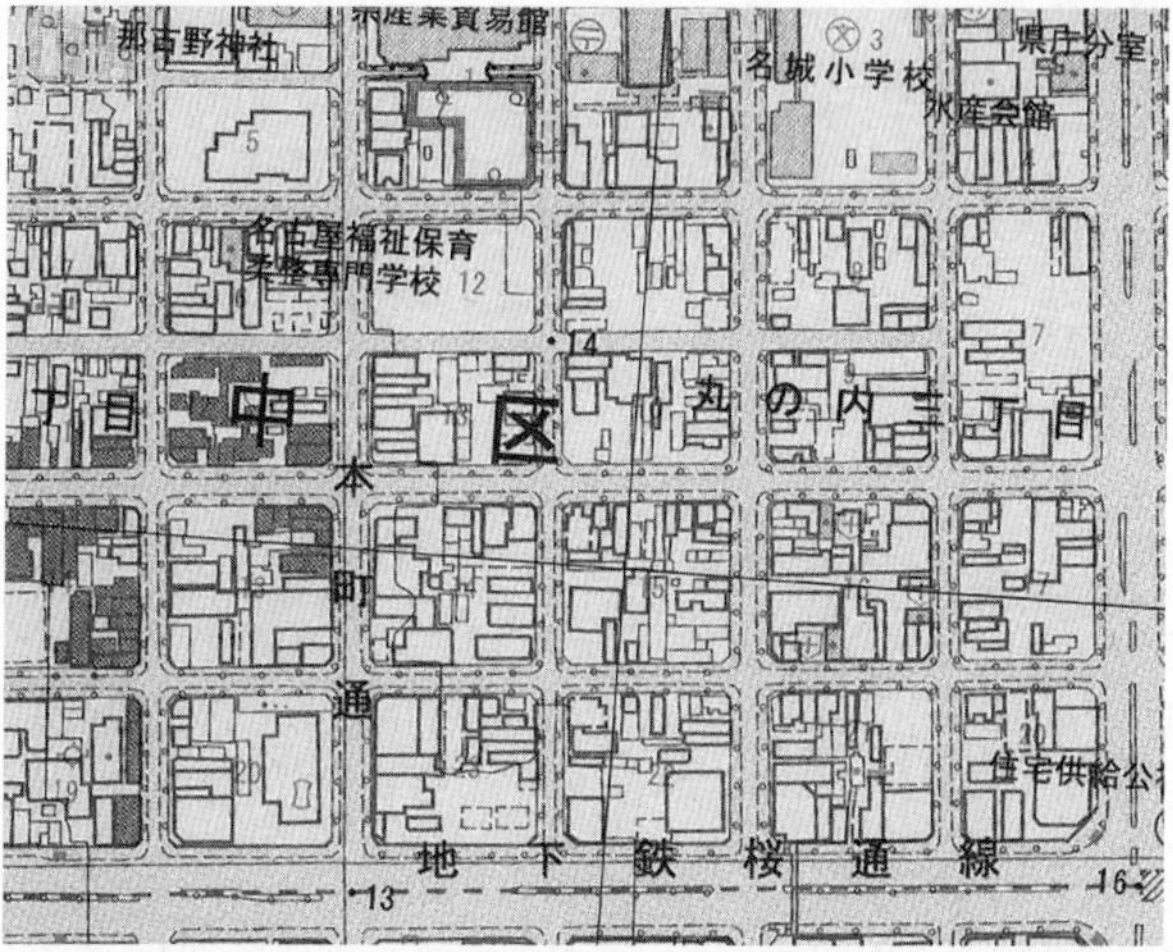

の町の構造を完全に否定する。拡大する郊外の町名地番整理には、昭和に入ってからも「路線式」、つまり背割りの両側町タイプで整理していた名古屋の実績を、住居表示法は完全に否定するものであった。

住居表示の実施にあたっては、特に碁盤割地区の旧城下が難問だった。市当局も従来の町名を残した町名・町界整理の方法を地元と協議したのだが、72町という多数の中から特定の町名だけをいくつか残すことは難しく、住民の理解を得るためには新しい町名をつけるしかない、という結論に至ったのである。

数十倍に拡張した「栄」

ここで登場したのが丸の内、錦、栄（それぞれ一丁目〜三丁目）であった。また消滅する多数の旧町名については通りの名称として残すことで地元と了解に達した。このあたりの交差点の信号には「広小路七間町」「入江町通本町」などのプレートが見られるが、これが江戸時代の地名を今に伝える数少ないメッセージ板といえる。なお、通り名として残った町名も31に限定され、その他半数以上の町名は昭和41年（1966）以降の住居表示の実施に伴って長い歴史を閉じたのである。

栄町という町名は名古屋の「銀座」的な知名度の高さから選ばれた「旧町名」なのだが、数十倍に拡張したのが現在の姿だ。参考までに、また消えた町名の多さを実感していただくため、栄一丁目～五丁目（四・五丁目は「碁盤割」の外）となった旧町名を次に列記しておこう。なお、新しく定められた「栄」は東西2キロ、南北750メートルという巨大な町だ。

全域が栄になった町

南伏見町、横三《み》ツ蔵《くら》町、鉄砲町、南桑名町、南長島町、八百屋町、大坂町、住吉町、入江町、小市場《こいちば》町、南伊勢町、南呉服町、南久屋《みなみひさや》町、月見町、池田町、七曲《ななまがり》町、南武平《ぶへい》町、松島町

一部が栄になった町

木挽《こびき》町、常盤町、竪《たて》三ツ蔵町、天王崎町、中ノ町、西洲崎町、東角《ひがしかど》町、役割町、東洲崎町、広小路通、南園町、栄町、白川町、末広町、富岡町、日出町、御幸《みゆき》本町通、矢場町、東川端町、富沢町、針屋町、南大津通、門前町、南鍛冶屋町、東陽町、西川端町、新栄町、西瓦《にしがわら》町、西新町、南新町、宮出《みやで》町、松元

町、丸田町、南瓦町

以上52町である。これらの町名は桑名町や伊勢町など住人の出身地を示すものや、木挽町、鉄砲町などの職人町が見られる典型的な城下町の町名だ。竪三ツ蔵町などは、清須（清洲）時代、福島正則が非常時のために米蔵を3棟建てさせたのがその名の由来だそうだが、その後名古屋へ引っ越して米蔵が数十棟になってもなお三ツ蔵の名を残していた。

同じ街区符号が2区にまたがる

まずは213ページの写真を見ていただきたいが、どちらも「名駅《めいえき》三丁目11」という同じ街区なのに、西区と中村区にまたがっているのである。これは写真の下の図に明らかだが、有名な名古屋の都市計画の一環で、広い道路が縦横に走る整然たる街区が出来上がったにもかかわらず、区境だけは昔のままの複雑な境界線が据え置かれたために起こったものだ。

他の都市であれば、街区が統一されていたとしても、区が異なれば住居表示の際

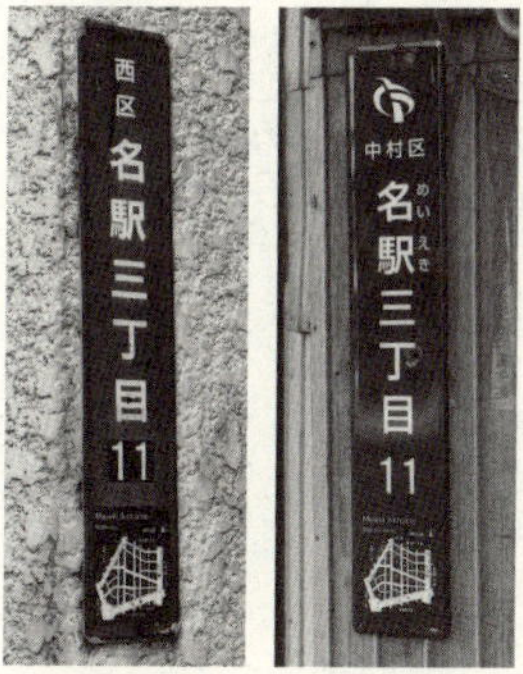

中村区・西区の２区にまたがる「名駅三丁目11番」

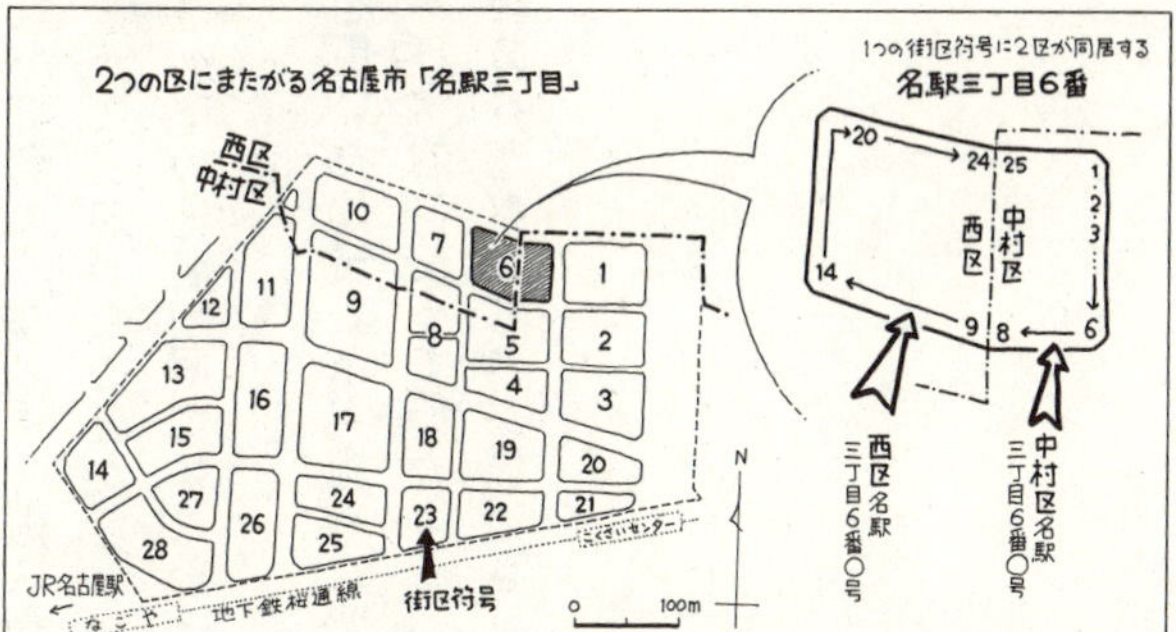

にも違う町名が付けられるのが普通だ。それを町名のみならず、街区符号まで都市計画道路に忠実に付け、そこがどの区であるかなど知ったことか、という徹底ぶりが見事なのだ。つまり、必ずしも「町」が区の下の地名階層ではない、という珍しいケースなのである。

ちなみに名駅とは、「名古屋駅」の略称を用いた住居表示実施時（昭和52年〈1977〉）の新町名で、以前から名古屋人が日常的に使っていたコトバとはいえ、これと引き替えに泥江《ひじえ》町《ちょう》や志摩《しま》町など由緒ある多数の町名が抹消されたのは、なんとも残念である。

第五章

ミクロの地名・小字は語る

1　たった1坪の土地につく地名も！

眠っている小字

小字《こあざ》というのは、あまり馴染みがないかもしれない。地名の階層では末端にあたり、小さな面積を示す小地名なのだが、特に都市生活者にとっては、大字○○字○○という住所は「田舎の象徴」のように思われているのではないだろうか。

しかし実は、東京近郊のニュータウン的な土地にも「小字」地名が今なお生きている所が多い。それも登場するのは不動産売買の際に登記簿に記入される時だけ、という半分眠っているような小字が非常に多いのだ。たとえば次のような「正式な住所」で表わされる土地がある。

町田市野津田《のづた》町《まち》字狐久保《きつねくぼ》2001番地（東京都立野津田高校）

このうち小字は「字狐久保」なのだが、通常は「野津田町2001番地」で間に合うから、この小字は書かなくても済む。地番は大字単位で付けられている区域が多いため、たいてい小字名なしでも場所の特定ができる。そんなわけで、この狐久保は滅多に使われない「半分眠ったような小字」なのである。だから賃貸マンションやアパートの住民が、この小字の地名が存在することさえ知らなくても不思議はない。

小字とは何か

小字は、もとは「字」であった。明治22年（1889）の町村制施行でいくつかの村を集めて「行政村」が誕生したときに、旧村（藩政村）が大字と呼ばれるようになったため、それと区別するために小字という呼び方が広まったらしい。

しかし、実際に使われる場合は「字狐久保」のようになり、「小字○○」と表記するのはほぼ京都府に限られているようだ。ただし、明治初期の地租改正に伴って江戸期の字が整理統合された際、統合以前の字のことを小字として区別することも行われている。

なお、江戸時代まではこれらの小さな地名のことを小名《こな》または下げ名、名所《などころ》と称したが、さらに地方によってはホラ、シマ、カイト、ニワバなどさまざまな形態と呼称が存在した（詳細は千葉徳爾『新・地名の研究』などを参照のこと）。

これら多様な小地名のあり方には地域差が大きく、場合によっては畑の1枚1枚に名づけられることも珍しくなかった。また、これらはいくつかの階層を伴っている場合もある。つまり小字の中にさらに小さな字があったり、その中にさらに小さな地名が存在するケースなど実に多様である。曽孫《ひまご》の字、玄孫《やしゃご》の字といえばいいだろうか。だから明治以前の小地名は「小字」などとひとくくりには定義できない。

もともと日本は山がちの地形が多く、ほんの小さな丘陵の襞ひとつであっても、その向こう斜面とこちら斜面では陽当たりが違い、作物の育ち方も土壌も異なったりするから、識別の必要が生じる。そうであれば、寸土《すんど》といえども隣とは別の地名が付けられるのだ。しかし逆に、だだっ広くて地形に変化がなく、地質も一定の地域では、小地名の面積も必然的に広くなる。

そんなわけで、ヒダ多き日本にあっては、小地名は現代人の想像を超える密度で存在した。小字など「小地名」の起源をわかりやすく説明したのが、次の柳田國男『地名の研究』の一文だ。少し長いが引用してみよう（原文は一切段落がないので適宜改行した)。

明治になって再び番地をもって土地の各筆を呼ぶようになるまでは、個々の田畠・山林・宅地にそれぞれ地名があったのである。これはあまりの想像説のようであるが、決して証拠のないことでない。

宅地に地名のあった例はいくらもある。民家が軒を列《なら》べた村などで屋敷の特色をもって呼びにくい処では、戸主の平兵衛とか源蔵とかの名前を屋敷の名にしているが、その中でも名主の家その他の大きな家では中屋敷とか新屋敷とかいって代々の戸主を呼び捨てにせぬようにしている。大和の十《と》津川《つかわ》などでは宅地には一々名前があって、杉の本・竹の内・東垣内《ひがしかいと》・中垣内というように、所在または特徴をもってその地名としているのである。

また田畠にも一つ一つに地名があったという一例をいうと、薩摩・大隅《おおすみ》は有名な煙草の産地であるが、上等の煙草の銘はこれを作る畑の地名であって、ほかの畑では同品ができぬことを示している。多くは八畝一反の狭い地の産である。

ところがそれではあまり地名が多過ぎるということを感じたのであるか、または他の理由であるか、普通は田や畑の三筆・五筆の一団に向って一つの地名があった。水田などでも五枚・三枚と一かたまりになって所有者も一つで稲の種類も同じくする。すなわち経済上一体をなしている者に一つの地名がある。越後三条辺ではこの小さい区劃を名処《みょうしょ》と申している。四国・中国あたりでは小区劃のことをホノキまたはホヌキといっている。その言葉の意味は知らぬが、おそらくはかの名処に当るのであろうと思う。しこうしてこれが小字の起原であろうと思う。

つまり、小地名は大昔から家族や友人の間だけで通じる限られた場所を指すものに始まり、田畑や屋敷の数と同等のレベルで存在した可能性がある、ということだ。一説によれば数千万とか億の単位に及ぶという小さな地名も、明治になって一挙に消滅の危機を迎えるようになった。その契機の一つが地租改正である。

地租改正で統廃合された数千万の小地名

明治に入って新政府は、従来長く続いてきたコメ中心の「年貢」から、土地に対する税（地租）を現金で納める「金納」への一大税制改革を行った。ここで政府が急いで行わねばならなかったのは、人民がどの村や町にどれだけ住んでおり、どこにどんな広さの土地を持っているかを、まず徹底的に調査することであった。

しかし、まだできたばかりの新政府としては、前代未聞の一斉国土調査兼資産調べを、しかも短期決戦的にやるだけの力がなかったので、全国津々浦々の村や町に大略、次のように命じた。

「測量の方法を教えるから、手弁当で測量して地図を作ってもらいたい。いろいろ大変だろうが、お国のため、ここはひとつボランティア精神でしっかりやってくれ」

ずいぶんとムシのいい話だが、何年もかかって、人民は新しい国のために黙々と地図を作った。これが「地租改正地引絵図」などと呼ばれるものである。地図を作る技術といえば、太閤検地の例を引くまでもなく、現代人が想像するよりはあった。しかし素人や半素人が、ニワカ仕込みでやるには荷が重かったことも確かだ（プロを雇う村もあったが)。

言うまでもなく、維新より70年近く前から精確な「伊能図」が作成され始めていることを見てもわかるように、日本にはかなり正確で高いレベルの測量技術があったのである。しかし伊能忠敬さんのように、測量結果を徹底的に検算しながら、しかも原則として海岸線だけを測るのとは違った苦労があったことも確かだ。地租改正で必要とされる測量は、面として広がるすべての田畑や山林、屋敷地などが対象であり、また地租改正の主旨から、土地の形状よりも面積の方が重要であった。とにかく、当時の人口(明治6年で約3330万人)の3・6倍にあたる1億2千万筆という、膨大な土地を短期間に調査したのである。土地の形状や接続状況については二の次にされた地域も多く、その後の地籍調査が遅々として進まないこともあって、それが今日の法務局にボロボロになりつつも保管されている、絵図を基にした精度の低い「公図」の存在につながっている。この現状は当事者たちにとっては深刻で、今なお各種の土地紛争の解決を困難にさせており、決して昔話ではない。

それは置いておくとして、その地租改正の際に、字(小字)が大々的に統廃合されることが多かった。地域差はかなりあり、たとえば茨城県の一部などのようにあまり統廃合されずに今日に至っているケースはあるけれど、数個の字をひとまとめにして新しく字名を決めた地域が多かったのである。

膨大な小地名をどう整理したか

地租改正の実施にあたっての指針が各府県などで出されているが、公図研究の第一人者であった佐藤甚次郎氏の『公図　読図の基礎』（古今書院）には、福島県の指示書である『実地丈量野取図心得』（明治9年〈1876〉）が次のように紹介されている。

一、丈量《じょうりょう》（引用者注・測量のこと）着手前、全村之字数ヲ定メ、其区域ヲ正フスヘシ。尤《もっとも》一村中字名多数アリテ取調方不便ナルトキハ、成丈《なるた》ケ字数ヲ減スヘシ。

一、字名決定ノ上ハ、一字限リ字ノ番号ヲ附スヘシ。

一、字ノ番号ヲ附シ卒《おわ》ラハ、一筆限地所之番号ヲ附スヘシ。尤地券施行之度番号相改ムルト雖《いえ》トモ、今般限リ番号ヲ附シ候筈《そうろうはず》ニ付、更ニ改正番号ヲ用ユヘシ。

要するに、地租改正の作業にあたっては、まず字の数と区域を明瞭に定め、それぞれの字には順に番号を振り、次に一筆ごとの番号つまり地番を付けなさい、ということだ。その際に錯雑した字の境界や細かすぎる字があれば、適宜整理・統廃合して作業をやりやすくせよ、ということである。隣村へ入り込んでいた飛地も、村どうしで熟談の上なるべく解消するよう要請された。

同書に紹介された岐阜県の指針『地押丈量方法に関する心得要点廿四ヶ条』には、「字割ヲ定ムルニ是迄ノ字混乱シ、字分ケ切絵図ヲ製シ候ニ無拠《よんどころなく》差支《さしつかえ》ノ向ハ、道ニ接シ、溝ニ拠リ、従前広ク唱ヘ候字ニ取直スヘシ」（第三条）とある。

もし畑のまん中に境界の錯綜している字があれば、道や用水路などを用いて明確な境界に変更するよう指示しているのだ。また「広ク唱ヘ候字」というのは、家族しか知らないような「プライベートな字」の名ではなく、場合によっては比較的知られているもので代表させなさい、という意図だろう。

字の名を番号にしてしまった例

これにより、全国各地に長く伝えられてきた小地名は多数が消滅した。実例をいくつか挙げてみよう。

《表１》神奈川県南多摩郡野津田村の新旧字

並木前	（図師界・関ノ上・甲塚・河内）
関ノ上	（上ノ町・下ノ町・関ノ上・関前・川端）
本村	（中尾・前田・本村・中村）
中村	（焼部前・山下・ソリ〆）
松葉	（松葉前・焼部・飛尾・松葉・前場塚・的場）
並木	（東平・半沢・並木）
丸山	（下谷・池谷・丸山・川端・暖沢・田中・五社平・念仏塚）
袋	（袋ノ上・袋内・袋ノ下）
綾部	（綾部前・岩子前・井ノ花）
袋ノ上	（袋ノ上・袋ノ内）
川嶌谷	（砂ハキ・川嶌谷）
太井	（高岸・山須・鳥山）
綾部前	（綾部前・後河内・小川端）
綾部原	（岩子向・関前）
上ノ原	（上ノ原・飛平・飛尾・四都塚）
本村	（本村・屋敷添・脇・幸山）
関ノ上	（関ノ上・狐久保）
狐久保	（狐久保・半沢・グラ沢・四ツ塚）
田中前	（田中前・袋ノ前・石原谷・山王下）
川嶌	（川嶌・川嶌谷・谷下）
川嶌	（川嶌谷・山王塚・川嶌）
暖沢前	（暖沢）
薬師前	（福王寺谷・腰掛・暖沢）

上の《表1》は、神奈川県南多摩郡野《の》津《つ》田《た》村（現・東京都町田市野津田町他）の旧字・新字の対照表であるが、左が地租改正後の新しい字、カッコ内が旧字である（『町田市史史料集　第二集　村誌編』より「武蔵国南多摩郡野津田村誌」

明治21年〈1888〉3月)。傾向としては、字の統合の際に旧字の中から1つを選んで新字名としたケースが多いようだ。この場合、約70の旧字が21と、3分の1以下に激減している。

227ページの《表2》は、同じく現・町田市三輪町《みわまち》の例(出典・前掲書)だが、こちらは旧字を数個ずつ統合し、新しい字にはいわゆる地名ではなく番号を採用した(廿と弐拾の混在など、用字の不統一は原資料の通り)。

それにしても、これだけの小地名を一気に数字に置き換えるのは、何とも乱暴に思えるが、どの字を生かすかで紛糾した挙げ句の苦肉の策なのかもしれない。しかし、これらの「番号字」が現・町田市域の一部および旧・七生村《ななお》(現・日野市南部)の全域に及んでいることから見ると、この地域を担当する官吏の号令一下で進められたとも考えられそうだ。

以上の統合された旧字は、おおむね集落のある部分で密度が高く、野原や山林では疎《まば》らになっていることが多い。また最後に載っている旧字「油田」のように、広い旧字は逆に分割されたこともわかる。要するに、これから地番を付けようとする行政区画としての字は、あまり大きさに差があったり、形状が極端に細長いとか飛

《表２》神奈川県南多摩郡三輪村の新旧字

字壱号	（藤の木・精進場・壱丁田・角田）
字弐号	（子ノ神・角田・ドヲドヲメキ・素原田・入生）
字三号	（扇田・入生・河原田）
字四号	（世継・嶋下タ・亀井）
字五号	（世継・竹の下・藤作）
字六号	（宮ノまへ・五反田・幼道・仲谷・大戸・大戸袋・世ツキ・江川）
字七号	（江川・臺・耕地・榎木戸・根岸・川込）
字八号	（根岸・小金松）
字九号	（根岸・東田谷）
字拾号	（東田谷・杣ヶ谷・仲谷・川込）
字拾壱号	（玉田・杣ヶ谷・二本松・山田・野谷・仲谷）
字拾弐号	（大久保・供養塚・仲谷）
字拾三号	（西ノ谷・中谷）
字拾四号	（二本松・菅ケノ入・供養塚）
字拾五号	（菅ケノ入）
字拾六号	（高戸・南谷・慶玄谷・三郎田谷・堀田ヶ谷）
字拾七号	（俣口・南谷・西谷）
字拾八号	（俣口・西谷・観音谷）
字拾九号	（西谷・堂ノ前）
字弐拾号	（宮ノまへ・妙重谷沢・沢谷戸・虎ヶ入・池田）
字廿壱号	（沢・子ノ神・正法寺・森下・精進場・内田・桜田）
字弐拾弐号	（桜田・馬場・城越・精進場・内田・森下）
字廿三号	（森下・要害・中尾・沢山）
字廿四号	（新田・諏訪・大谷・諏訪坂）
字弐拾五号	（新田・成田谷）
字廿六号	（富士塚・新田）
字廿七号	（新田・中尾・沢ノ谷）
字廿八号	（沢ノ谷）
字弐拾九号	（鎌田・貼出谷・西谷）
字三拾号	（池田）
字卅壱号	（油田）
字卅弐号	（油田）

地があっては困るとされ、それで粒を揃えようという意識が働いたようだ。実際、県によってはそのように指示が出された場合もある。

字の地名を全村すべて番号（字一号、字二号……）にしてしまった旧・七生村の7つの大字のうち、「平山」を例に挙げてみると、当初は次のように字番号ごとに対応する地名が付随していた。「字一号・下耕地」「字二号・〇〇」……という具合である。それが、明治のだいぶ早い時期に地名が失われて、数字だけの字名となってしまったようだ。

平山村の字番号と字名の関係は、これまで不明だったそうだが、「日野の昭和史を綴る会」の調査により『平山村字限切図』が旧家から見つかり、明らかになった。229ページの《表3》に掲げた旧・平山村の字番号・字名・地番の表は、同会編纂の『日野市七生地区の地名と昭和の高幡《たかはた》』から引用したものである。

ちなみに、「番号字」はもちろん町田市や日野市だけではなく、たとえば福井県にも次のような例が存在する。福井県内にある北陸本線の駅所在地を『停車場変遷大事典』（JTBパブリッシング）よりいくつか挙げてみよう。なお、武生《たけふ》駅や福井駅などは、住居表示など都市的な表示となっているので除外した（カッコ内は平成の大合併を経た現在の市町名）。

今庄《いまじょう》駅　南条郡今庄町（南越前町）今庄74字6番地
南条駅　南条郡南条町（南越前町）西大道第19号42番地
王子保《おうしお》駅　武生市（越前市）四郎丸町第55号4番
大土呂《おおどろ》駅　福井市半田町第17号6番地

《表3》南多摩郡平山村の字番号・字名・地番の対応表

字一号・下耕地	1～199
字二号・沢田	200～328
字三号・沢田	329～431
字四号・大出口	432～608
字五号・向耕地	609～838
字六号・宮ノ下	839～1054
字七号・宮ノ上	1055～1202
字八号・中原	1203～1299
字九号・中矢崎	1300～1349
字十号・明王上	1350～1425
字十一号・矢崎	1426～1472
字十二号・下矢崎	1473～1583
字十三号・才明寺	1584～1587
字十四号・岾ケ（はけ）	1588～1646
字十五号・岾ケ下	1647～1740
字十六号・岾ケ上	1741～1871
字十七号・愛宕下	1872～1942
字十八号・高倉原	1943～2013
字十九号・沖新田	2014～2025
字二十号・大和田	2026～2216
字二十一号・中込	2217～2328
字二十二号・上原	2329～2429
字二十三号・上野町	2430～2588
字二十四号・日落	2589～2757
字二十五号・辻ヶ谷戸	2758～2922
字二十六号・中谷戸	2923～3024
字二十七号・芳ヶ沢	3025～3060
字二十八号・宿ノ上	3061～3129
字二十九号・長作	3130～3200
字三十号・下山	3201～3235
字三十一号・川久保	3236～3347
字三十二号・猿川	3348～3350

森田駅　福井市栄町第10号46番地
春江駅　坂井郡春江町（坂井市）中筋第1号1番地
丸岡駅　坂井郡坂井町（坂井市）上新庄第46号24番地

これらの中で「今庄町」など市町村名に続く地名が大字、「74字」とか「第19号」などが小字名である。ただし実際の住所表記では「74字6番地」を「74－6」などとすることが多いようだ。

ちなみに岩手県北部の旧南部藩領に特有の「地割《じわり》」も小字レベルの階層である。「八幡平市大更第35地割62番地」（西根総合支所）などと表示するが、これは藩政時代の検地番号である「い・ろ・は」に数字をあてて「第1地割」「第2地割」……としたもので、地番がその下に付けられた。これは、地租改正時に作成された切絵図が、藩政末期（安政～慶応）の検地の際に作成された図面に準じたものであったためだ。

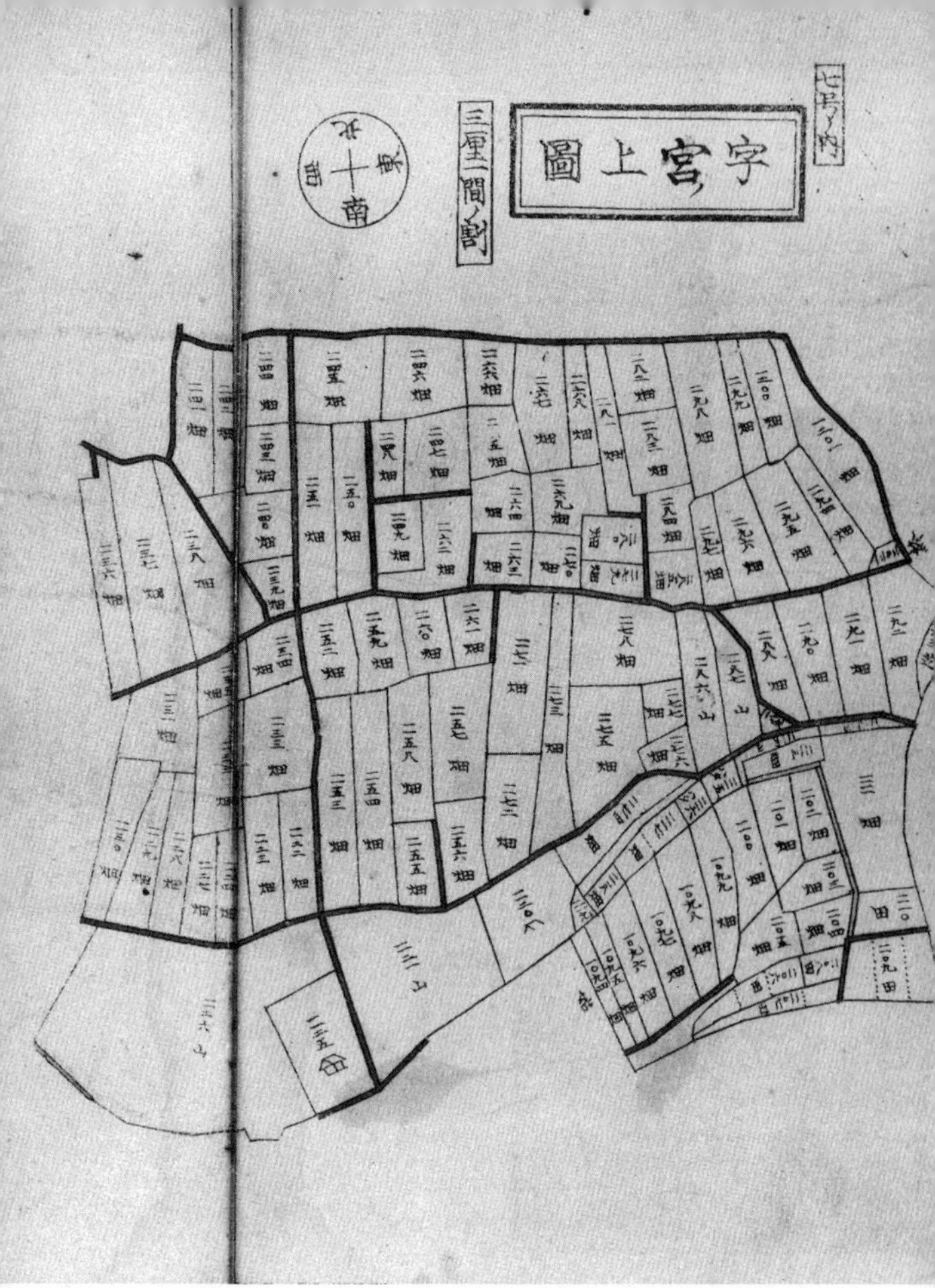

明治期の「字限切図」。地租改正時に小字ごとに作成された地引絵図をもとに冊子版として編集刊行されたもので、図には地番と地目、別表に反別（面積）および耕地の等級などが記されている。図は明治16年に発行された南多摩郡平山村（現・日野市）の『一村字限切図』（小林文男氏所蔵）

石川・島根・千葉の「イロハ字」

小字の名には、場合によってはイロハや甲乙丙（十干《じっかん》）が用いられたこともあった。石川県では字の統廃合でイロハが多用され、たとえば次のように大字の後に付けて用いられる。こうなると、「字一号」と同様、どちらかといえば地番の一部のような印象だ。

加賀市大聖寺《だいしょうじ》南町ニ41（加賀市役所）
羽咋《はくい》市旭町ア200（羽咋市役所）
根上《ねあがり》町中町子《ね》88（根上町役場＝現・能美市、子は十二支）
寺井町寺井た35（寺井町役場＝現・能美市、平仮名の例）
高松町高松ウ1－1（高松町役場＝現・かほく市）
富来《とぎ》町領家町甲の10（富来町役場＝現・志賀町、十干の例）

これらのイロハが地番の一部かどうかについては、議論が分かれるかもしれない。さらに地番の一部と解釈すべきイロハもある。島根県内では地番の頭にイロハがつ

く事例が目立つが、たとえば、

大田《おおだ》市大田町大田イ421―1（大田消防署）

大田市大田町大田ロ1111（大田市役所）

この場合、郵便番号検索などを含む各種リストで「大田町大田」が大字名として扱われており、ここで用いられるイロハは明らかに地番の一部だろう。これに対し、高知県高知市の「大津甲」と「大津乙」は、どちらも明らかに大字として扱われている。

ついでながら、千葉県には大字に単独でイロハを用いているところがある。旭市、匝瑳《そうさ》市（旧・八日市場市）などがそうだが、どちらも中心市街付近がイロハである。旭市の場合、町村制が施行された明治22年（1889）に網戸《あじと》村→大字イ、成田村→大字ロ、十日市場村→大字ハ、太田村→大字ニと大胆に改称されてしまった。いずれも大字単位の地番（一村通し地番）が設定された区域であるため、小字（固有地名）はあってもあまり使われず、たとえば旭市ニ―1920（旭市役所）、八日市場市（現・匝瑳市）ハ―793（八日市場市役所）などと、きわめて簡略な印象の住所だ。

イロハの大字をやめた所もある。千葉県安房《あわ》郡鋸南《きょなん》町の旧佐久間村の領域では、明治22年（1889）から大字イ（旧・佐久間下村）、大字ロ（旧・佐久間中村）、大字ハ（旧・奥山村）、大字ニ（旧・大崩村）が存在したが、不便だったためか、昭和30年（1955）にそれぞれ中佐久間、上佐久間、奥山、大崩《おくずれ》と、ほぼ旧村名に復して現在に至っている。

わずか1坪の狭い小字も

以上あれこれ説明してきたので、小字というものがご理解いただけたかと思うが、地方の事例をあれこれ観察してみると、これまでに挙げた比較的「ノーマル」な小字のイメージでは把握できないものもたくさんあることが明らかになってくる。かなり地域差があるのだ。

大きく異なるのは面積である。先ほど挙げた、旧・神奈川県南多摩郡管内（東京都日野市・町田市など）にある明治の地租改正以来の小字は、比較的大きさの揃ったものが多かった。というよりも前述したように、県当局の指示により大きさを揃えたのだから当然だろう。

しかし236・237ページの茨城県石岡市大字小井戸《こいど》の例をご覧いただきたい（右図）。この小字の小ささがおわかりいただけるだろうか。日野市や町田市（左図・右図と同縮尺）の小字の大きさは500メートル四方（25ヘクタール）前後のものが多いのだが、この小井戸では1ヘクタール未満のものが主流で、最小ではわずか1アールという、超ミニサイズである。要するに30坪ほどであり、農村部なら家1軒分に満たない。

地元の詳しい人に聞いたところによれば、この地域では大地主があまりおらず土地所有が細分化されていたことが、現在の小字の小ささとなって表われているのではないか、とのことだった。そのため1字1筆、つまり1つの小字に1つの地番しかない、という小字が非常に多い。それにしても、地租改正の際によくそのまま生き残ったものである。石岡市の西部に位置する旧・八郷町《やさとまち》エリアにはさらに小さな、1坪（わずか2畳）ほどの小字もあるというから驚くしかない。まさに苗代《なわしろ》1枚が1字、という感覚である。

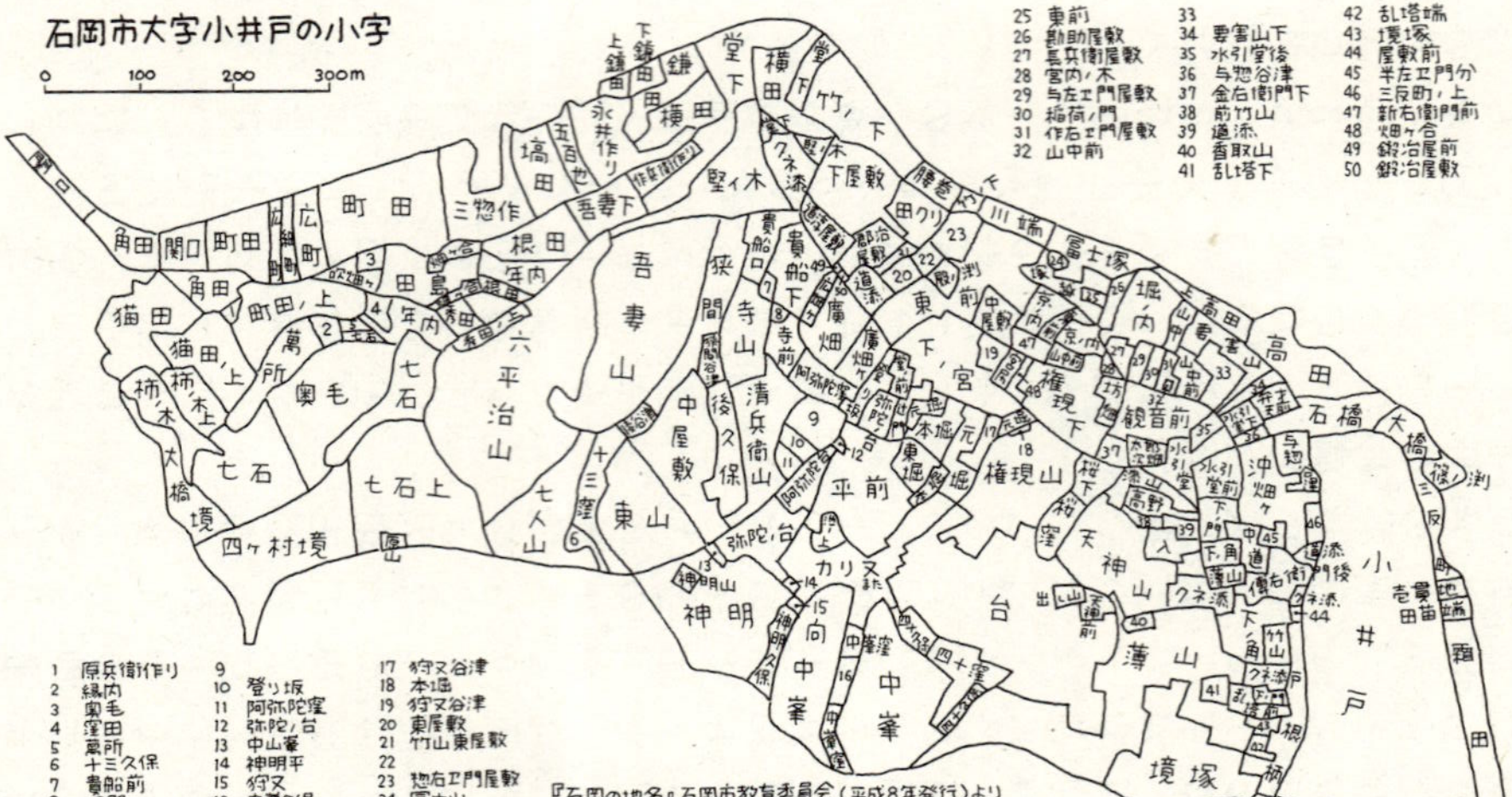

『石岡の地名』石岡市教育委員会（平成8年発行）より
P.226〜227 ＊空欄は同書に記載のないもの

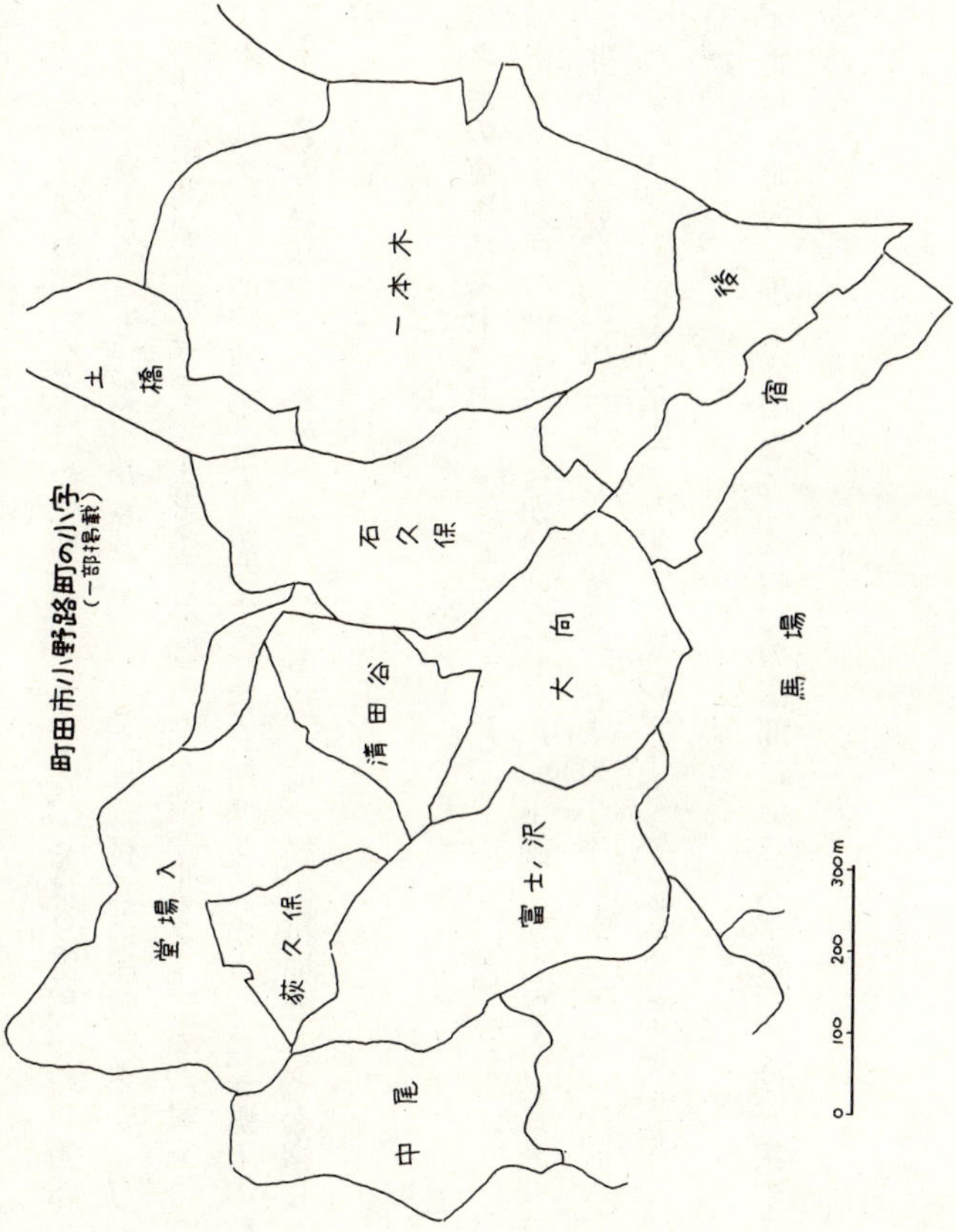

町田市小野路町の小字（一部掲載）

そのミニサイズの字の名を改めて観察してみると、やはり町田市や日野市の小字名とは性格が異なることに気づかされる。たとえば「長兵衛屋敷」とか「与左ヱ門屋敷」「作右ヱ門屋敷」など、1軒1軒の個人宅を指すような字名が目立つことであり、中には「新右衛門前」「金右衛門下」「傳右衛門後」のように屋敷との位置関係を示す字名も目立つ。これは、誰それの屋敷の前や後の耕地のことを指したものなのだろう。

長い名前の小字名あれこれ

石岡市大字小井戸の例を挙げたが、他にも「小字王国・茨城県」には興味深い小字名が非常に多い。『角川日本地名大辞典』巻末の小字一覧からピックアップしてみた。ちなみに、『角川』の中でも小字一覧のページ数が全都道府県で最大なのが、この茨城県である。

まず鹿島郡旭村（現・鉾田《ほこた》市）。この村の南部にある大字縦山《もみやま》には、次のような小字がある。

松ノ木田淵道南田淵
中根《なかね》田《た》上壱升《うえいっしょう》弐《に》升蒔道西《しょうまきみちにし》
中根《なかね》孫《まご》太郎《たろう》前《まえ》畦《あぜ》ノ下
山久保中畑《なかばたけ》二《に》枚入込分《まいいりこみぶん》
兎《うさぎ》向《むかい》大戸《おおど》道《みち》ヨリ南

　解釈を試みよう。まず最初の「松ノ木田淵道」は松ノ木と田淵を結ぶ道の南にある「田淵」なのだろうか。2つ目と5つ目にもあるが、道のどちら側という字は結構あちこちで見かけるものだ。

　2つ目の「壱升弐升蒔道西」というのは、何かのタネを蒔《ま》いた畑の道の西側か。4つ目の「二枚入込分」は、これも少なくないが、畑が自然な境界から2枚だけはみ出して別の字の方へ入り込んでいる、ということだと考えられる。

　このような例は特別というわけではなく、耕地の小字には比較的よくお目にかかるものだが、限りなく「道案内」に近い小地名として印象的だ。もちろん、このあたりのレベルの小字は、郵便はもちろん、日常生活にはほとんど登場しないと思っていい。つまり大字＋1〜4ケタ地番という形で使われているのだ。

今は羽田空港の敷地になっている旧小字の名として、まだ東京府荏原郡羽田町の時代であるが、大字鈴木新田にはこんな小字があった。

字御台場《おだいば》耕地続中堤防外北ノ方

これも相当に長い。解説すれば、鈴木新田は村名だが、干拓・開墾したのは鈴木弥五右衛門である。字の「御台場」は、幕末期の嘉永《かえい》年間に羽田に築かれた海防のための「お台場」であり、その付近の耕地「御台場耕地」に続く「中堤防」の外側の北の方、ということだろう。これも前述のような道案内的地点表示のパターンである。

ちなみにこの字は、昭和7年（1932）に東京市に編入された際に「蒲田区鈴木御台場」（昭和22年から大田区）という町名となり、意外にも昭和42年（1967）まで存続していた。ただし、昭和30年代の羽田空港の拡張とともに滑走路の中に含まれてしまったため、誰もこの住所を書くことはなかっただろうが。

小字には「耕地」が多い

田んぼの広がる沖積《ちゅうせき》平野の大字には、本当にたくさんの「耕地」の字がある。たとえば、現・足立区西端部にある鹿浜《しかはま》地区、旧・大字鹿浜（明治町村制以前は鹿浜村）の小字をすべて列記してみよう（『足立区町名のうつりかわり』足立区役所区民部管理課編、なおカッコ内は『角川日本地名大辞典』の文字づかい）。

旧南鹿浜町

萱（萓）野耕地、古道（通）耕地、仲道耕地、道明塚耕地

旧北鹿浜町

湯ノ花耕地、横土手耕地（横土手向耕地）、土橋、グミノキ原耕地、正印耕地、島耕地、麹（粧）屋耕地、宮前耕地、前麹（粧）屋耕地、寺田耕地、古内耕地、団子前耕地、南耕地、東耕地、第六天耕地、谷中耕地、牛皮耕地、桶入（圦）耕地、押部耕地、芳荒耕地、船田耕地、行部田、吉田切耕地、山伏耕地、笹道耕地、助次郎沼耕地、古塚耕地

31ある小字のうち、29の小字が「耕地」を名乗っているのは壮観だ。今は住宅地の広がる地域となったが、戦前の地形図を見ると、純農村地帯といってよく、これらの小字の「耕地」が実感できる。ただ、土地利用がそれほど圧倒的に耕地だったわけでもないので、「耕地」つきの小字の中でも住宅地が一定割合はあったはずだ。

全国各地を詳しく調べたわけではないが、「耕地」のつく小字は東京周辺では区部以外にも多摩地区、そして神奈川県でも川崎市や横浜市などに広く分布している。『川崎の町名』(日本地名研究所編)によれば、「〇〇耕地」の地名は明治の地租改正時にできた字である、としている。

2　小字は滅びゆくのみ？

無視され、廃止される小字

近世以前の小地名の宝庫であったはずの小字が、特に戦後になって町名地番整理や住居表示の施行により、弊履《へいり》の如く捨てられたケースは非常に多い。また従来の大字が残っている地域にしても、「大字通し番号」の地番だと小字を表示しなくても位置を確定できるため、自然に使われなくなっていく。

小字別に地番の付けられた大字は、一部地方に限られた少数派であるため、通常の宛先の住所表示としては大半の地域で使われなくなっている。さらに「使わないのなら廃止してしまえ」と、正式に廃止の手続きをとったところも多い。

次に示すのは、昭和40年（1965）8月1日付けで『東京都公報』（号外161）に掲載された、東京都日野市での小字の廃止告示である。

◎東京都告示第七百五号

東京都日野市長職務代理者から地方自治法（昭和二十二年法律第六十七号）第二百六十条第一項の規定に基づき、次のとおり小字の一部を廃止する旨、届け出があった。

右の処分は、昭和四十年八月一日からその効力を生ずるものである。

昭和四十年七月二十四日

東京都知事　東龍太郎

廃止する小字の区域	**廃止する小字の属する大字**
下万願寺《しもまんがんじ》	日野
藺沼《いぬま》	同
南広間地《みなみひろまち》	同
北広間地	同
上万願寺	同
中万願寺	同

東常安寺　　　　　　同

（以下略）

以下、この日に廃止される小字名が延々と続くわけだが、大字日野だけで59、他も併せると総計265の小字が廃止された。日野市の地名にとって、この昭和40年8月1日というのは、これだけの数の地名が一瞬にして消滅した、おそるべき日であった。ずいぶんと大胆なことをやったものである。しかし当時「小字廃止反対運動」があったという話は聞かない。

なお、この告示に登場する地方自治法第260条第1項の規定とは、次の通り。

政令で特別の定をする場合を除く外、市町村の区域内の町若しくは字の区域をあらたに画し若しくはこれを廃止し、又は町若しくは字の区域若しくはその名称を変更しようとするときは、市町村長が当該市町村の議会の議決を経てこれを定め、都道府県知事に届け出なければならない。

アンケートとか住民投票、審議会などの文言はなく、議会の議決があれば地名は簡単に変えられるのだ。また条文を一見してわかる通り、地方自治法においては「町若しくは字」という用語が使われており、ここでは市町村内の町、大字、小字いずれも法的には同じ扱いであることがわかる。

小字を生かす道

しかし「大字＋地番」では不便なこともある。たとえば広大な大字の場合、その地番はふつう3～4ケタ、多ければ5ケタに及び、しかも地租改正以来の長い年月に分筆・合筆が繰り返されたため、枝番号や欠番が生じていることが珍しくない。せっかく番地（地番）を教えてもらったのに、その並び方が錯綜していて、なかなか現地にたどり着けなかった経験は誰にもあるだろう。

そんな問題点を回避すべく、地域によっては小字をうまく利用して解決していることがある。それも戦前からの話だ。その中からいくつかご紹介してみよう。

まず東京都23区。現在の特別区の領域は、都心以外は昭和7年（１９３２）10月1日に大半が出来上がったもので、当初15区であった旧・東京市の周囲に隣接する

5郡82町村におよぶ自治体が合併して20区に編成され、合計35区でスタートした。これにより東京市は一気に面積が7倍、人口も約２００万であったのがほぼ２・５倍の５００万人となり、大阪市の人口を抜いて名実ともに日本一の市となったのである。誤解を招かぬように断っておくが、大阪市の方が都市として大きかったわけではなく、郊外部を編入するタイミングが大正14年（１９２５）と東京市より早かったためだ。

15区体制の旧・東京市と区別するため「大東京市」という呼称が市街地図などで盛んに用いられた（もちろん正式名称ではない）。4年後の昭和11年（１９３６）には北多摩郡の千歳村と砧《きぬた》村が合併、現在の23区とほぼ同じ領域となった。35区が22区を経て23区になるのは戦後の昭和22年（１９４７）のことである。

大東京市に編入された郡部の新町名

東京市に編入された82町村の各大字は、いずれも新たに設けられた20の行政区内の「町」となったのだが、その際に単純に大字をそのまま移行するのではなく、新たに町名・町界を決めたところが多かった。その新町名決定の指針が、東京市が合併の年に発行した『大東京概観』に次のように示されている（漢字は新字に替えた）。

大東京市・新市域の町名

大東京実現に際し旧市域が復興事業完成と共に、旧態を脱して整然たる町名地番を具《そな》へ居るに反して、新編入区域は旧来の町村界錯綜して、各種行政上の不便不利が少なくないのみならず、大小字の広狭、配置等極めて不適当である。而《し》かも地番の統制を欠いてゐる実情に鑑《かんが》み、市域編入に当つて旧町村界は鉄道、軌道或は道路、河川に依つて分合し、以て境界の錯綜を防き行政上の便に資した。一方町名は旧称を尊重すると同時に重複を避け、簡にして要を得るに留意した。町界整理及《およ》び町名整理の各方針は大体左の諸項に分けて其《そ》の土地の現況に適応せしむる事とした。

（一）通し地番町村の町界整理は

一、小字の区域を以て新町とすること
二、小字の区域過小なるものは適当に合併し一町を構成すること
通し地番町村の町名整理は
一、小字名に旧町村名を冠記したものを新町名となす、但し小字名の代りに「丁目」を以てすることもある
二、数箇の小字から成る一町は、適当の小字名又は「丁目」若《もしく》は新しい名称に旧町村名を冠して新町名とする
(二)
大字を以て地番区域とする町村の町村界整理は
一、大字の区域を以て新町とすること
二、大字の区域あまりに広く、而も一般に小字名を使用してゐるもの、又は数小字を総称する地方名のあるときは一小字又は数小字の区域を以て新町とすること
三、袋地《ふくろち》又は準袋地をなす独立大字で五十筆未満のものは隣接大字に合併

し五十筆以上のものは独立一町とすること

四、大字の一部が他の大字内に散在し、又は他町村に飛地せる場合は前項にならふ

大字を以て地番区域とする町村の地番整理は

一、大字名に旧町村名を冠したものを新町名とするが、大字名だけで旧町村名を想起し得らるゝものは冠称を略し、大字名の冗長のもの、呼称至難のもの、同一区内に同一の名称あるときは、他の一方を適当に変更すること

二、大字内の一個若は数個の小字区域に依って「丁目」に分割すること、大字名を新町名とすることは前項と同じで「丁目」に依る事困難なときは、代表的小字名又は総称地方名を採ること

三、被合併大字名は廃して合併大字名に、旧町村名を冠して新町名とすること

(三)

小字を以て地番区域とする町村の町村界整理は
一、小字の区域を以て新町の区域とすること
小字を以て地番区域とする町名整理は
一、小字名に旧町村名を冠したものを新町名とすること

大体以上の如き方針で整理を断行したが、尚《なお》左の如き特例も止むを得ざる事情にあつた

(一)現に耕地整理中の大字の分合をなさす其《そ》の儘《まま》新町とすること、其の町名は大字名に旧町村名を冠すること
(二)地番区域の境界甚《はなは》だしく不整形、錯雑して区画の定め難いものは現大字区域を其の儘新町の区域とすること、其の町名は大字名に旧町村名を冠して新町名とし小字名を附記する事

この指針は一見してわかりにくいが、要するに次のような内容だ。

①大字のない町村は、旧町村名を冠した小字名を町名とする。
たとえば荏原郡大井町字坂下○番地　→　品川区大井坂下町○番地
②大字のある町村は、大字を新町名とする（広ければ丁目を付ける）。
荏原郡目黒町大字下目黒（字上耕地）○番地　→　目黒区下目黒一丁目○番地
③小字ごとに地番を付けている町村は、小字区域を新町の区域とし、旧町村名を冠して新町名とする（なお、「地番区域」とは一連の地番を付ける区域）。

「旧地名を尊重しながら、都市の区域としての錯雑を避け、わかりやすい町名地番とする」という基本方針は、戦後の住居表示法によって行われた破壊的な地名の整理統合よりはるかに自然で妥当、しかも地名に対する敬意が感じられる。戦後に住居表示が実施されるにあたり、これらの基準に則って整理された町名・町界地番を、なぜ全面的に否定しなければならなかったのか、理解に苦しむところだ。

足立区伊興——小字が尊重された例

この中でわかりにくい点を簡単に説明しておこう。

まず「通し地番町村」であるが、これは町村の中に大字がないもの、つまり町村名の次にすぐ地番がくるタイプである（プロローグでご紹介した龍ケ崎市役所の住所「龍ケ崎市３７１０番地」のような形）。単独で町村制を施行したため、もともと「大字」のない区域である。東京市では、具体的には足立区に編入された伊興《いこう》村のようなケースだが、それらは小字を新しい町として設定することになった（前ページの①）。

つまり「南足立郡伊興村字前沼耕地１３１８番地」を「東京市足立区伊興町１３１８番地」などとせず、小字である「前沼耕地」を生かして「東京市足立区伊興町前沼１３１８番地」としたのである。まさに先ほどの方針通りで、このとき小字名の「前沼耕地」から耕地の字が外されたほか、「字村廻耕地」が伊興町本町となるなど若干の変更も行われた。

旧・伊興村には16の小字があったが、これはほぼそのままの形で新町名に採用されている。なお、地番は地租改正時の全村通しのものをそのまま用いたため、各町域が小さいのに大半が4ケタ地番、という問題が残ってしまったことはたしかだ。

しかし、せっかく小字が尊重されたこの区域も、今では住居表示の実施で「伊興

○丁目」「東伊興○丁目」「西伊興○丁目」「伊興本町○丁目」などに整理統合されてしまった。東京市の方針で一度は救われた小字地名が捨て去られた残念な例である。ちなみに前述の伊興町前沼1318番地は現在「西竹の塚二丁目4番」となっている。

大井町も小字尊重の「新町名」だった

現在品川区に属する大井町地区も、昭和7年（1932）の大東京市誕生までは荏原郡大井町であった。ここもやはり大字のない「通し地番町」であり（大井町全域が地番区域）、26の小字があった。その小字もやはり①の「方針」に従ってそれぞれ新町として独立した。255ページの表に旧小字（左）と新町名を挙げてみよう。たとえば2つ目の林附なら「荏原郡大井町字林附248番地」であったのが、「東京市品川区大井林町248番地」となった。

これらの区域も住居表示が実施された結果、今ではすべて東大井、大井、西大井、南大井という、個性のない符号的な地名がどこまでも続くようになった。地名景観としては非常にのっぺりした区域である。ちなみに大井林町248番地は東大井四丁目8番となった。

昭和7年の「大東京」の話に戻るが、「通し地番町」が小字を尊重される一方で、「大字を以て地番区域とする町村」（②のケース）では、バッサリと小字が全廃された地区も少なくない。たとえば目黒区の上目黒《かみめぐろ》地区は次のような変更が行われた（旧小字→新町名）。

《大東京市誕生時における大井町地区の旧子字と新町名》

御林町	→	大井鮫洲町
林附	→	大井林町
立会ヶ原	→	大井立会町
元芝	→	大井元芝町
北浜川	→	大井北浜川町
関ヶ原	→	大井関ヶ原町
寺ノ下	→	大井寺下町
南浜川	→	大井南浜川町
水神下	→	大井水神町・大井鈴ヶ森町
一本松	→	大井鈴ヶ森町
海辺	→	大井海岸町
坂下	→	大井坂下町
鹿嶋谷	→	大井鹿島町
倉田	→	大井倉田町
鎧ヶ淵	→	大井鎧町
権現台	→	大井権現町
森下	→	大井森下町
山中	→	大井山中町
滝王子	→	大井滝王子町
庚塚	→	大井庚塚町
出石	→	大井出石町
原	→	大井原町
森前	→	大井森前町
谷垂・篠谷	→	大井伊藤町
金子	→	大井金子町

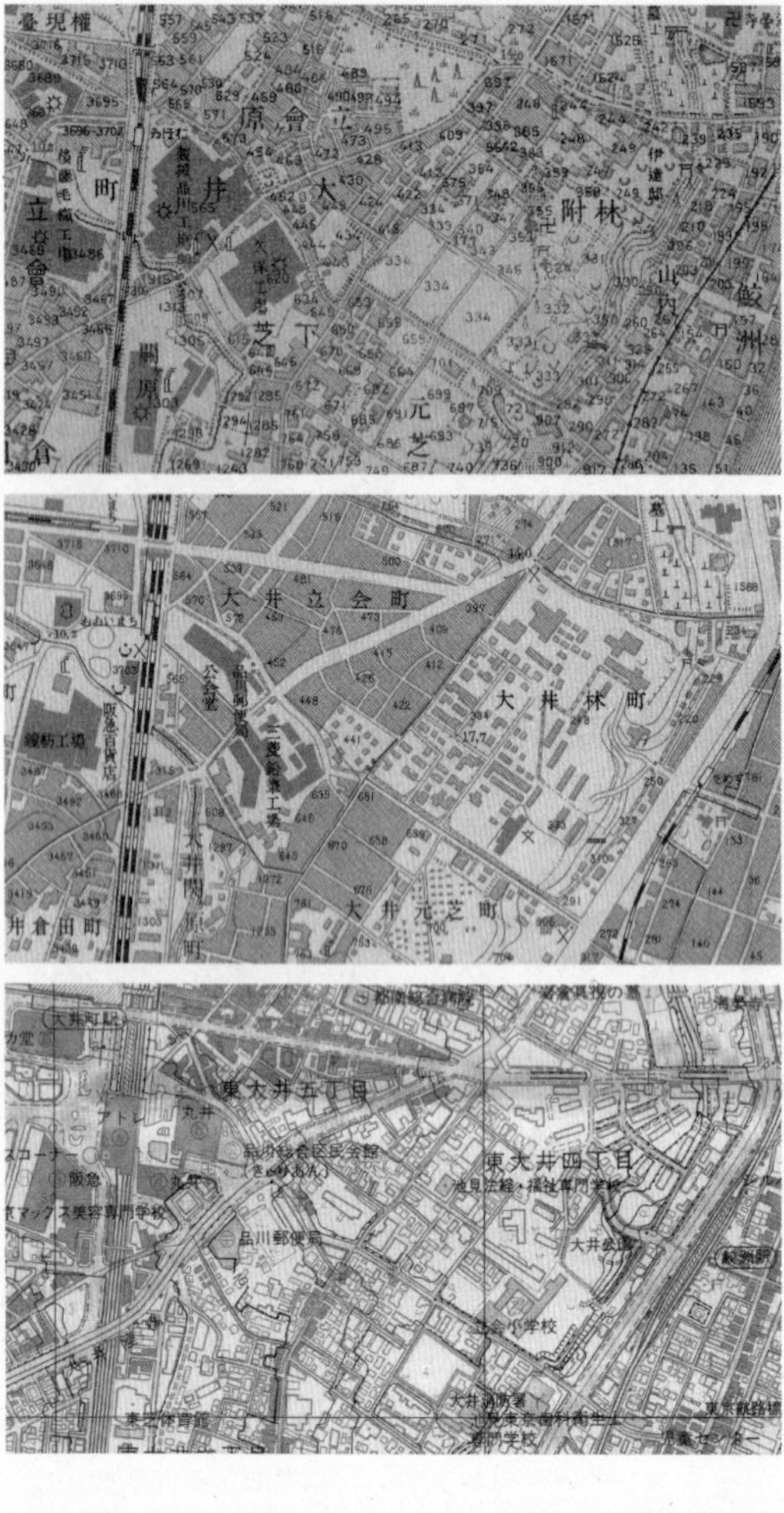

品川区大井町付近の地名の変化。上は荏原郡大井町時代の小字、中はその小字を利用した東京市編入時以来の町名、下は住居表示法施行後の現行地名。字林附→大井林町→東大井、字立会ヶ原→大井立会町→東大井という変化が読みとれる。上：1万分の1「品川」大正5年修正、中：同昭和30年修正、下：同昭和58年編集

別所《べっしょ》　↓　上目黒一丁目
伊勢脇　↓　上目黒二丁目
諏訪山・烏森《からすもり》　↓　上目黒三丁目
蛇崩《じゃくずれ》　↓　上目黒四丁目
田切・五本木　↓　上目黒五丁目
小川・宿山《しゅくやま》　↓　上目黒六丁目
東山　↓　上目黒七丁目
柳町・氷川　↓　上目黒八丁目
駒場　↓　駒場町

この上目黒はかなり広大な大字だったのだが、「駒場」以外の小字は活用されることなく、「丁目」に分けられた。地番は「大字上目黒」時代のものをそのまま流用しており、明治の地租改正から昭和30年代の住居表示の時代まで、基本的に同じ地番が住所の表示に用いられた。

しかし領域があまりに広すぎたからか、この上目黒区域は住居表示実施の際に旧小字である「東山」「五本木」を復活させ、他に「大橋」や「青葉台」といった新地名も出現させた。旧地名が広範囲になれば、逆に住居表示の実施で町が細かくなることもある、という実例である。

これらの元農村部は大字がもともと広く地番のケタ数が多い上に、耕地を住宅地とする際に多数の分筆が行われたので、地番は相当に錯綜した状況にあった。そんな当時に比べれば、住居表示が行われた現在ははるかに秩序的になったと言える。ただ、小字をもっと積極的に利用すれば、一層わかりやすい表示になったはずなのだが。

小字を新町名とした青梅市

現代にも十分実用的と思われる戦前の大東京市新町名町界整理の指針（小字の活用）であるが、これを平成10年（1998）に行ったのが東京都青梅《おうめ》市である。

青梅市は、明治の町村制施行で青梅町と隣接3村の合併で青梅町が誕生、戦後にさらに周辺の6村を編入して（昭和26年〈1951〉市制）現在に至っているが、旧・青梅町の区域はすべて「大字青梅」であり、地番は大字通し番号であった。このため中心市街地のほとんどが「青梅市青梅〇〇番地」となってしまい、住所から場所の見当を付けるのは困難だった。

そこで小字を利用した新町名の設定が行われたのである。それまでは「登記簿上の字」にとどまっていた各小字が、急に表舞台に上がることになった。大字青梅の各地はたとえば次のように変更され、地図上では一気にマチに表情があふれるようになった印象だ。

青梅市青梅（字中町）２６８　↓　青梅市仲町２６８
青梅市青梅（字森下）５１２　↓　青梅市森下町５１２
青梅市青梅（字大柳）１４１７　↓　青梅市大柳町１４１７
青梅市青梅（字下裏宿《しもうらじゅく》）７０１　↓　青梅市裏宿町７０１
青梅市青梅（字新宿）98　↓　青梅市住江町98
青梅市青梅（字下町）２２３　↓　青梅市本町２２３

住居表示がさかんに行われてきた戦後の高度成長期、どういうわけか市街地の中に多数の地名が生きているのを快く思わない風潮が全国を支配した。細かい地名→地図で見たときにゴチャゴチャしている→封建的（当時この言葉は気軽な悪罵として多用された）→すっきり単純化すべき……そんな筋の通らない話がまかり通り、その結果として「平方キロ単位に及ぶ巨大な町域＋〇丁目〇番〇号」のように数字ばかりが並ぶ、不便な住居表示が全国に広まったのは周知の通りだ。

長い歴史の中で生き続けてきた小字の地名、向こう三軒両隣のスープの冷めない範囲内の町域こそ、生活する人間に適したサイズであり、かつ地点特定のために覚えやすく、イメージしやすく、合理的にまとまりやすい領域ではないだろうか。小字の復権によって、そんな「人間サイズの町」を実現させたいものである。

3　「丁目」とは何か

本来は1町（109m）ごとの区切り

尺貫法で1町（丁）といえば60間、つまり181・8センチ×60＝約109メートルである。江戸時代までの道標に「石田寺へ七丁」などと彫られているのをよく見かけるが、今や住所に不可欠な存在としての「丁目」も、もとはといえば、この長さの単位としての「丁」であった。

東京・銀座の地名は、江戸時代初期の慶長17年（1612）に駿府《すんぷ》（現・静岡市）の銀座、つまり銀貨鋳造所が移ってきたことにちなむが、この地は砂洲《さす》状の半島であった「江戸前島」を埋め立てた土地で、当初から碁盤目の区画整理が行われていた。同年の「江戸銀座四町絵図」によれば、現在の中央通り（東海道）に沿って、北は京橋門から南門（現・四丁目交差点）に至る間が一町目（丁目）、二町目、三町目、四町目に分けられており、それぞれ短冊状に土地が区分されているのが見える。ちなみに銀座というのは通称で、正式名称は新両替町といった（銀座が正式名称になるのは明治2年〈1869〉から）。

さて、これらの土地区画が短冊状なのは、江戸に限らず、当時の町の地子《じし》（土地の税）が間口の寸法に応じて負担させられたこと、それと見方を変えれば、表通りをなるべく多くの人が効率よく利用するため、必然的に間口が狭く奥行きの深い「鰻の寝床型」の家が櫛比《しっぴ》するようになったのである。

この絵図には間口がそれぞれ記入されているが、現在は銀座三越のある「四町目」の中央通り東側（現在の街区符号・四丁目6番）の間口割りは、北から次のようになっていた。

拾《じっ》間　九間　六間　拾間　五間　同　同　拾間

合計8つの土地に区画されているが、これらの間口を合計すれば、ちょうど60間、つまり1町（1丁）＝約109メートルになる。これは他の丁目でもすべて同じようにちょうど60間で、当時の「丁目（町目）」が本当に1町ごとであったことがわかる。なお、丁目の境目に1本ずつ入っている道路の幅は含んでおらず、60間はブロックの正味の寸法である。

その後は現・晴海通りが拡張されるなど変化しているので、現在の地図で測っても必ずしもちょうどの寸法にはならないところもある。なお、この例でもそうだが、丁目の端にあたる土地には大店《おおだな》が入ったため、間口も広くなっている。もちろん現在と同様、角地は地価も高かった。

銀座だけでなく、当初の「丁目」は通りに沿って細長かった。それが後年になってブロック式の町名・町界整理が行われたことで太り、やがてこれが郊外にも適用され、ある程度広域の「町」をブロック分けした際のナンバーとして、性格を変えていくことになったのである。

住居表示が実施されると、それまでの「1町」を単位とする細長い伝統的な「両側町」は統合されることが多くなった。住居表示法を厳密に適用しようとすれば「両側町」を生かしておけない仕組みになっていたため、昭和40年代以降は、これらの本来の意味での「丁目」は急速に減少していったのである。

「本来の丁目」が残る町

それでは現在、本来の意味での丁目が残っている都市はどこだろう。もちろん、銀座も表通りだけに関して言えば、昔と同様の1町ごとの区切りになっているのだが、だいぶ東西に太ってしまった。全国各地にはまだ1町ごとの丁目は意外に残っているものだが、細長く延びた両側町として最も代表的と思われるのは、京都の本《ほん》町《まち》が筆頭かもしれない。

本町は、鴨川を東へ渡ってすぐの五条通からまっすぐ南下する本町通に沿って長く続く町である。本町通は天正14年（1586）に開通、その後、秀吉の伏見城築城以降は、京都からの要路・伏見街道となった。当初は一丁目から十丁目までであったが、商店が多く建ち並び、人通りも多かったという。

現在は伏見稲荷のすぐ近くの二十二丁目まであり、全長は延々2・8キロに及んでいる。ただしこのうち十一丁目から南、二十二丁目までができたのは明治2年（1869）で、東福寺門前町の一ノ橋町、大下之町、二之橋町、新町、下井之町、田中町、安保《あぼ》町、八軒在家《はちけんざいけ》町の8つの町を改称・再編したものだ。

明治初期の京都の「市域」（郡区町村編制法における下京区の領域）は、この本町の細長い部分だけがひょろ長く飛び出した、実に異様な形をしていた。幅100メートルの街道沿い以外は郡部だったのだから（137ページの図の右下、下京第31番組の領域）。

東京の丁目は皇居が中心

それでは、「丁目」の進行方向はどうなっているだろうか。これは周知のことかもしれないが、銀座なら日本橋に近い方から一丁目、二丁目と進行していくし、地方都市であっても市街の中心から周縁部へという方向性はおおむね共通している。

原則はいずこもその通りなのだが、たとえば日本橋と皇居に挟まれた千代田区大手町の丁目の進行方向を調べてみると、日本橋に近い方が一丁目ではなく、皇居寄りが一丁目になっている。これは戦前から同じ並び方なのだが、やはり人民の市街の中心よりも「畏《かしこ》きあたり」の方が格上、ということなのだろう。

ただし、これは戦前に決まった規定がそのまま踏襲されているわけではなく、戦後の住居表示の実施に際して昭和38年（1963）、東京都は「東京都における住居表示の実施に関する一般的基準」で、丁目の進行方向を「都心を皇居と定め、放射状の町は都心に近い点を起点として放射状に進み」と明確に定めている。丁目の進行方向も、町域が細長く並んでいればいいのだが、町が広域で丁目が単なるブロック分けになっている場合はそうもいかない。こんな場合は地番や街区符号と同様に蛇行させる、というのが共通したやり方だ。

東京都以外の都市の住居表示実施基準をいくつか見ると、丁目の「起点」は次のように規定されている。

平塚市（神奈川県）

町名に「丁目」をつける時は、九丁目以内にして、JR平塚駅から近い順に順序良く配列します。

岸和田市（大阪府）

従来の町区域が非常に大きく、街区符号、住居番号のみでは、番号が非常に大きくなる場合、丁割りを行うことが一般的となっています。この丁割りは、町を幾つかの丁目に割り、原則として南海（南海電鉄＝引用者注）岸和田駅に近い方から一丁目、二丁目と付けることとなっています。尚、丁割りは、必ず

しも行う必要はなく、岸和田市では、加《か》守町《もりちょう》、下野町などにみられます。

恵庭市（北海道）

区域が広い町を分割する場合は、従来の名称に丁目をつける。丁目のつけ方は、基準点（引用者注・国道36号線と島松川の交点）に近い丁目を起点とし、直進式、蛇行式、連続千鳥式のいずれかにより定める。

秋田市（秋田県）

丁目は、おおむね五丁目程度とし、配列は市役所に近い町を起点にします。

都市部の細長い町に特有の形態であった「丁目」は、主に戦後の住居表示実施をきっかけに、市街地をブロック分けしたナンバーの呼称に変貌した。昨今ではかなりの地方都市の、それも山林原野にまで「丁目」を称するケースが稀《まれ》でなくなっている。戦後は都市人口の割合が大幅に増加したが、津々浦々への丁目の普及はそれと機を一にしていると言えるだろう。

ただし誤解のないように付け加えなければならないのは、それほど加速度的に都市化が進行したというより、山林原野にまで「丁目に象徴される都市的住所」が拡散した、ということだ。要するに「丁目」は都会風だから好まれたのだろう。

ついでながら、全国で初めて「村」に丁目が誕生したのは昭和37年（1962）、東京都南多摩郡多摩村（現・多摩市）の桜ヶ丘三・四丁目だという。これは住居表示協力会編『住居表示の友』で、内務省出身の小栗忠七氏が述べていることだが、氏はまた同書で、全国で初めて「丁目」が使われたのは永正《えいしょう》16年（1519）、甲府の町であったと推定している。

丁目と地番の関係

住居表示地区における町の街区符号の配置状況は163ページで述べたので置いておくとして、住居表示未実施地区の地番を観察してみよう。未実施地区で、しかも比較的郊外の大字が、住居表示を導入せずに「丁目割り」を行う場合である。

住居表示以前の目黒区上目黒を取り上げてみよう。旧・上目黒村にあたる大字の「上目黒」は、一丁目から八丁目まである広大な面積をもつ町であった。住居表示は昭和41年（1966）から44年にかけて実施され、現在では中央町や中目黒の一部、青葉台、東山などとなっている。

この旧・上目黒一丁目～八丁目の地番をそれぞれ観察してみると、奇妙なことがわかった。通常なら、丁目ごとに1番から地番が設定し直されていそうなものだが、そうなっていない。まず一丁目が最も少ない数字の地番であるのはいいが、二丁目になると突然1900番台に飛ぶ。しかし三丁目は1600番台に戻り、四丁目では2200番台となり、最後の八丁目ではふたたび500番台に落ち着く、という具合なのである。つまり丁目と地番が無関係に進行しているのだ。

調べてみると、旧・上目黒村の時代の地番（町村制以降は目黒町大字上目黒）がそのままで、それとは関係なく「丁目」を設定したことがわかった。ここ上目黒では、急激な人口増と区画整理、新道の開通など、農村から都市への激変があったために、小字単位で丁目を区画するのが不合理となり、東京市編入に際して当時の都市の状況に即した丁目割りを行った結果、地番と丁目がまったく無関係、という状態になってしまったのである。

このような町は、住居表示未実施地区では今も全国各地にある。つまり、比較的大きな大字が都市化で人口増が著しくなった際に、地番だけで対処すると、地点の把握が誰にとっても困難となるため（小字を活用した方がずっとわかりやすいと思うのだが……）、とりあえず地番はそのままでブロック的に「丁目」を設定するという手法だ。「三丁目250番地」のような住所はそのタイプと見てよい。

堺市では丁目ではなく「丁」

大阪府堺市では丁目がひとつもない（平成18年〈2006〉に編入された旧・美原町＝現・美原区には存在）。あれだけの大きな都市に丁目がないのは不思議かもしれないが、「丁」ならたくさんある。たとえば旧市街なら堺市宿院町《しゅくいんちょう》西二丁、甲斐町《かいのちょう》東三丁という具合で四角い町がびっしり並んでいるし、また郊外の泉北《せんぼく》ニュータウンなどの新興住宅地にも適用されていて、泉北高速鉄道の泉ヶ丘駅付近には茶《ちゃ》山台《やまだい》一丁、竹城台《たけしろだい》一丁など、こちらも例外なく「丁」の町名になっている。

それではなぜ丁目でなくて「丁」なのか。堺市のホームページでは『なぜ、堺市では美原区域以外は「丁目」じゃなくて「丁」なの？』という一文によって、この謎を解き明かしている。大略、次の通りだ。

自治都市としてその名が轟《とどろ》いていた堺の町は、元和《げんな》元年（１６１５）の大坂夏の陣で全焼してしまう。しかしその後、徳川家康の手で南北の大道筋、東西の大小路《おおしょうじ》

大阪府堺市では丁目ではなく「丁」を使う。1:10,000「鳳」

という十字の座標軸を中心に、整然とした碁盤目の町割りを行った。

町の数は最盛期で400近くにも及んだが、覚えにくいため東西の「町通り」と南北の「筋」を組み合わせて、ちょうど現在の京都のような呼び方が通称として用いられるようになったという。たとえば南材木丁なら、東西通りの「大町」と南北通りの「中浜筋」の交点にあたることから「大町中浜筋」としたのである。

その後、明治5年（1872）には町名改正が行われ、大規模に町名が整理統合された。町名をもっとわかりやすく、という主旨で、大道筋より東の町をたとえば宿院町東一丁、東二丁、西なら宿院町西一丁、西二丁という具合である。しかしこれらの町は、元はといえば独立した町名を持っていたため、これをもし一丁目、二丁目とすれば、町を細分化する意味合いが付いてしまうこと、つまり序列化される印象があるため、東一丁も西三丁もすべて同格、という意味を持たせるためにも「丁」だけにしたと思われる、とのことだ。

番町――丁目類似のナンバリング

丁を使っているのはおそらく堺市だけと思われるが、丁目ではないが似た機能を持つものもある。まずは一番町、二番町などの「番町」が挙げられるが、東京の一番町から六番町までは江戸初期から旗本衆の屋敷が建ち並んでいた区域で、これらに裏・表・新道などがついて複雑な並び方をしていた。

江戸期の番町は堀端《ほりばた》一番町、新道一番町、一番町通、表二番町、裏二番町、袋二番町、二番町通、三番町、四番町、裏四番町、土手四番町、五番町、表六番町、裏六番町、新道、六番町通という状態だった。また当時の武家屋敷には表札などがなく、同じような町名（汎称《はんしよう》地名ではあるが）が並んでいて、間違いなく目指す家を訪問するのは大変だったという。これを案内してくれる、ありがたい「江戸切絵図」が売れたのも道理だ。

ともかくこれは、明治から昭和にかけてだいぶ整理され、現在のように単純な形となった。しかし番町の並び方は現在の丁目のように蛇行せず、千鳥ヶ淵側から一番町、二番町と西行した後は北東に移り、三番町から六番町まで続いている。

ユニークな十和田市の番町

「番町」は、青森県十和田市《とわだ》（旧称・三本木）にもまとまって存在する。ここには中心市街地に東一番町〜東六番町、東十一番町〜東十六番町、東二十一番町〜東二十四番町、西も同様に（ただし西二十三番町まで）揃っているのだが、番町の出現は、この町がかつて南部藩時代の安政2年（1855）から明治にかけて開発された、碁盤目の計画都市であった頃に遡《さかのぼ》る。

東西ともに七〜十番町などが欠番となっている理由は、中央を貫く奥州街道・旧国道4号沿いの稲生町《いなおいちょう》を中心にして、その東隣が東一番町、西隣が西一番町、それぞれの外側が東十一番町・西十一番町、さらに外側が東二十一番町・西二十一番町となっているからだ（東・西四番町〜東・西六番町の中心は穂並町《ほなみ》）。このため欠番が生じてはいるが、戦後の住居表示が採用した「丁目を蛇行」させるやり方よりは、はるかに理解しやすい合理的な並び方と言えるだろう。また、これらの「番町」地名は住居表示が実施されているのだが、街区符号も蛇行させておらず、住居表示を地元の伝統に合わせて実施した希有な例と言えるかもしれない。

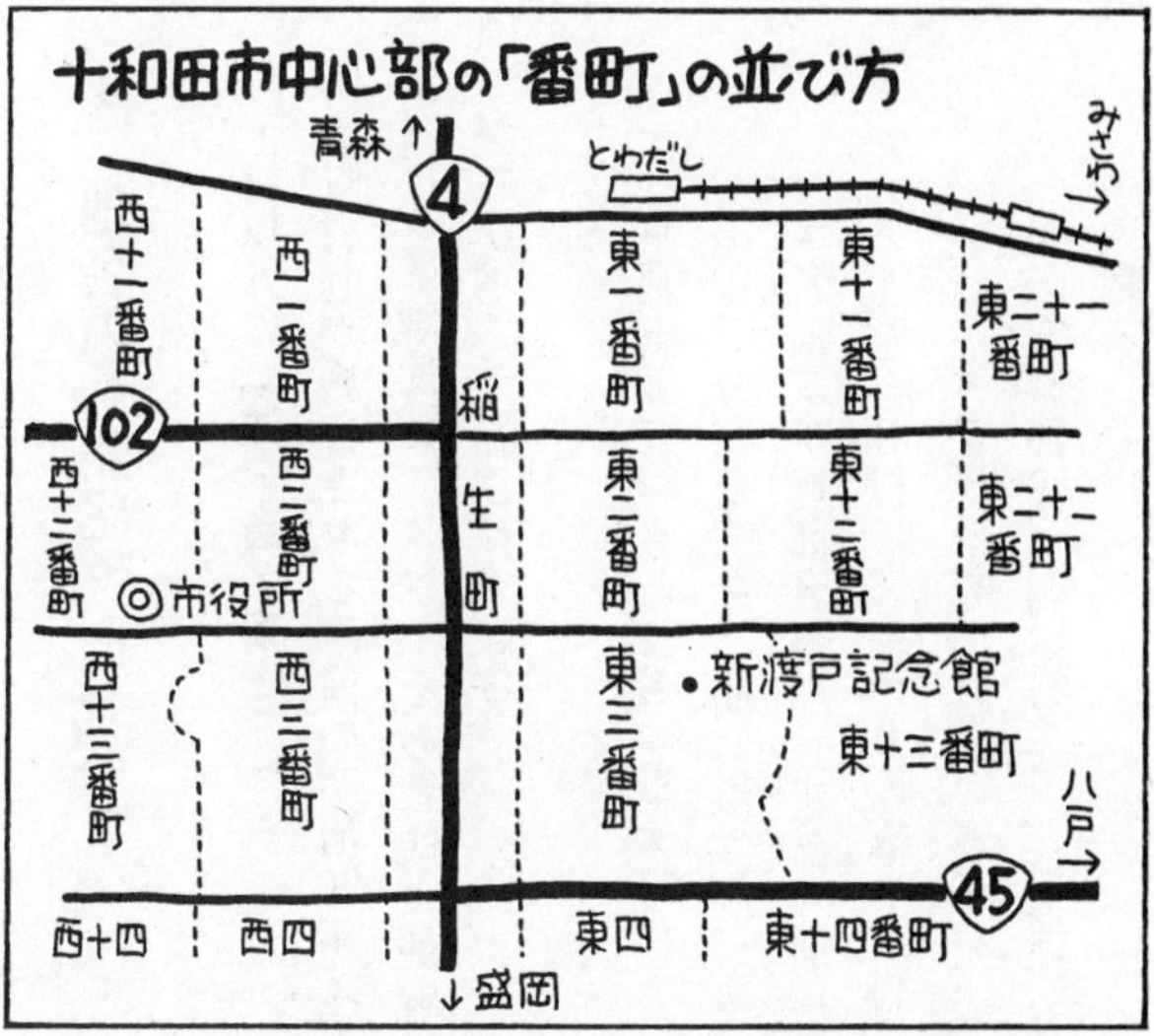

十和田市中心部の「番町」の並び方

※図中の十和田観光電鉄は平成24年（2012）に廃止されている。国道の表示は現状とは異なる

4 地名の「語尾」について

町・村以外に「浦・竈・宿……」

明治町村制が施行される直前の明治20年（1887）に、内務省地理局から出た『地方行政区画便覧』には、その冒頭に便覧の記載方法について述べた例言（凡《はん》例《れい》）があり、こう記されている。

一、町村ト並立シタル地名ニシテ町村ト称セス何宿、駅、通、湊、小路、新田、出作、分、受、島、浦、浜、山、里、竈《かま》、捌《さばき》、搦《からみ》等ト称スルモノ及ヒ単ニ名張《なばり》（伊賀郡名張郡）新鼻《しんばな》、別行《べつぎよう》（越後国北蒲原郡）等ト称スルモノノ如キハ町村ノ文字ナキカ故ニ町村ノ区別判然セス由テ町ノ性質アルモノハ特ニ＊ヲ標シ村ノ性質アルモノト混淆セサラシム但一市街中（三重県伊勢国安濃《あの》郡津ノ内榎ノ下《えのきのした》、新造、丸ノ内の類）ニアルモノ並宿、駅ハ之ヲ略スこれはびっくりする。現在では市・区・町・村の4種類であるのに、町村制以前はこんなに多種多様だったのである。ここではすべてを説明する余裕はないが、これらすべてが全国に万遍なく分布していたわけではない。

宿場町は町でなく「宿」や「駅」も

筆者の住んでいる東京都日野市は、明治22年（1889）の町村制施行の際にも「日野宿」を名乗っていた。日野宿は近隣2村の飛地を編入して誕生したものだ。五街道の一つである甲州道中（甲州街道）の宿場であったためであり、これが明治以降も町村と呼び替えられずに存続したのである（明治26年に日野町と改称）。宿は、7世紀の大化改新にまで遡る古い制度で、駅馬《はゆま》および伝馬《つたわりうま》を置くところであり、「養老令」によれば諸道に30里（約20キロ、近世の「里」とは異なる）ごとに駅《うまや》を設け、大路には20匹、中路には10匹、小路には5匹の駅馬を置くと定められ、宿泊施設も設けられた。

時代につれて宿駅の制度は変化していくのだが、江戸期になると参勤交代制度の整備とともに、本陣を中心とする公的な交通施設として確立する。もちろん、伊勢参りのような庶民による事実上の観光旅行の増加もあいまって交通量は増加し、宿場には町家が街道に沿ってぎっしり連なり、賑わいは増していった。

また、公的な交通ステーションとしての機能を維持するために、近くの農村から労力を提供させる「助郷《すけごう》」が行われることにより、宿場は地域の中心都市へと変貌していく。明治になって各地に鉄道が開通し、陸上交通の主役が交代すると、鉄道ルートから外れた宿場は衰退したものも目立ったが、特に城下町と宿場を併せ持つ町の中には、その地方の中心的都市に発展した例も多い。

そんなわけで、「宿」は独自の呼称として明治まで続いてきたのである。試しに東海道や中山道の手近な宿場の「明治町村制」直前の姿を調べてみると、やはり「宿」と称していたところが目立つ。次の例では、上が明治町村制の町村名、下がその町村を構成した直前の町村等（宿）の名称を示す（＊印はその領域の一部）。なお、地域によっては宿ではなく「駅」と称するところもあった。

品川町――北品川宿＊・南品川宿・品川歩行新宿・南品川猟師町・南品川利田新

地・二日五日市村
板橋町——下板橋宿・金井窪村・中丸村*・滝野川村*・上板橋宿*・池袋村*
千住町——千住中組・千住北組・本木村*・興野村*・西新井村*・その他

「新田」も大字になった

宿の他にもいろいろある。明治町村制で、甲州道中沿いの高井戸宿周辺6村が合体してできた行政村に高井戸村があり、その旧村に大宮前新田《しんでん》があったが、これには「村」などが付いていない。全国的に見ると「新田村」と称する例は少数派のようだ。

「新田」というのは、文字通り新しく田畑を開いた所で、近世初頭の「太閤検地」以降に開発された耕地のことである。ただし、ここで扱うのは「村」としての新田だから、つまり「新耕地をもつ新集落」ということだ。

新田には開発者による分類として、藩営新田、代官見立《みたて》新田、町人請負《うけおい》新田、村《むら》受《うけ》（村請）新田（村の惣百姓が幕府または藩の許可を得、開発費を負担して、村民が協力して拓《ひら》いた新田）などがある。全国の新田集落の名称を見ると、それが如実に表われているものがあって興味深い。

たとえば郵便番号簿で静岡県藤枝市のページを開くと、「久兵衛《きゅうべえ》市右衛門《いちうえもん》請《うけ》新田」という地名が見えるが、まさに久兵衛・市右衛門の2人が請け負って、寛文10年（１６７０）に開発に着手した新田ということが生々しく伝わってくるし、新潟市西蒲区《にしかん》（旧・西川町）には「兵右衛門《ひょううえもん》新田」などに混じって「卯八郎受《うはちろううけ》」とか「善光寺村受《むらうけ》」などという文字通りの村受新田も、現役の大字の地名として健在だ。

ただ、現在では新田を「田舎風」として嫌う風潮があり、かつて「新田」の付いていた地名から新田を外したり略称でカモフラージュしたり、都会風にイメージチェンジしたり、まったく新しい地名にするなど、いろいろと変貌している。そのような例を若干挙げてみよう。

たとえば相模原市中央区に「清新《せいしん》」という町名があるが、これは旧地名の「清兵衛《せいべえ》新田」を略したものだし、埼玉県草加《そうか》市の新田地名（東武伊勢崎線、その名も新田駅の西側）などは、昭和33年（１９５８）の市制施行を機に、次のように「都会風」に変身を遂げている（カッコ内は平成26年〈２０１４〉からの新町名）。

新兵衛新田　→　新栄町（新栄）
長右衛門新田　→　長栄町（長栄）
清右衛門新田　→　清門町（清門）
金右衛門新田　→　金明町
善兵衛新田　→　新善町

今は姿を消した新田の中にはユニークなものがあり、たとえば新潟県南蒲原《みなみかんばら》郡（加茂市・三条市付近）では、新田が村として発展し、さらに新たに新田を開発した所を「新田新田」と称した。同郡内に明治初期に存在した「中條《ちゅうじょう》村」「中條新田」「中條新田新田」の3種類が、開発史を物語る好例である。

新開・搦・湊・浜……

「新田」の他にも「新開」「開作」など、これを意味する名称には地方によってバラエティがある。また中世の土地相続にからんだ地名である惣領分《そうりょうぶん》や庶子《しょし》分、また地頭《じとう》分（地頭方）、領家《りょうけ》分（領家方）などという、鎌倉時代の「下地《したじ》中分《ちゅうぶん》」（荘園領主と地頭が土地を折半して領有を認め合うこと）を如実に今に伝える、「分」の付いた地名もある。後者では特に、福井県大野市に「森政《もりまさ》領家」と「森政地頭」、「平沢領家」と「平沢地頭」、「阿難祖《あどそ》領家方《ほう》」と「阿難祖地頭方」がペアで現存している。

「搦《からみ》」は、佐賀県の有明海沿岸の干拓新田に特有である。今でも白石町福富には「七搦《ななからみ》」「権和搦《ごんわからみ》」「昭和搦」（これは昭和まで命名の伝統が存続していたことを証明）など、佐賀市には「搦東《からみひがし》」「戊申搦《ぼしんがらみ》」などの地名が、主に小字地名として残っている。

「捌《さばき》」は、「さばく」という現代的な使い方の他に「えぶり」「さらえ」という穀物をかき寄せる農具に由来するそうで、やはり新田関係なのだろう。兵庫県太子《たいし》町域には、明治初期に「上太田太郎左衛門捌」という村があった（現・松ヶ下）。

「湊」「浦」「浜」などは、見ての通り海辺の集落である。浜や浦は漁業集落に一般的であるが、大阪の北浜や堂島浜など「河岸」として発達したところとは例外だ。

海辺の系統では珍しいものに「竈《かま》」がある。これは三重県度会《わたらい》郡の南部にある南伊勢町に集中しているもので、前身の一村であった島津村は、明治の町村制施行の際、古和浦《こわうら》、方座《ほうざ》浦という2つの「浦」と、小方竈《おがたがま》、棚橋竈、新桑《さらくわ》竈、栃木《とちのき》竈の4つの「竈」が合併して誕生した村だ。「竈」がついているのはいずれもリアス式海岸の湾入した奥だが、「浦」よりもさらに湾の奥に立地している。

竈の字義は本来「カマド」であるが、これには次のような伝説がある。屋島の戦い（1185年）に敗れた平氏の落武者が熊野に逃れ、南伊勢の五ヶ所湾にたどり着いた。しかし落人には漁業権が与えられなかったので、彼らは塩を焼いて生活することとし、適地を求めながら塩竈を築いて塩を焼いた。これが点在する竈（「南島八竈」と呼ばれた）の由来だという。

「山」というのは文字通り山の集落だが、奈良県の吉野山とか、徳島県の東《ひがし》祖谷《いや》山《やま》、西祖谷山などの他、佐賀県の有田《ありた》皿山《さらやま》（有田町）や吉田皿山（嬉野《うれしの》市）、秋田県には小坂鉱山《こさかこうざん》、尾去沢《おさりざわ》鉱山（のち尾去沢村）というふうに、製陶や鉱業に関する「山」もあった。いずれも町とか村は付いていなかった（秋田県には院内銀山町《いんないぎんざんまち》があったが）。ちなみに「皿山」は、主に九州に見られる陶器生産地である。

大字は江戸時代の「町村」であると前述したが、その呼び名には町村の他に宿や駅、新田など、地方により、また形態により多くの種類があったことを知っていただきたいので、ややこしい話になったが、ここに取り上げた次第だ。

六日町は「六日」という町?

現在は「市区町村」で明快、と言いたいところだが、実はそうでもない。たとえば新潟県の六日町《むいかまち》。南魚沼郡のコシヒカリの本場であり、最近はマイタケの名産地としても有名になった。上越線には六日町という駅があり、かつては北陸方面への特急が走っていた「ほくほく線」の始発駅でもある。

平成16年（2004）には南魚沼市六日町となったが、それ以前の住所は新潟県南魚沼郡六日町であった。新潟という県の中の南魚沼という郡、まではいいのだが、「六日という町」となると、どうもおかしい。

六日町は、四日市《よっかいち》や五日市《いつかいち》、十日町など全国的に分布する地名と同様、古代から中世に広まっていった「定期市」を起源とするもので、六日町なら毎月6日、16日、26日に市が開かれた。だから、これを「六日（固有地名）＋町（自治体の区別呼称）」と割り切るわけにはいかないのである。

中学・高校で使われる地図帳や日本地図レベルの100万分の1程度の縮尺の地

図には、「市町村」の語が省かれ、「横浜」とか「長崎」という固有地名部分だけが載っているのが普通だ。ところが新潟県の六日町は「六日」ではなく「六日町」となっていたはずだ。もちろん、ご近所の湯沢や小出などは「町」の表記がない。また道路地図などのローマ字表記も「Muikamachi T.」（TはTown＝町）となっており、「Yuzawa T.」などとは別扱いであることがわかる。

このように六日町の「町」は「市町村」の町であると同時に、不可分の固有地名の一部でもある、ということなのだ。しかし正式には「六日」が固有地名部分とされているようで、たとえば『市町村名変遷辞典』（東京堂出版）などでは、見出し語の扱いは「六日」である。だから、六日町が村から町へ変更された時の扱いはややこしい。

明治22年（1889）の町村制施行の際、六日町は「六日町村」といった。六日町という名の村だったのである。それが明治33年（1900）に町制施行をするにあたって「六日町」と村が外れた。しかし厳密には「六日町―村」から「六日―町」への名称変更、という扱いになっている。

土佐中村は「中町」にならず

高知県四万十《しまんと》市の中心部は、平成17年(2005)まで中村市であったが、こちらも昔、揉めたことがある。明治の町村制施行時は、中村・中村町・不破村・角崎村・右山村が合併して「中村」となった。合併町村の中に中村と中村町があるのだが、これは間違いではない。中村町はもともと中村の一部であった。

そもそも鎌倉時代に、中村一帯は一条氏の荘園となったが、応仁2年(1468)に一条教房《のりふさ》が京都を範にとって町づくりを行い、ここを「中村町」とした。従来のムラ部分は「中村」に据え置いたために、中村と中村町の2種類が併存することになったのだ。それが明治の町村制で再び「中村」に統合された。ここで固有地名部分は「中」となった。

『中村市史』〈昭和44年(1969)〉によれば、町村制に際して、本来なら「中村町」としたかったのだが、土佐藩の家老のいた安芸《あき》、佐川、宿毛《すくも》でさえも町村制で「村」と名乗ったため、中村だけが「町」とするのに躊躇《ちゅうちょ》があったのだという。また「町」とすることによって、その体面を維持するのに余分の経費を要すると考えたのではないか、と推察している。

しかし中村が「村」でいるうち、間もなく後免《ごめん》（南国市）、須崎《すさき》、伊野、安芸、山田（土佐山田町）が相次いで町制施行していった。当然ながら、土佐第二の都市と自負する中村も町制施行に向けて動き始めた。

ところが明治31年（1898）8月10日、村会へ提出された村長の諮問案は、「中村を中町に変更す……」というもので、「中町」とは何事ぞ！　と大問題になった。それでも、内務省の考え方に従って「中」という村に町制を施行すれば、当然「中町」になってしまう。

村名の固有地名部分を「中村」とするためには、そもそも町村制の際に「中村村」としなければいけなかったことになる。しかしムラムラというのは奇妙だ。ナカムラソンと読めばいいという意見も出たそうだが、結局は「中村」で届け出が行われた。

とにかく、中村の町と認識していた住民にとっては「中町」は受け入れ難く、結局は名称変更して「中村町」とすることで落ち着いた。

議員の中には「中村という地名は草深い田舎を連想させて対外的に不利である」として「中町」案に賛成した人もいたそうだが、「中村町」は藩政時代からの呼称でもあるし、すんなり決着したという。

高知県告示百三十七号
明治三十一年十一月十日
幡多郡中村ヲ中村町ト変更ス
明治三十一年十一月十八日
高知県知事　谷河　尚忠

以上『中村市史』から要約した。

大町・大村・四日市

中村のように「同名」の町方と在方《ざいかた》（農村部）が合併したケースに、長崎県の大村がある。こちらは町村制の際に大村町と大村が別々に町制・村制を施行しており、その後、大正14年（１９２５）に両者が合併して「大村町」となった。その後はすんなり昭和17年（１９４２）に大村市となっている。

次に2つの「大町《おおまち》」の例をご紹介しよう。ひとつは長野県大町市。こちらは明治町村制のとき北安曇郡「大町」となった。固有地名部分は「大」である。それが昭和29年（1954）に名称変更して市制施行、大町市として現在に至っている。もう一つの大町は佐賀県杵島《きしま》郡の方で、こちらは明治町村制で「大町村」となったが、昭和11年（1936）に町制施行で「大町町」となった。しかし読み方はマチマチではなく、「おおまちちょう」とされた。学校地図帳では知らん顔をして「大町」と載っているが、知らない人は、自治体名が「大町町」であることには気付かないだろう。

参考までに、長崎県佐世保市の北方には「鹿町町《しかまちちょう》」というのもあった。鹿町村が戦後町制施行したもので、読み方も「ししまちむら→ししまちちょう→しかまちちょう」と変遷があったが、平成22年（2010）には佐世保市に編入されている。マチマチではないが、「四日市市」というのは有名だ。しかし四日市の場合は読み方がイチであり、やはり「四日市」は不可分の固有地名であることが浸透していることもあり、違和感はない。広島県には「廿日市市《はつかいち》」も後に誕生している。

名古屋市中村区というのも、昔は愛知郡中村であった。それが名古屋市域に併合された際に西区となったが、その後分区して中村区が誕生している。余談だが、明治39年（１９０６）に旧中村が誕生する以前の村名のひとつに「織豊《おりとよ》村」というのがある。これはご想像の通り、織田と豊臣の出身地にちなむ、妙に誇大な行政村名であった（豊臣はともかく、織田の出身地はだいぶ離れているのだが……）。

北海道には空知郡に「北村」という村があった。こちらもタテマエ上、固有地名部分は「北」ということにはなっていたのだが、村名の由来を調べるとそうではない。明治26年（１８９３）に山梨県人の北村雄治という人が、石狩川左岸の狐森《きつねもり》一帯に１４４万坪（４７５ヘクタール）の土地貸下を受けて、北村農場を開設したのが始まり（本多貢『北海道地名分類字典』）というから、これも固有地名が「村」と不可分の例といえる。町制施行する際には「北町」ではなく「北村町」となるのだろうと思っていたら、平成18年（２００６）に岩見沢市に編入され、岩見沢市北村○○と称するようになった。

同様の例では東京都江東区の北砂《きたすな》・南砂などがある。かつては砂村氏が開いた砂村新田だったのが後に砂町《すなまち》になり、そのうち北砂町・南砂町などとなり、戦後に住居表示で「町」を外されて現在に至っている。

長崎県にある多種多様な「語尾」

長崎県の各市町村の大字にあたる地名には、実にさまざまな「語尾」が付いていて興味深い。

たとえば松浦市役所の所在地は「松浦市志佐町《しさちょう》里免《さとめん》365」であるが、この「免」というのが市内の大字すべてに付いているのだ。また島原半島の森山町などはすべて「名《みょう》」が付くなど、かなり明確に地域性がある。これはおおむね次のようになっている。

郷――東彼杵《ひがしそのぎ》郡・西彼杵郡・五島列島（北松浦郡の一部・南松浦郡）
名――北高来《きたたかき》郡・南高来郡・旧西彼杵郡多良見町
免――松浦市・北松浦郡（五島列島以外）
触《ふれ》――壱岐《いき》郡

なお、平成の大合併では多くが市制施行して北高来郡・南高来郡は消滅し、これを機に「名」「郷」「免」などを削除してしまった事例も多い。たとえば「西彼杵郡多良見町中里名」が「諫早《いさはや》市多良見町中里」となった類《たぐい》だが、まとめれば次の通りである（なお、平成の大合併以降に松浦市と西海市となった旧町域では、いずれも免や郷を合併後も引き続き用いることとした）。

北松浦郡宇久町
→佐世保市編入を機に「郷」を削除

北松浦郡世知原《せちばる》町・吉井町・小佐々《こさざ》町・江迎《えむかえ》町・鹿町町
→佐世保市編入を機に「免」を削除

南松浦郡奈留《なる》町・岐宿《きしく》町・三井楽《みいらく》町・玉之浦町・富江町
→合併で五島市となったのを機に「郷」を削除

西彼杵郡琴海《きんかい》町・外海《そとめ》町
→長崎市編入を機に「郷」を削除

西彼杵郡多良見町・北高来郡小長井《こながい》町・高来町・森山町・飯盛町
→合併で諫早市となったのを機に「名」を削除

大字は原則として「藩政村」であるが、村と称せずに江戸時代に「郷」や「免」などと称したものがそのまま近代に持ち越され、郡区町村編制法や町村制もくぐり抜けて今に至っているもので（明治以降に誕生した名・郷などもある）、地名辞典などによれば、この「語尾」の区別は江戸時代に所属した藩によって決まっているという。

地名辞典などによれば、「郷」は旧大村藩と五島藩領、「名」は旧佐賀藩と島原藩領、「免」は平戸藩領、「触」が壱岐国である。このうち壱岐の「触」などは、朝鮮語で村を意味する「プリ」や「プル」と共通の語源とされているようだ。壱岐の「触集落」については、千葉徳爾氏の『新・地名の研究』（古今書院）に詳しい。

5　町——チョウかマチか

チョウとマチが隣接する東京の地下鉄駅

東京の浅草から地下鉄銀座線に乗ると、次の駅が田原町、その次が稲荷町である。どちらも町名としては住居表示の実施で消えてしまったが（現在は西浅草、東上野など）、駅名は変えられずに現在まで残った。さて、この読み方だが「たわらまち」と「いなりちょう」である。

マチとチョウの駅名が隣り合っているのだが、このような例は珍しくない。古本屋街の神保町はチョウだが、その隣の小川町はマチだ。日本では小学生でも知っている「町」の字なのに、どうして読み方が一定していないのだろうか。これはだいぶ難問なのだが、少し調べてみようと思う。

まず「町」には、地方自治体としての町と、市町村の中に含まれる町（地方自治法にいう「市町村の区域内の町」）の2種類あるのだが、まず自治体名はどうだろうか。

自治体名では東日本がマチ・西日本がチョウ

自治体の「町」をどう読むかを調べたのが297ページの図である。この項目は、新潮選書版の『住所と地名の大研究』として上梓した平成15年（2003）末現在の調査なので、平成の大合併が終わった今では、自治体数も約半減しているため状況が変わっていることをお含みおきいただきたい。

ざっと見渡してみると、北海道が森町《もりまち》を除いてチョウ、東北は青森、秋田、山形、福島がマチ、岩手と宮城は混在、関東はすべてマチ、中部は福井を除く北陸と長野がマチで山梨が混在、東海、近畿、中国、四国のほぼ全域がチョウ、北九州は混在、南九州と沖縄はチョウ、となっている。

大まかな傾向としては北海道以外の東日本がマチ、西日本がチョウ、ただし九州は混在、というのが実情のようだが、なぜこうなったかについては不明だ。『市町村名変遷辞典』の凡例には次のような一文がある。

これら（町・村）を訓読するか音読するかの問題は日本語を漢字で表記する

ことに伴ういわば〝宿命的課題〟であり、実情は法的・制度的には何ら基準は定められず、もっぱら地元の慣用にゆだねられてきている。

諸種の資料を照合した感触でいえば、いくつかの地域（県・郡単位）では明治期の市制町村制施行以降の村や町をそれ以前の自然発生的なムラ、マチと区別するためにかなり意図的にソン、チョウと音読したかと思われるフシもあるが、必ずしもその地域の村、町すべてがそのように統一的に呼称されているわけでもない。沖縄県では近世以来の行政区画であった間切《まぎり》が町村制の施行で村《そん》となり、間切の中の小区分であった従来の村《むら》と区別したようだ。

また、多くの事例からは時代が新しくなるにつれ音読みとなる傾向もかなり強くうかがわれる。とくに昭和28年の町村合併促進法以降に成立した町の場合、それ以前にマチと呼称された同一名称の自治体がその中核となっていてもチョウに呼称変更される例が多数見られる。一方、ほぼ同時期に調査したと思われる複数の資料が音読と訓読の対立する結果を示す例も少なからずある。

法的・制度的には何ら基準がない、というのは戸籍に似ている。人名に使う漢字

●町を「ちょう」と読むか「まち」か

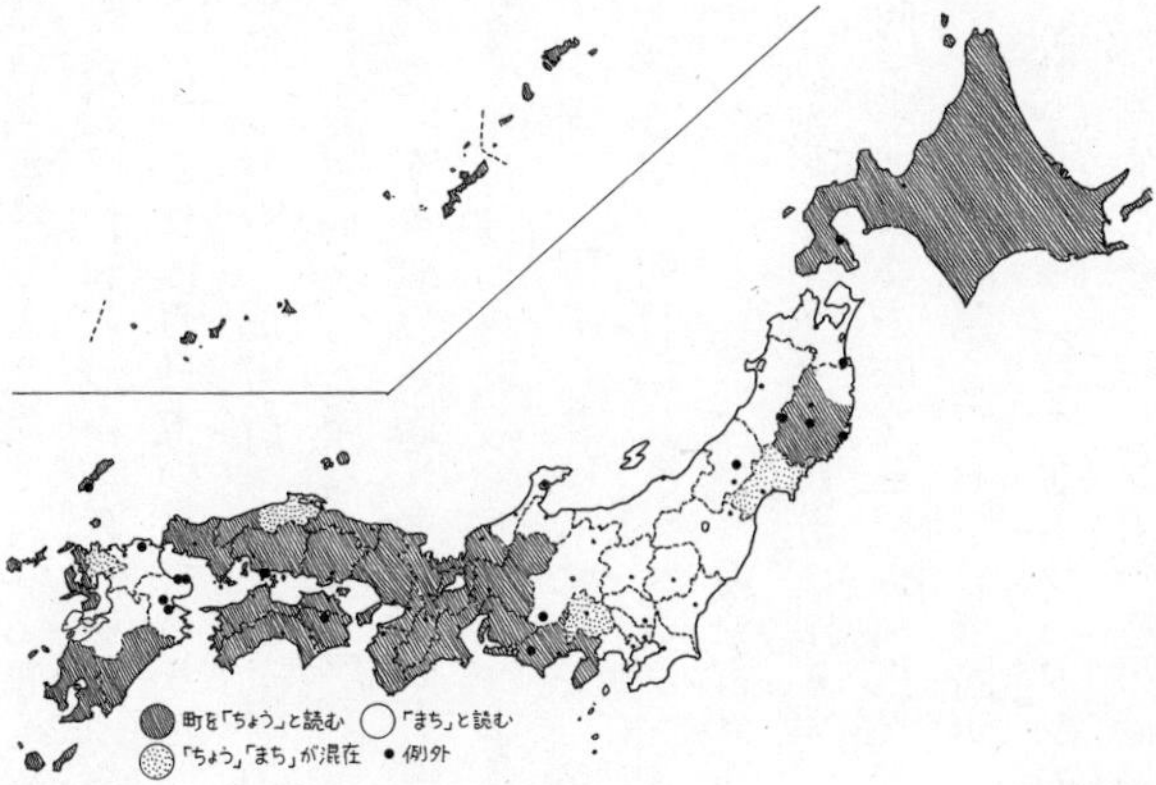

●村を「そん」と読むか「むら」か

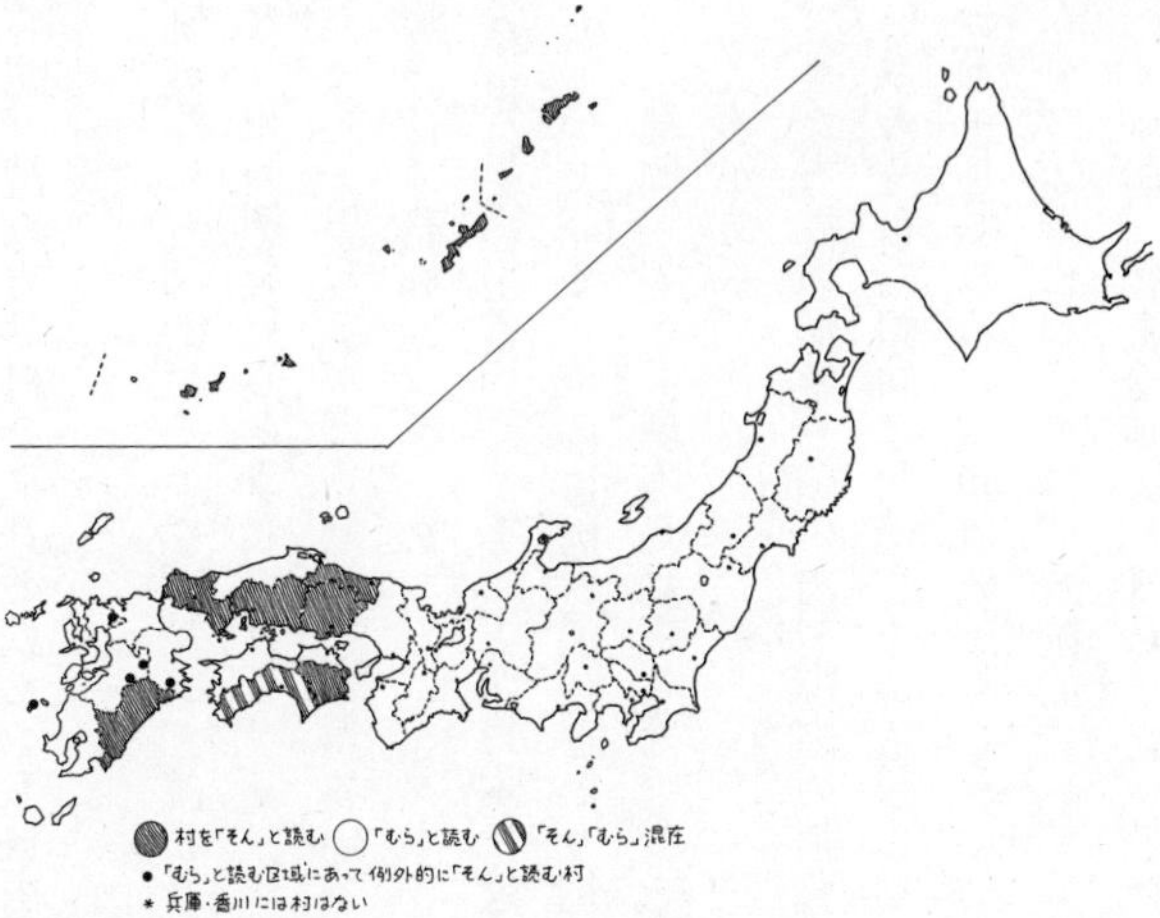

を「人名漢字」で規定しているにもかかわらず、読み方は白をクロと読んでも自由だからだ（戸籍に読み方は記載されない）。

また、これは西日本の話だろうが、町村制の際に意図的にチョウ・ソンと読ませたという話も、鹿町町《しかまちちょう》とか大町町《おおまちちょう》のような九州の例を見るとうなずける。

ここで思い出した余談が、「マクドナルド」を学生たちがどう略して呼んでいるか、という永瀬治郎氏（専修大学教授）の調査だ。略称は「マック」と「マクド」の2種類に分けられるそうだが、その分布は東日本が主に「マック」、西日本は近畿、中国、四国あたりは「マクド」が中心となっている。全体に両者混在という地域もあるが、西日本にも「マック」が飛地的に福岡、熊本、鹿児島にあるなど、どこか「マチ」と「チョウ」の分布に通じるところがある。

このことはマクドナルドに限らず、さまざまな方言の形態や、牛肉・豚肉の消費傾向、そばつゆの味など、食文化などについても分布の傾向は共通しているらしく、マチ・チョウ問題をそちらの方面からアプローチしてみるのも面白いかもしれない。

ついでながら「村」をムラ・ソンのどちらで呼ぶかについては、全国的に見てムラが圧倒的に多く、ソンと読むのは島根を除く中国、徳島全域と高知の一部、宮崎県とその他ごく一部の九州、そして沖縄の全域だけだ。それでも村自体が最近は少なくなっているから、傾向を探るにはサンプル不足かもしれない。ちなみに平成15年（2003）末の時点では、兵庫・香川両県には村が1つもなく、神奈川、京都、大阪にはそれぞれ1村のみであった。

平成の大合併での変化としては、村が1つもない県が栃木・石川・福井・静岡・三重・滋賀・広島・山口・愛媛・佐賀・長崎の11県を加えて計13県になったことに加え、青森県おいらせ町《ちょう》、石川県宝達志《ほうだつし》水町《みずちょう》・能登《のと》町《ちょう》が誕生するなど、これまで「まち」だけであった県に、「ちょう」が進出する変化が起きたことである。

市町村内の町はどうか

それでは市町村内の「町」をどう読むかであるが、こちらはさらに膨大な数が全国にひしめいているので、傾向をつかむまでには至っていないが、自治体名とは異なる歴史があるので、そちらから手を着けてみよう。

町とは何か、という話は別のところで述べたので省くとして、近世以降の城下町における居住地といえば、おおむね町人の住む町と武家屋敷の2種類があった。このうち武家屋敷については江戸期の江戸の町には正式町名がなく、明治になって通称地名を町名としたり、町人町と合併という形で町名が命名されたところが多い。

町人の町には、いわゆる「職人町」がある。鍛冶町、大工町、紺屋町などがそれだが、これらをどう読むかといえば、これも洒落でなく「マチマチ」だ。東京の例でいえば、千代田区神田の鍛冶町や紺屋町、北乗物町などはチョウだけれど、新宿区牛込地区の細工町、簞笥《たんす》町はマチである。武家屋敷であった地域でも、牛込の矢《や》来《らい》町や千代田区の一番町、紀尾井町などはチョウだが、御徒《おかち》町（現在は駅名のみ）、大手町はマチと、やはり統一されていない。

地方都市を見ると、仙台や和歌山などでは本来、武家屋敷の「丁《ちょう》」と町人の住む「町《まち》」を字で区別していたのだが、仙台については以前「丁」であったところが住居表示の実施で「町《ちょう》」とされたために、せっかくの明快な区別が失われてしまった。同市には今なお小田原金剛院丁《おだわらこんごういんちょう》、東七《しち》番丁、保春院前丁《ほしゅんいんまえ》などが生き残っているが、今後は大丈夫だろうか。

大阪・京都のマチとチョウ

大阪では、東西の通りを「町通り」、南北を「筋」と称する話は前に取り上げたが、それでも大阪市内の「町」すべてがマチと読まれるわけでもない。そこで大正2年（1913）に発行された大阪市街地図に掲載されている版元（和楽路屋《わらちや》）の「代序」の解説を引用してみよう（引用者が新字に直し、適宜改行・句読点追加を行った）。

大阪市内の町名を呼ぶに「チヤウ」と音読するものと「マチ」と訓読するものとあり。船場・島の内にては「チヤウ」と読むは上難波南、同北の町、大川、宗右衛門、久左右衛門の数町に過ぎず、其余は皆「マチ」と読み、其他の方面にては大概「チヤウ」と呼び「マチ」と唱ふるは天満上町南地等に於て僅《わず》かに左の数町耳《のみ》なり。

曰く常安、堂島北、船大工、富田、伊勢、綿屋、南森、北森、大工、河内、壺屋、同心、空心、与力、樽屋、龍田、旅籠、野田、片、こく島、谷、内平野、内淡路、豊後、糸屋、南新、北新、うめ本、鎗屋、常盤、両替、和泉、うへ本

（引用者注・上本町）、瓦屋、東平野、餌差、寺、上綿屋、元、関屋、坂、東櫓、西櫓、新町等なりとす。

然《しか》して筋の称あるは南北の町に極まり通りの号有るは東西の町に限れり故《ゆえ》に地名を指すには「本町通り心斎橋筋東へ入る」等と云ふを例とせる也。（和楽路屋主人述）

わずかに数町といいながら延々とリストアップしているが、これらの町名もだいぶ消滅してしまったのは残念だ（このうち現在は「チョウ」と読むもの、また「チョウ」が正式であったと思われるものも一部含む）。また最後の一節によれば、当時は「本町通り心斎橋筋東へ入る」という京都風の住所の表わし方を用いていたらしく、京都だけが特別ではなかったことがわかる。ちなみに堺市や名古屋市でもこの方式は行われたそうなので、碁盤目の計画都市にあっては「京都式」はかなり一般的だったのではないだろうか。

京都といえば、細かく町割りされている京都旧市街の各町は、圧倒的にチョウである。ただし、面白いのは京都でも「町通り」はマチなのだ。「時代」の名になっている室町通をはじめ、河原町通、寺町通、丸太町通など、いずれもマチと読む。京都ではいくつものチョウを貫いている「町通り」がマチであって、細かい町はチョウであってマチではない。

筆者も以前、京都の学芸員の方にお話をうかがっていて、細かい個々の町を「マチが……」と言ったら話が噛み合わなかったことがある。やがて「ああ、チョウですね」と納得されたので、マチとチョウとは、厳密に区別されているのか、と理解した次第だ。

ここからは私事の余談になるが、筆者は以前、東京都小金井市中町に1年間住んでいたことがある。しかし奇妙なことに最後まで「なかまち」か「なかちょう」か知らずに引っ越しを迎えてしまった。これは不便を感じる場面がなかったからだろう。他人に住所を説明するときはどちらでも書ければいいわけだし、地元の人との話の中で「なかまち」と誤って発音しても訂正してはくれなかった。実は「なかちょう」が正しいことを知ったのは、引っ越しから15年経って、この原稿を書くに際して確認したのが最初だ。

仕事柄、各地で地名に関する取材をすることが多いが、マチとチョウを間違っても、わざわざ訂正してくれる人はほとんどいない。欧米人などにとっては信じがたいことかもしれないが、漢字文化圏にはそんな曖昧な部分もあっていいのだろう。また、「どちらも正しい」という町があってもいい。

実際、権威あるとされる地名辞典にも、どちらか決めかねている場合がある。たとえば『角川日本地名大辞典』の凡例には〈町（まち・ちょう）、山（さん・やま）などの読みについてゆれのある場合は、一律に音読の「ちょう」「さん」に統一した。〉という記載がある。だから地名辞典といえども、これが絶対に正しいなどと信じ込んではいけない。チョウとマチの問題は、それほど簡単に結論が出るような話ではないのである。

おわりに――明日の住所のために

これまで国内外のいろいろな住所を見てきたが、その仕組みと地名のあり方の両側面で、それぞれ国や地域の歴史に基づいた伝統的な「住所」、もしくは歴史から断絶した新しい「住所」が存在することがおわかりいただけたと思う。

「住居表示」は本当に最適の方法か

東京や大阪、名古屋をはじめ、全国の都市部でもっとも一般的に行われている方式が、住居表示法に基づく「住所」の表示なのだが、これは昭和30年代に各方面の「英知を結集して」研究された結果である。日本の都市構造をよく把握し、その中で住所を表示するのにもっとも適したものとして、デビューしたはずだ。

しかしこの国のスタンダードとなった「住居表示」は、本当にわかりやすい表示だろうか。住居表示の実施率の向上により、わかりやすくなったはずの都市でも、相変わらず各地で、タクシーの乗客は行き先についての道案内を余儀なくされている。

法政大学の森田喬教授（日本地図学会会長）は、40年以上も前に発表した論文のなかで、大略次のように指摘している。

「地図を多用する都市計画担当者は、どうしても鳥瞰図《ちょうかんず》的な秩序認識に陥りやすく、線形行動をとる人間、つまり道を歩いて移動する生身の人間の視点が欠落する」

言われてみれば当たり前のことであるが、なかなか当事者は気付かないのだ。晴れ渡った秋空なのに、役人は外へ出るのではなく、机上の地図を前に考える。よーし、この古臭くてわかりにくい町に、整然とした丁目や番号を付けてやろう、と。地図を目の前にした都市計画担当者は、もう王様の気分である。私はこのマチに秩序を与えるのだ。

しかし机上で考えられた番号は、しばしば不便を引き起こした。

鳥瞰図的な視点による秩序

ずっと前から指摘されていることだが、欧米のストリート方式の住所（住居表示）はわかりやすい、という。パリの小学校では、日本のように家庭訪問のための地図を生徒の親に描かせたりしない、という話も森田氏の論文に紹介されていた。なぜなら通り名と番地がわかれば、ほぼ確実にたどり着けるからだ。

なぜたどり着けるか。氏によれば、それは地を歩く人間が頼るべき軸線が、都市の中に存在するためである。要するに名前の付いた道路があり、都心を起点に、たとえば左が奇数、右が偶数で、番地が順に並んでいれば、訪問先までの距離や方向の把握が容易ということだ。

しかし、振り返って日本の住居表示実施地区では、ひとつの「丁目」というブロック（伝統的な丁目を除く）内に、どのように番地（街区符号）が付けられているかは、その市の「住居表示実施基準」を閲覧するか、市街図を凝視してその法則を導き出さない限りわからない。実際に歩いてみれば、目の前に次々と現われる番地プレートの数字はランダムなものでしかないことが多いのだ。

しかし、都市計画者は満足だ。机上の地図にあっては、蛇行する街区符号は総務省のマニュアル通りに、実に整然と「秩序立った」並び方をしている。町境の線も従来の家々の背中を通すのではなく、道路に沿って一直線に引かれ、整然たる秩序構築が実現した。道路のまん中に定規を当て、ためらうことなく直線を引くのが快感であることは確かだろう。

だが通りを歩く人間にとっては、道路の右と左で町名が異なれば違和感を覚えることもある。ましてや、代々そこに暮らし、何十年という付き合いの向こう三軒両隣の家とは、たとえば同じ山車《だし》を引っ張り、共に大売り出しを立ち上げる関係であればなおさらだ。町は、ただ線を引いて分割し得る物理的なブロックではない。同じ氏神を祀《まつ》り、冠婚葬祭など生活全般にかかわる精神的な単位であり続けてきたのだから。

碁盤目の計画都市・平安京も、創建当初は道路で区切られた街区ごとに「右京三条四坊二町……」などと住所の表示をしていた。しかし後世になるにつれて、通りの両側で1つの町、という形に変貌してきたことはすでにふれた。近世城下町になると、全国ほとんどがこの「両側町」のタイプである。

全国一律に整理する必要があったのか

城下町に限らず、日本ではこのような両側町が非常に多く、そこに住居表示法の「街区方式」を導入すれば、いたずらに伝統的な町割りを混乱させるのは当然だろう。住居表示実施にあたって、全国各地の都市で反対運動が起こったのも当然であった。そもそも、日本全国いろいろな歴史の積み重ねを経た千差万別の顔をもつ市街地を、ただ一片の条文で画一的に整理しようというのは、実に乱暴な話ではないだろうか。

画一は役所の専売特許でもあり、市町村レベルになると、さらに愚直に基準を守ろうとする担当者が現われるのは世の常である。たとえば「道路や河川、鉄道を境界にせよ」を守り、それまで自然に尾根を境としていた町を、谷沿いの道で区切ってしまった市がある。すぐお向かいの家が他の町で、山を越えた向こうの家と同町内になった、などという笑い話が実際にあるのだ。

それではどんな住所がいいのか

日本の市街地でもすべての道路に名前を付けて欧米式にやるのがいいのだろうか。大ロンドン市にはざっと5万に近い通り名が存在するが、東京にもそれだけの通りに名前を付けるべきだろうか。そうすれば、誰もがわかりやすい町になるだろうか。

しかし、これは違うだろう。やはり日本の伝統的な地名のあり方や住所の仕組みからあまりに逸脱することになってしまう。それでも旧城下町など、かつてはロンドンの「通り」規模に相当する小さく細長い町がいくつも存在したし、現存する都市も多い。大阪の道修町などは、通りの両側が同じ町で境界が背中合わせ、という「背割り」のまま住居表示を実施した。「街区原理主義（？）」の住居表示法の下でも、やる気さえあれば、地元の実情に合わせた形に調整できるのだ。

また丁目の項目で紹介したように、青森県十和田市の中心市街地の「番町」の並び方は、独自のわかりやすい方式になっている。「町名地番整理」にしても、不動産登記事務取扱準則には「場合によっては、地番は適宜に定めてよい」とある。工夫次第で、訪問者にも居住者にもわかりやすい地番の整理は可能なはずだ。

町の適正規模を考える

住居表示法施行後、各市町村は旧自治省（現・総務省）の示した雛形《ひながた》とそっくりの「実施基準」を定め、町の適正規模も「住宅地なら○ヘクタール、商業地は○ヘクタール」などと明文化してしまった。そのため小さな町は統廃合を余儀なくされ、逆に山の中に場違いな「丁目」をいくつも設定した市もある。

そもそも住居表示システムを考えた人たちの頭の中には、「小さな町＝わかりにくい」という固定観念があったようで、特に町域の狭い城下町の各町は狙い撃ちにされた形となった。しかし彼らが掲げた住居表示のそもそもの目的といえば、「錯雑してわかりにくい地番の解消」ではなかったのか。

ところが地番の錯雑は、小さな町では筆数が少なくて起きにくく、むしろ広大な面積をもつ町・大字に顕著な問題点であったはずだ。論点はなぜかすり替えられてしまったのである。地番のケタが大きく支号が錯綜した大字は、旧小字を用いるなどして適当に分割することこそが、「無形文化財」た

昔なつかしいホーロー看板

る地名を後世に伝える点でも有効な手段であり、かつ合理的な住所の表示の実現になったのではないか。

住居表示法に基づいて「望ましい適正規模」に改造された結果が、たとえば東京の赤坂であり本郷であり、名古屋の栄、大阪の東心斎橋や南船場である。どこまで行っても同じ町名で、丁目以下の数字が変化するだけだ。かくしてタクシーでは乗客が道案内を強いられ、訪問者はいつまで経っても住所を覚えられない（人間は数字を覚えるのが苦手だ！）。

筆者は、赤坂や本郷の旧町こそ適正規模であったと考えている。「適度に細かく区分された町名＋おおむね2ケタの番地」というのは空間認識しやすく、覚えやすい。たとえば「文京区春日1―16―21」（文京区役所）より「新宿区矢来町71」（新潮社）の方が、確実にわかりやすい住所ではないか。だいたい、ハイフンを2つも使って数字をつなぐという形そのものが、ナンバリングとして非効率であり、不格好であり、印象にも残らない。

歴史的な小字地名を活用すべき

都市近郊では規模の大きな大字が丁目割りされ、住居表示や町名地番整理が行われることがあるが、もとは農村部だった地域が多いため、1つの町名が広大な領域をカバーすることになる。これも前述のように適正規模とは言えない。これらの大字も、もとはたくさんの小字に分割されており、明治初期の地租改正時に改変されたとはいえ、数百年以上の歴史をもつ小字地名は多い。

これらの眠っている、または消えてしまった小字の地名を活用するのである。小さな谷ごとに名付けられた小地名は昔の地形や生業、土地利用を語っており、それらを生かすことは地域の歴史への興味を引き出し、郷土への愛着を高める効果があるだろうし、また広大な領域をただ丁目で区分するより、はるかに地点を特定する能力が強いはずだ。

旧小字名などを利用して平成元年(1989)に住居表示を行った唐津市

たとえば「西山五丁目5―12」よりも、小字の「薬師堂」を生かして大字・小字連名の「西山薬師堂5―12」とするのである。小字地名の活用により歴史は継続され、かつ地点特定の「地名力」もアップするという一石二鳥だ。

団地の住所も小地名活用で便利に

団地やマンションが林立する地区は大都市圏などでは珍しくないが、これらの住所も「西山三丁目31―7―301」のようなタイプが一般的だ。31が街区符号、7が住居番号（ここでは棟番号）、301が室番号であるが、団地は一般的に街区が広く、棟そのものに1街区以上の世帯が集まっているのだから、街区符号はなくてもいいはずだ。それだけでこの住所は「西山三丁目7―301」とできる可能性が高い（このように実施している自治体もある）。また小字を復活させて、これを棟そのものの名前にしてしまい、「西山坂上301」みたいなことも工夫次第でできる。

人間サイズの小地名継承こそが「便利」

自治体合併に際してこんなことが言われる。明治町村制の頃は歩く行動範囲での自治体で十分だったが、今はみんなクルマで移動する。十数キロ四方程度の自治体が望ましいのだ。だから町名にしても、小さな地名がゴチャゴチャあれば不便なんだ、と。

何となく納得させられてしまいそうだが、この日本で、隣家へ行くのにクルマに乗るような場所に住む人がそんなに多数を占めているだろうか。都市の旧市街の古い商店街ではシャッターを降ろしたままの店が目立つが、それを放置して郊外型大ショッピングセンターで十分、とする人には、地名など「ただの符号」でいいのかもしれない。しかし、そんな「都市」に成り果ててもいいと思う人は少ないと信じたい。

なるほど、全国各都市と同じような駅ビルから、ありふれたアーケードを2分歩いた「中央三丁目」のファストフード店で、全国共通マニュアルで作られたものを食べ、テレビに登場する人と同じような格好をして歩き、全国チェーンの居酒屋で飲んで……という暮らしには、細かい地名など不要だろう。

でも、その都市ならではの名産を眺めながら個性的な商店街を歩き、地方特有の造りの家を見上げつつ、独特な潮風や山の気配を感じながら散歩したい人には、やはりその地方で何百年続いてきた地名と通り名を尊重した住所の表示が、ぜひとも欲しいところではないか。

「地方の時代」などと言われながら、東京への極度の集中——東京の「キャリア階層」の作成したマニュアルに過度に依存する時代が出来上がってしまっている。旧自治省（現・総務省）主導の住居表示がまさにそれである。でも地方には、地方のやり方があるのではないだろうか。

地名や住所のあり方も、それぞれの地元の人たちが自分たちの地域の歴史を学び、それを大切にしながら継承し、かつ訪問者がたどり着きやすい住所の仕組みを考えていく。町の適正規模も、旧自治省（現・総務省）の雛形など参考にせず、その土地の歴史や現状をよく考慮して検討されるべきだ。住居表示法を完全に黙殺して伝統的町名を守った京都市は、その点では実にアッパレである。

市街地の地名をみんな「中央」と名付けてしまった都市でも、遅すぎることはない。カネとヒマはかかるだろうが、自らの大切な拠り所である地名を取り戻そう。

金沢市などでは、ついに旧地名を一部復活させるところまで来た。
豊かな地名と個性あふれる住所で、宛名を書きたいものである。

外国都市の通りと番地

外国の、特に欧米の都市の住所が「通り名と番地（ハウスナンバー、以下便宜的に「番地」と表記する）」で成り立っていることはよく知られている。

しかし、通り名のあり方やナンバリングについては、国や地域により、さまざまな相違があることに気付く。早速、各国の都市をいくつか挙げながら、それぞれの「住所」の方式とその特徴を観察してみよう。

パリ

あらためてパリの地図を見ると、広場から放射状・一直線に街路を貫く道路が非常に多いのに気付かされるが、これは皇帝ナポレオン3世時代のセーヌ県知事オースマンが、強権発動で通した道路が非常に多い。

1785年の旧パリ市城壁内（現在の市壁より一回り内側）には総延長384キロの道路があったが、オースマン知事時代にこのうち50キロの古い道路を廃止、95キロの新しい道路が作られた。この時に並行して上下水道、ガス灯、乗合馬車の交通網などが整備されている。20の区（アロンディスマン）が設けられたのもこの時だ。

パリが整然たる街並みと完璧な上下水道を持ったのはオースマンの都市計画のおかげと評価される一方、ヴァルター・ベンヤミン（1892－1940）は『パサージュ論』で、オースマン知事の開いた新しい道路についてこう指摘している（岩波現代文庫『パサージュ論』第1巻、今村仁司・三島憲一ほか訳）。

オースマンの事業の真の目的は、内乱に対してこの都市を守ることであった。彼はパリ市内でのバリケードの構築を未来永劫にわたって不可能にしようとしたのだ。（中略）エンゲルスはバリケード闘争の戦術に取り組んでいるが、オースマンはこれを二

パリの抜け道「パサージュ」の入口

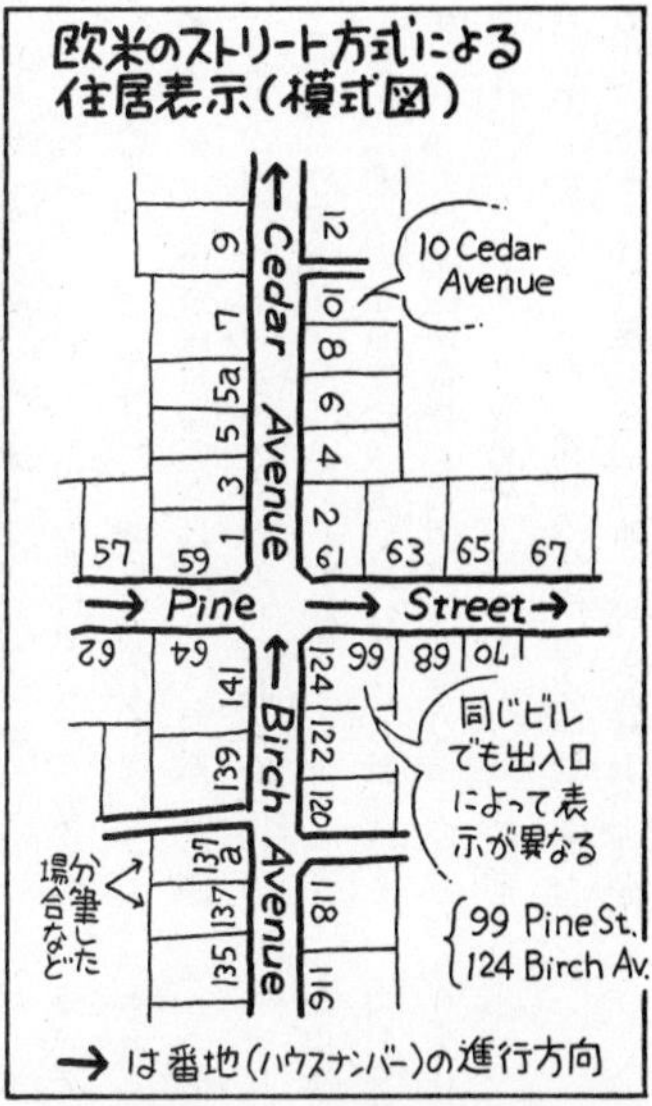

17、19、21 番地を占めるビル（パリ・フォーブル・サントノレ通り）

分筆すると bis を付ける（パリ・モンマルトル）

重の方策で阻止しようとする。つまり、道路の幅を広げて、バリケードの構築を不可能にし、兵営と労働者地区を最短距離で結ぶ新しい道路を作ろうとするのである。

セーヌ川を基準に番地が進む

それはともかく、パリの住所についてはガイドブックなどにも載っていて有名だ。特に番地の並び方に法則性があるので、これはよく紹介されている。

原則は簡単だ。セーヌ川に並行する通りの番地（ハウスナンバー）の進行方向は流水方向と同じであり、セーヌ川に直角な通りは川に近い所から外側へ番地が進行する。番地の進行方向は基本的にこの2原則だけである。

番地は通りの左右で奇数と偶数に分けられているが、パリでは左側が奇数、右側が偶数となっている（例外があるかもしれないが、今のところ筆者は発見していない）。なお、建物の規模の違いなどのために、たとえば11番地と12番地が向き合わず、11番地と20番地が向き合うようなことも当然のように起こる。また大きな建物で複数の会社や個人宅が同居していて別々の出入口がある場合、また敷地を分割して別の建物ができた場合などはbis（「再び」「重複」の意）をつけて5bisのように表わす。

パリの区名は固有名詞ではなく、1から20までナンバリングされ、中心部のシテ島のある1区から時計回りにカタツムリのような巻き方で20区まで順に進んでいく。区といっても日本の政令指定都市の行政区よりはるかに狭く、郵便の宛名では区名が省略されることが多い。

このため、住所の表記は日本の大都市のように長くはない。たとえばパリ北駅は第10区にあるが、「パリ市モーブージュ通り112」（110 rue de Maubeuge 75010 Paris）と区名はふつう省略されている（75010は郵便番号である）。

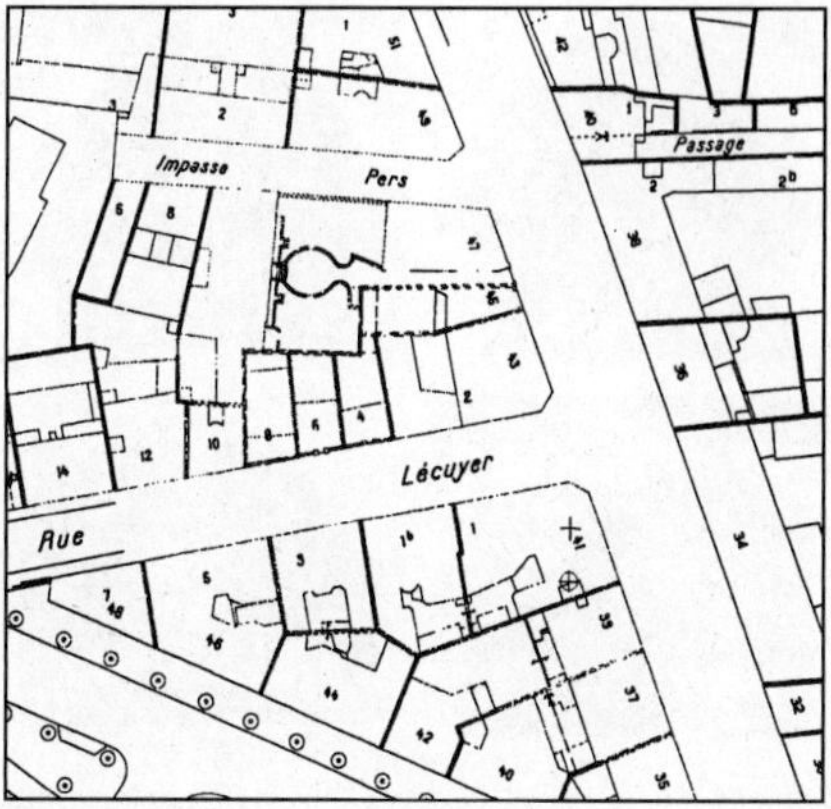

パリの地籍図に示されたいろいろな通り（rue、passage、impasse）。番地は進行方向左側が奇数で統一されている

リュ、ブールヴァール、パサージュ

このリュ rue というのが一般的な通りで、わりと広いものから小路まで最も多く使われている。広い通りだとブールヴァール boulevard がある。強いて訳す場合は並木道とか大通りとなるが、もともとこの言葉は城郭都市における「土塁《どるい》」の意味があり、何度かにわたって旧城壁を取り壊して市街を拡張したパリ市では、その土塁の跡地にこのブールヴァールが作られた。もう一つの大通りがアヴニュ avenue で、こちらも「並木道」が多いが、どこか主要な建物などの「目的地へ向かう通り」という意味がある。

なお、袋小路はアンパス impasse というが、クルマの通れないほどの狭い路地や、19世紀初頭から盛んに作られた鉄骨ガラス張りのアーケードに「パサージュ passage」と呼ばれる、抜け道的な通路がある（319ページ写真）。東京なら中野サンモール、西日本なら「銀天街」の狭いものを思い浮かべていただければいいだろう。

「庭園の並木道」という allée も路地に用いられる

パリ市内の通り名プレート。右上：キャプシーヌ大通り（Boulevard)、右下：セレスタン河岸、左上：バルザック通り、左下：シャンゼリゼ大通り（Avenue)。各プレートの上部の数字は区名を示す

ことがある。なお、Allee はドイツでは広い並木道としても用いられるので要注意だ。また、アンパスでなくても、ヴィラ villa やシテ cité と呼ばれる小路もあるし、地図を詳細に見れば「抜け道」であるはずのパサージュの中にも袋小路が結構たくさんあるなど、長い歴史の積み重ねの中での変化があって単純に定義することはできない。なお、セーヌ川や運河に沿った道路（河岸）にはケ Quai が用いられ、日本では「○○河岸」と翻訳される。

城壁都市の名残り――フォーブール

城壁を「脱皮」しながら成長してきた都市の名残りというべき通り名もある。たとえばフォーブール Faubourg の付いた通り名がそれだ。フォーブール・サントノレ通り、フォーブール・モンマルトル通り、フォーブール・サンドニ通りなど8本の通りがあるが、これらはすべて都心部に近づくと、ある時点でフォーブールなしのサントノレ通り、モンマルトル通り、サンドニ通りに変身する。この変身地

ロンドン・ウェストミンスター地区の通り名プレート。「通り」といってもさまざまで、右下のミューズは「厩舎の通り」に由来する。WC2などの符号は郵便の区画

点が前述のブールヴァールとの交差点なのだ。

ここまで書けばおわかりと思うが、フォーブールは「城外」を意味し、だから城壁跡の環状のブールヴァールから内側に入ると名前が変わるのだ。また時代的に最後の、すなわち最も外側の城壁跡を走っている環状高速道路沿いには、見事にポルトPorte（門の意）○○という地名が連なっている。これらはみんな城壁都市の出入口であった名残りだ。地下鉄の駅もこの城壁跡と交差する地点の駅はほぼ例外なくポルトが付いていて、そんな駅が全部で23もある。

ロンドン

紀元前63年から記録に残っている古代ローマ帝国の都市「ロンディニウム」を起源とするロンドンは、やはり長い歴史を経ている古都だけあって街路は混沌としている。

パリのオースマン県知事時代に行われたような、

強権的かつ大規模な都市改造が行われなかったため、道路網はあちこちで曲がりくねり、ローマ時代そのままの道が今なお存在するほどだ。だからシャンゼリゼのような直線的な大通りは見当たらない。地図を眺める限り、東京よりもロンドンの道路網の混沌の度合いの方が相当に勝っているようだ。

「通り」はストリート street を称するものが主流とはいえ、パリよりさらにバリエーションが豊富だ。渡辺和幸氏の労作『ロンドン地名由来事典』（鷹書房弓プレス）には、それらがわかりやすく説明されているが、これを参照しながらそれぞれ見ていこう。

通りの種類あれこれ

①ストリート street

元来はローマ人の作った道、すなわちローマン・ロードを意味した。小石を敷き詰めた舗装道路であり、それが舗装された主要街道を指すようになり、後世に至って小さな道にも用いられるようになった。古くは strete などと綴ったこともある。

②ロード *road*

road という語は17世紀初頭までは「馬に乗ること」「騎馬による旅」の意味で使われていた。今でも馬やバイクに「乗る」という動詞 ride は同系である。このため、通り名として用いられるようになっても「馬に乗って旅をするような道」のニュアンスを伴っていたという。だからエッジウェア・ロードといえばロンドン北部近郊のエッジウェアへ向かう街道、などのように、ある程度の距離のある道路として用いられていることが多い。

またテームズ川の橋に通じる道もそう呼ばれることが多いようで、たとえば「タワーブリッジ・ロード」などが現存している。

③レイン *lane*

狭い通り、曲がりくねった通りを本来は意味していた。中世ではストリートより狭い通りにこう名付けられたという。しかし時代の流れでその区別は曖味になり、広いレインや狭いストリートが登場してくるのは、いずこも同じだ。江戸時代の大坂（大阪）では東西の「町通り」が表通りであり、南北の「筋」はそれらを結ぶ「横道」に過ぎなかったが、明治以降に御堂筋や心斎橋筋などの立派な「筋」が登場し、原則通りではなくなっている。

シティにはブロード（広い）・レインなどという形容矛盾のような狭い道もある。いや、レインにしては広いという意味かもしれない。

④ロウ *row*

もとは「家並み a row of houses」の意味であり、片側または両側に家並みのある、比較的狭い通りを指した。ロンドン国際空港のあるヒースロー Heathrow のロウである。実態としてはクルマが通れるものもあれば歩道専用もあって、一概に規定できない。

⑤アヴェニュー *avenue*

日本の「通り」を英訳表示する場合、Yasukuni-dori Avenue などと、比較的広い道路にはアヴェニューが用いられている。イギリスでは基本的に「並木が両側にある立派な道」であり、辞書にも並木道である旨載っているのだが、必ずしも並木があって、しかも広い通りであるわけでもない。パリの項で説明したが、もともと「〜へ向かう道」というラテン語系統の言葉であり、ロンドンでも18世紀末から使われ始めたという。

⑥パッセージ *passage*

文字通りの「通路」であるが、教会や居酒屋などへの「通路」となっていることが多く、実際にはパリのパサージュと同様、たいていはクルマの入れない抜け道であるようだ。

⑦ウェイ *way*

古代ローマの軍用道路に用いられたというが、自然に踏みならされてできた道を指すので、実際の用例としては大小さまざまな道にこの名が付けられている。ブロードウェイといえばニューヨークの目抜き通り（この街で最も古い道でもある）であるが、大ロンドン市内には同名の通りが6本、Theが付いたのが約20、ブロードウェイ・アヴェニュー、ブロードウェイ・プレイスのような複合モノを含めれば、全部で40本近くあるという平凡な通り名である。

ロンドンでも「○○台」は売れる

「通り」と訳せるのが主なものでこれだけあるが、他にもコートcourtやヤードyardなど「空き地」や「中庭」を起源とする通りがあり、またやはり庭系統でガーデンズgardensという植え込みに面した通りがある。ガーデンズは「閑静なお屋敷町」というイメージがあるため、宣伝効果を狙って名付けられたものも多いようだ。他にも公園内や外周の道などを指すウォークwalk、木立に面したグローヴgroveなど種類は多い。

ヤードといえば、ロンドン警視庁の代名詞であり、元の所在地であったスコットランド・ヤードもその一例である。緑地関連の名が好まれるのは洋の東西を問わないらしく、グリーンgreenというのも郊外の住宅地の小路によく使われている。

坂道になるとヒルhillがあり、周囲より少し小高い通りにはテラスterraceも用いられている。こちらもやはり日本の「○○台」のように不動産会社のイメージ戦略に利用された。金持ちが高いところに住みたがるのは、南米ボリビアの首都ラパス（空気が濃い低地が好まれる）を例外として、どこでも共通のようだ。川沿いでは堤防を意味するバンクbankやエンバンクメントembankmentがある。

袋小路を意味するものは多く、まず頻度の高いものではプレイスplace、それから前述のコートやヤードに加えてそのものズバリのクローズclose、「家へ入るための通路」を意味したアレイalley、それにヴィラスvillasなどがある。

ヴィラはもともと一戸建て大邸宅を指したが、こちらもその高級感から人気を博して増殖してしまい、徐々にその価値を下げてきたらしい。パリでも住宅

ロンドンのトランプ通り

地の袋小路によく使われる。このあたりも、「ヴィラ」とか「シャトー」をマンション名に乱発する日本と共通するものがある。なお、これら袋小路関係の通り名も、必ずしも袋小路でない場合がある。

四角い広場＝Square、丸い広場＝Circus

「広場」には形状に応じていくつかある。四角い広場のスクエアsquare、丸い広場のサーカスcircus、半月状のクレセントcrescentが主なもので、市街地図を見れば一目瞭然だ。これらの広場は四角い外周道路で中が公園のようになっているもの、植え込みはないけれどまん中がロータリー状に「安全地帯」となっていたり、記念碑があるものなど、大小もさまざまだ。有名なものでは、ロンドン随一の繁華街であるピカデリー・サーカス（地下鉄の駅名にもなっている）がある。

「通り」の種類についていろいろと例を挙げてきたが、何も付かないものもある。たとえばホルボーンとかピカデリーなど有名な大通りにもあるが、ホルボーンなどは14世紀まではストリートが付いていたのが、その後なくなった。

さて、この項でいろいろと引用させていただいた『ロンドン地名由来事典』だが、個々の通り名の由来など非常に興味深く、長い歴史を誇るロンドンならではの物語がぎっしり詰まった事典として、ぜひ一読をお薦めしたい。

２００年前と変わらない番地

ロンドンの番地（ハウスナンバー）は、産業革命期直前の１７３５年頃に住宅識別のために導入、徐々に整備されていった。１７９９年〜１８１９年に製作されたハーウッドHorwoodの詳細な市街地図（ロンドン地理協会London Topographical Societyが復刻）を見ると、この当時、番地は通りを往復する形で付けられている。つまり通りの片側を1番、2番……と順次振っていき、一方の端で折り返し、通りの反対側を戻ってくる方式だ。これはロンドンに限らずかつては欧州のスタンダードだったようだ。

現在のロンドンでもこの方式で付番された通りは非常に多く、それらの通りでは分筆や合筆はあっても、基本的には200年前とまったく変わらない番地であるのは感動的でさえある。ただし、いくつかの通りを合併して新たに命名された通りでは、付番がパリなどと同様に左が奇数、右が偶数となっているし、郊外の比較的新しい通りなどもその方式が多いようだ。

大ロンドン市全体で5万に近い通りがあり、その割合は未調査だが、だいたいの傾向としては、19世紀以前からあるような古い通りは「往復型」、比較的新しい通りが「左右型」である。ただ時期の古い「左右型」では右が奇数という例もあって、道路網と同様、一筋縄で行かないのがロンドンの通りである。振り返ってみると東京の番地事情もまったくそうだが。

マンハイム

半円形の中に碁盤目がある都市

マンハイムは、ドイツ南西端のバーデン・ヴュルテンベルク州の北西端に位置し、ライン川にネッカー川が合流する地点に大規模な河港を擁《よう》する、人口約30万の商工業都市だ。南北方向のライン河谷とフランスと南独ミュンヘン方面を結ぶ東西方向の交通の要衝でもあり、ドイツの「新幹線列車」インターシティエクスプレス（ＩＣＥ）が頻繁に発着している。

日本人の観光旅行先としてはなじみが薄いかもしれないが、「住所」の観点では、ドイツでもっとも有名な都市といっていい。ドイツの諸都市でもふつうはヨーロッパの通例に従って通り＋番地のスタイルで、これはベルリンでもミュンヘンでもハンブルクでも、その他の田舎町でも同様だ。そんなドイツ

マンハイムの街区表示板。下の数字は当該ブロックの１辺に存在するハウスナンバー

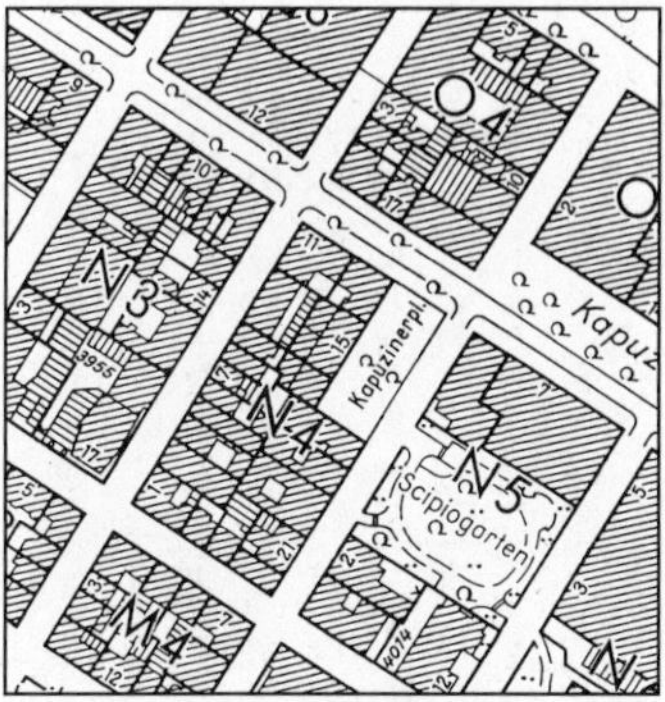

ドイツ・マンハイム市の地籍図。N5 などが日本で言えば「街区符号」、数字は１～２ケタが番地（ハウスナンバー）、イタリックの４ケタ数字が地番で、いずれも一部のみが表示されている

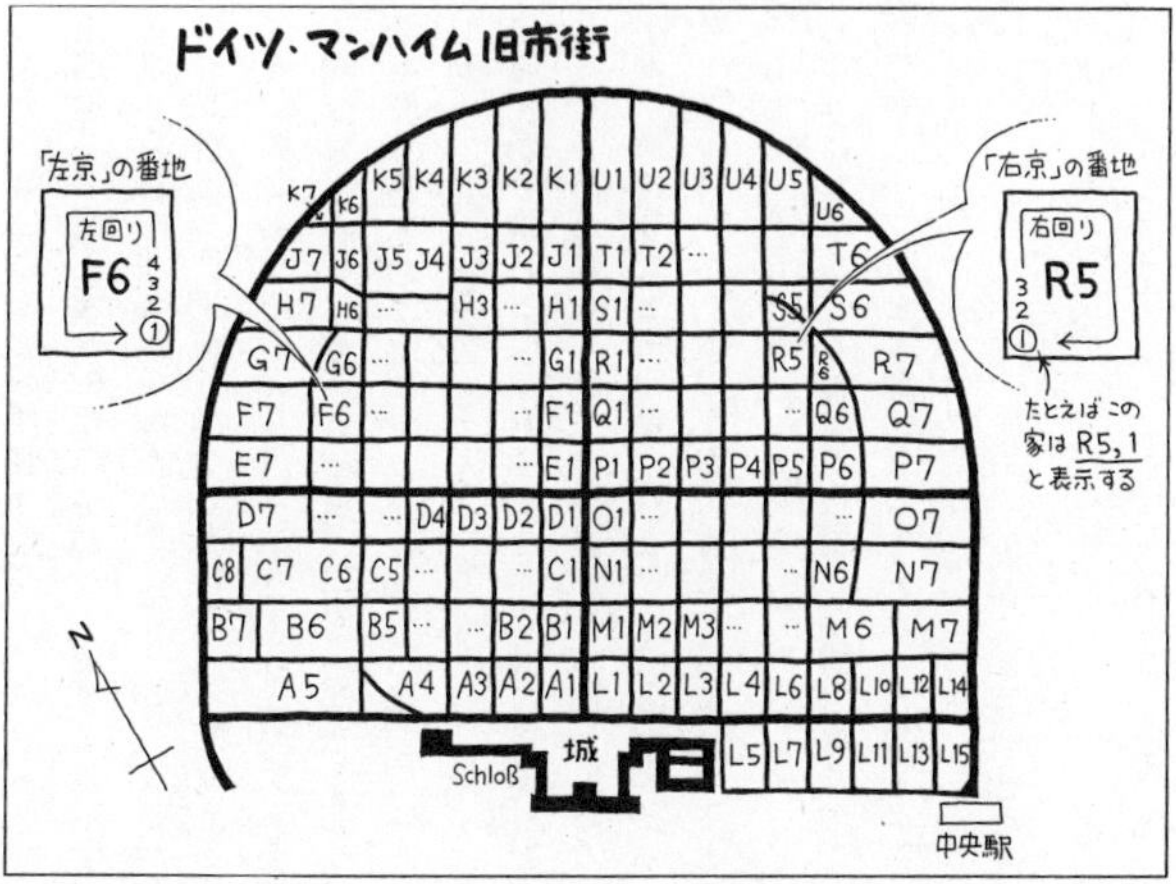

の都市の中にあって、非常に珍しい住居表示システムを用いているのがマンハイムなのである。

マンハイムは1606年以来の歴史を持った都市だが、1720年にプファルツ選帝侯国の首都となった。その際、城を中心とした半円形の中に碁盤目という独特な街路を持った市街地が建設されたのである。ドイツに「囲碁」はなかったので「チェス盤都市」（シャッハブレット・シュタット Schachbrett-stadt）または「方形都市」（クヴァドラーテ・シュタット Quadratestadt）と称されるようになった。

アルファベット+数字で住居表示

特別なのはその形だけではなく、当時からの住居表示にある。ここマンハイムでは、碁盤目に区切られた各々の街区に符号を付けている。ただし日本の街区符号のように数字だけではなく、アルファベットと数字を組み合わせて表わす。329ページの図を見れば一目瞭然だが、たとえばB列の1番にあれば「B1」、M列の3番なら「M3」という具合である（列・番はここでの便宜上用語）。

東西通りと南北通りの組み合わせで位置を表示するのは、京都や北海道の都市と似ているが、ここマンハイムでは「通りの交点」ではなく、面で捉《とら》える方式だ。城が最も南にあり（マンハイムは座標が全体に30度ほど右傾しているが）、城の正面から北へ伸びる電車通りのクアプファルツ通りを境に、「左京」がA〜K、「右京」がL〜Uと分かれ、数字はその通りから離れるにつれて大きくなっている。だからB1であればクアプファルツ通りに面しており、数字が7あたりだと旧市街の端ということがわかるのだ。アルファベットのIが欠番なのは数字の1と紛らわしいためだろう。

ちなみにマンハイムは城が市街の南側にあるので、京都の右京・左京とは逆になるので念のため。

広がらなかったマンハイム方式

その後に続く住居番号は数字だ。住居番号の並び方は、「右京」では街区の南西端を1番地とし、そこから北↓東↓南と右回りに一周する。これに対して「左京」は右京と線対称で、街区の南東端が1番地、北↓西↓南と左回り。日本の住居表示実施地区では、住居番号は街区の南東端など定められた地点（市町村により異なる）から右回りに10～15メートルの等間隔で振られた基礎番号（フロンテージ・第四章参照）によって付番するが、マンハイムは「戸番」なので、何番地まであるかは街区により異なるし、また欧州の他都市のように14番地が「14ａ」に分筆されることもある。

マンハイムの旧市街にある住宅や事務所などの住所はこんな具合だ。

R5, 6, D-68161, Mannheim（Dは国略号＝ドイツ、以下は郵便番号）

ただし、このマンハイム方式の独特な住居表示は他の都市には広がらなかったようで（どなたか他国に類例があればご教示いただきたい）、同じマンハイム市内でも、旧市街以外の周辺部は他都市と同様、通り名＋番地（住居番号）で表わされている。やはり数字とアルファベットのみという無機的な表示が、人間の感覚として馴染まなかったのではないだろうか。

なお、ヨーロッパの各都市と同様に、マンハイムでも住居表示と地番（不動産番号 Furstucknummer）は別で、たとえばマンハイム旧市街の「Ｊ7街区10番（J7, 10）」と住居表示された家の地番は旧市街３４５０番、マンハイム市内ネッカーシュタット地区の「ダム通り20番」の家はネッカーシュタットの52番地となっている。ドイツの「地番区域」はおおむね日本の大字程度であるようだ。また、旧市街以外の「通り方式」地区での番地（ハウスナンバー）の並び方は進行方向左側が奇数となっているが、まれに例外もある。

ベルリン

東西統一で変わった地名・変わらない地名

ドイツの首都ベルリンは、東西統一が行われた1990年以降、官庁街や新しい中央駅（レーアターー駅）をはじめ各所で再開発が進められたが、通り名はずっと昔のままという場合が多い。たとえば森鷗外の『舞姫』などにも登場するウンター・デン・リンデン（菩提樹の下の意）という旧東地区の目抜き通りも、番地に至るまで昔から変わっていない。

その一方で、「壁」の崩壊と東ドイツの消滅によって「社会主義国家功労者」の名の付けられた通り名が旧名に戻されるなどの改変は行われている。たとえばレーニン通りがランツベルク通り、ディミトロフ通りがダンツィヒ通りに、という具合だ。後者はいずれも都市名をとった伝統的な呼称で、本来は「その町へ向かう通り」であるが、欧州主要都市名オンパレードのパリ・サンラザール駅近くの例（ベルン通り、マドリード通り、モスクワ通りなど）のように、その都市と何ら関係のないものも多い。

本書では通り名の種類や由来などについて詳しく言及する余裕はないが、東ベルリン（もしくは旧東ドイツ全般）に特有と思われるものに「数字の通り」がある。たとえば「482通り（Straße 482）」などという類が今も多数存在するが、これらは郊外の住宅地に目立つ。他にもドレスデン北郊の現・アルバートシュタットには、旧東独時代にB通り、C通り、D通りなどアルファベット名の通りが並ぶ地区があったが、統一後にそれぞれシャルロッテ・ビューラー通り、エルゼ・ザンダー通り、メシュヴィッツ通りなどと固有名詞が付けられ、アルファベット名は現在では消滅している。

往復型の多いベルリンの番地

ドイツ諸都市の通りにおける番地の並び方は、おおむね番地進行方向の左側が奇数、右側が偶数であるが、ベルリンの通りの番地の並び方を詳細に調べ

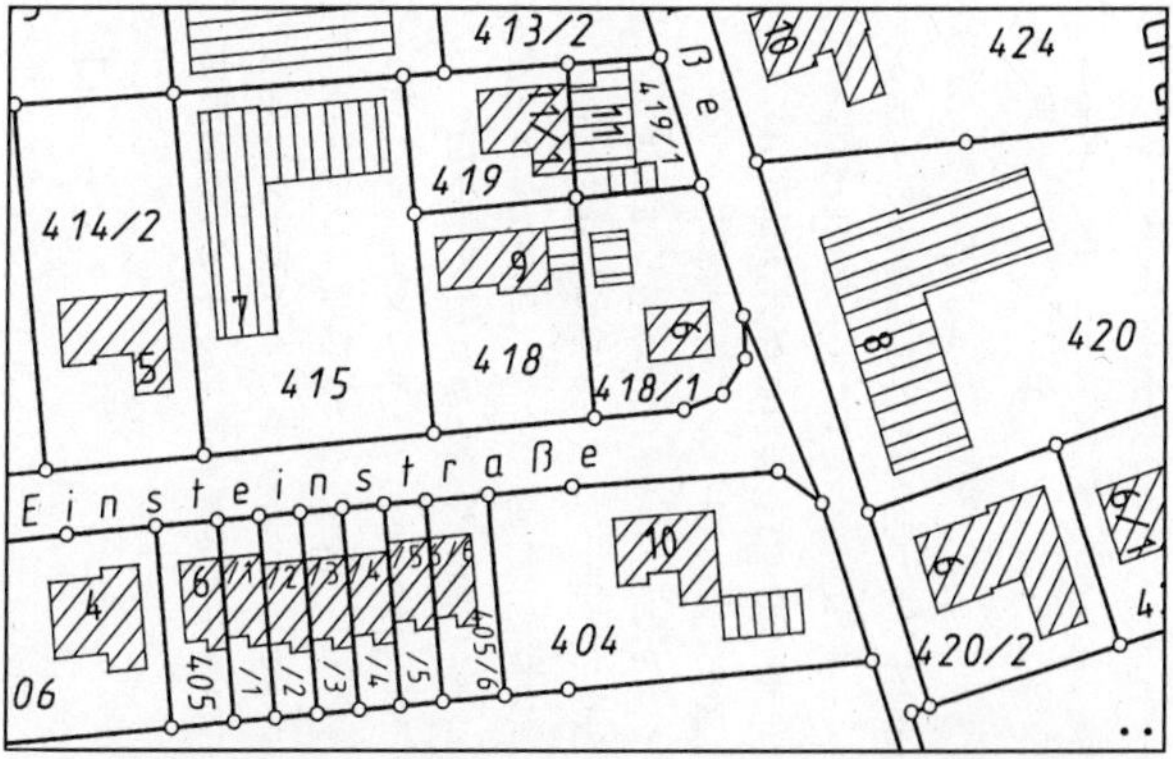

ドイツの一般的居住表示と地番。通りに沿って付けられる住居表示のハウスナンバー（正体の数字）と地番（斜体）がわかる。バーデン・ヴュルテンベルク州測量局作成 1:2,500 地籍図

ていくと、市の中心部ではほとんどが、道の左側を連続番号で進み、右側を折り返してくる「往復型」だ。前述のウンター・デン・リンデンでも、旧西ベルリンの代表的目抜き通りである「クアフュルステンダム（クーダム）」でも、その方式である。

この方式では起点（1番地）に近いほど道路の向かい側の番地がかけ離れているため（1番地の反対側はふつう末番となる）、7番地の道の反対側に256番地があったりするので、事情を知らない旅行者は迷うことになる。これはロンドンでも述べた通りである。

同じベルリンでも郊外では奇数・偶数を通りの左右に分けた付番が行われる率が高いようだが、少し古めの住宅地などでは、通例と異なって進行方向右側が奇数という地区もある。やはりここでも一筋縄ではいかないのだ。

ウィーン

放射道路とドナウ運河で番地が決まる

ベルリンと同じく古都でありながら、ウィーンの番地の並び方は整然としている。

市街地は、サンクト・シュテファン大聖堂を中心とする旧市街を取り巻く環状道路「リンク」（もと城壁があった場所）から道路が放射状に延びているが、これらはお行儀よく進行方向左側が奇数、中心に近い方が若い番号となっていてわかりやすい。また、それら放射道路に交差する環状方向の道路は、ドナウ運河の流水方向に沿って上流→下流の方向に付番されている。これはパリ市内のセーヌ川に並行する通りの番地の並び方と同じだ。なおプラッツ（広場）の番地は奇数・偶数に分けずに右回りしている。

オーストリアもドイツ語圏であるが、ウィーンの通りにはドイツで主流を占めるシュトラーセ Straße よりもガッセ Gasse の方が数では圧倒的に多い。ドイツでガッセといえばクルマの通れないような小路を連想するが、ウィーンでは幅員10メートル程度の広いガッセが至る所にある。またシュトラーセについては、例外も多いが、おおむねガッセより広い通りが多い。

ヴェネツィア

多様な「通り」の種類

ヴェネツィアという古都は周知の通り、ラグーン（潟《かた》）の浅海の砂洲の上に発達した特異な都市である。かつては強力な海軍を持ち、それに守られた多数の商船が地中海全体でいかに活躍したかは語るまでもないが、そんな中世そのままの都市景観が奇跡的に保存されていることで、ヴェネツィアを見ずに結構と言うなかれとばかり、今は世界中から訪れる観光客で賑わっている。

鉄道もクルマも砂洲都市のほんの入口までしか入

ヴェネツィアの狭い通り「ラモ」。右は鉄道駅の方向を示す表示

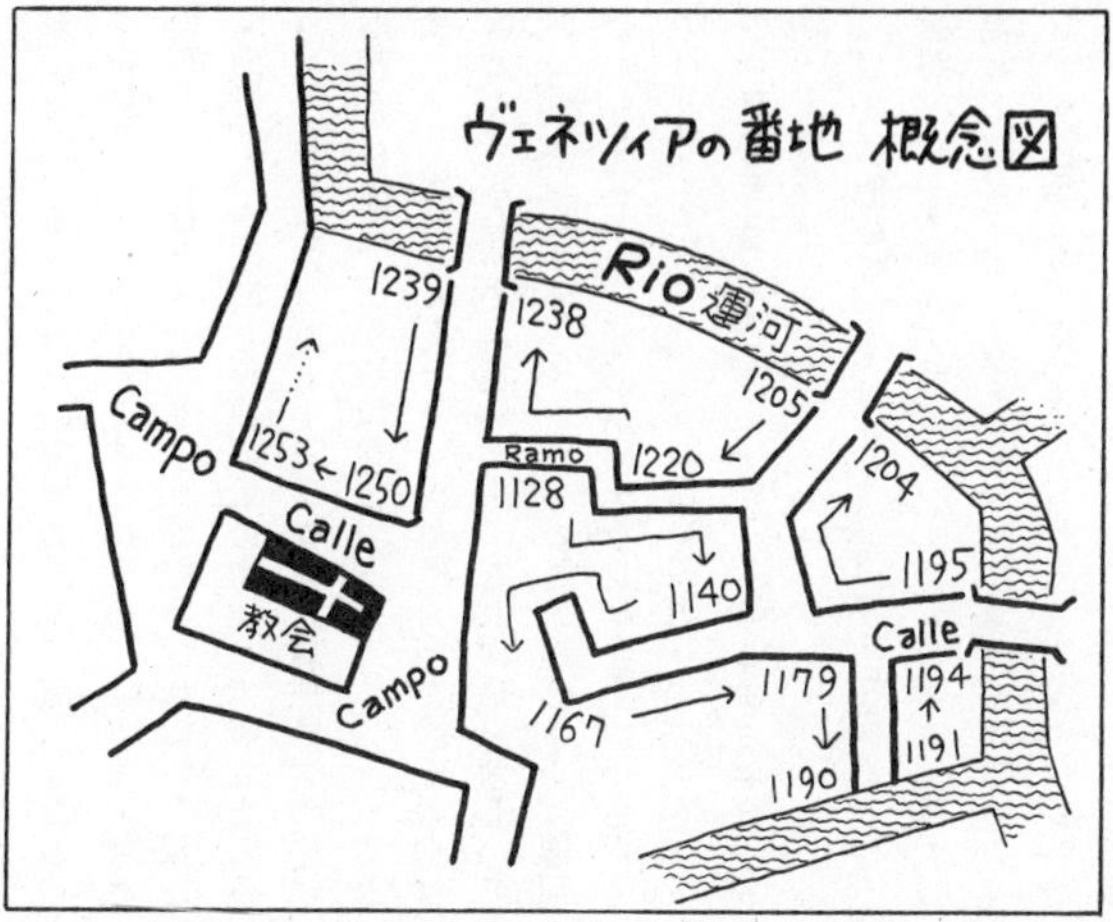

れず、ここから人々は水上バスかゴンドラ、もしくは歩いて移動することになる。市街を概観すると、主要な交通路は舟の通る運河であり、陸上の道はことごとく裏道といっても過言ではない。道はどれも直線的でなく、通りは鉤《かぎ》の手に曲がり、運河で行き止まり、橋を渡り、別の通りに接続している。かと思えば突然広場が現われる。

イタリアで「通り」といえばヴィア via というのが一般的だが、人の歩く道ばかりのヴェネツィアではカレ calle（小径）というのが大半を占める。さらに狭い通りにはラモ ramo（枝の意）というのもある（335ページの写真）。こちらは人一人通るのが精一杯、またはカニ歩きしなければ、というほどの抜け道が多いのだが、それでも名前が付いているところがすごい。起源的に「店の並ぶ通り」はルガ ruga と呼ばれ、これはフランス語の rue と同源だ。

「石畳で舗装された道」が起源なのはサリッツサーダ salizzada、建物の間のトンネル的な通路（パリではパサージュにあたる）をソットポルティコ sottoportico、またかつて運河だったのを埋め立てて道としたものは特にリオ・テラ rio terra と称する。1870年代のベデカ旅行ガイド（ドイツで発行されていた旅行案内書）の市街図と現在のものを比べてみたところ、カンナレジオのゲットー（ユダヤ人居住区）の中に、旧図では運河なのに現在は道路になっているリオ・テラ・ファルセッティが見つかった。その他はほとんど変わっていないから、これが最も新しい時期に誕生したリオ・テラであることがわかる。運河そのものは大きなものがカナーレ canale、小さなものはリオ rio であり、運河沿いの道はフォンダメンタ fondamenta と呼ばれている（fondamento = 基礎・土台）。

広場は他の都市ではピアッツァ piazza がふつうだが、ヴェネツィアではサン・マルコの大広場だけがピアッツァで、あとはローマ広場がピアッツァーレ piazzale、その他の広場はほとんどすべてがカンポ campo（ごく一部はカンピエロ campiello）と呼ばれている。また溜池を埋め立てて作った広場（や通り）はピシナ piscina と呼び名が異なるなど、バラエティに富んでいるのがヴェネツィアの広場の特徴だ。

番地の並び方も迷宮的

さて、番地の並び方はこれまた複雑である。イタリアの他の都市では、通りの左右で奇数・偶数（たいてい進行方向左側が奇数）に分けられている欧州スタンダードのタイプだが、ここヴェネツィアではまったく異なる。

ためしにインターネットかガイドブックで、ヴェネツィアのホテルの住所を検索していただければ、その番地の数字はたいてい3ケタか4ケタであるはずだ。しかしヴェネツィアの通りはいずれも短いものばかりで、ひとつの通りにそれほど多数の家が建っているはずがなく、この番地が通りごとに付けられていないことは明らかである。

ヴェネツィアの主部（ムラノ、リド、大陸側のメストレなど周辺部を除く）はサンタ・クローチェ、サン・マルコ、ドルソドゥロなど6つの地区（セスティエレ sestiere）に分かれていて、その地区ごとに付番しているのだ。

たとえば「デラルベロ」というホテルの所在地という表記は、サン・マルコ3894／B、カレ・デラルベロ」「サン・マルコ3894／B、カレ・デラルベロ」という表記は、サン・マルコ地区の3894のB番地にあり、そこはデラルベロ通りに面しています、ということだ。逆に通り名に番地を付けて「カレ・デラルベロ3894／サン・マルコ」という表記を行うこともある。

この番地の付け方は、ヨーロッパにしては実に特異である。とにかく道路沿いに家伝いに、順に付けていく。運河に阻まれると道の反対側を逆行し、次の通りへ入る。基本的には橋があっても渡らずに戻ることの繰り返しで、つまり片手で常に壁に触りながら行き当たる入口に次々と番号を付けていく方式だ。これは日本の大字の地番の付け方に似ているが、枝道が多く迷宮状を呈しているため、数字がどのように進んでいくかを地図上で把握するのは非常に困難である。各戸の入口の番地表示はペイントされたものであるが相当に古いようだ。以上から考えてみれば、ヴェネツィアではハウスナンバーと地番が一致しているように思われる。

ニューヨーク

ストリートとアヴェニュー

アメリカの都市でまず取り上げるべきなのはニューヨークだろう。この世界都市は周知の通り、オランダ人が1625年にニュー・アムステルダムとして開発を始め、やがて1664年にイギリスがこれを奪い取った。ニューヨークという都市の名は、当時の英国王チャールズ2世の弟・ヨーク公にちなんで改称したものである。

マンハッタンという島の名は、先住民アルゴンキンの言葉で「丘の多い島」という意味の「マナ・ハタ」が転訛したものという。開発が先端部から始まったこともあり、ウォール街あたりの最南端部ではヨーロッパの都市のような不規則的な街路が広がっているが、そこから北は整然とした碁盤目の街路に変わり、グリニッチヴィレッジ以北は見事なほど徹底した直交座標の街路が延々と続いている。

世界金融の中心地として有名なウォール街は南端部なので「旧市街的」なエリアにあたるが、ニュー・アムステルダム時代に「先住民が侵入するのを防ぐために」設けられた丸太の壁（wall）による、という話は有名だ。しかし、そもそもマンハッタンの地に侵入したのはどちらだろうか。

ニューヨークでは東西の通りをストリートstreet、南北の通りをアヴェニューavenueと呼ぶ。大阪で東西の通りを「町通り」、南北通りを「筋」という類なのだが、日本では誰が最初に始めたかは知らないが、ストリートを「丁目」、アヴェニューを「番街」と訳しているので本書もそれに従おう。

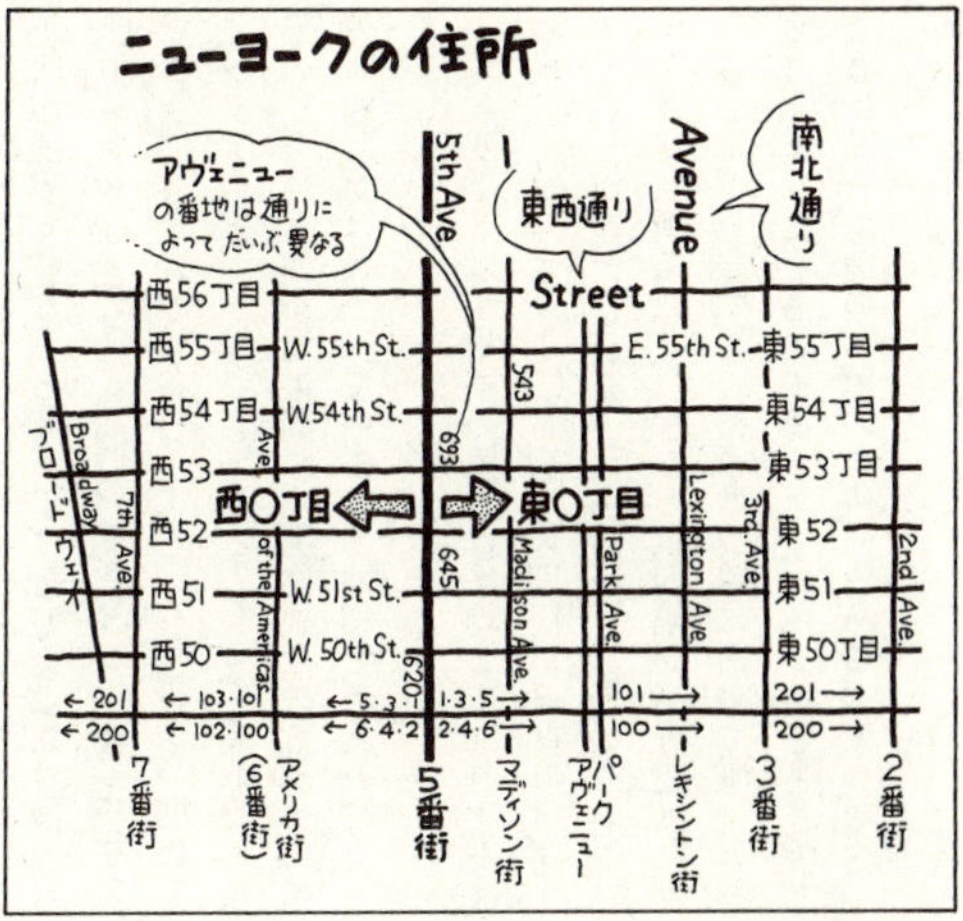

ストリートは271丁目まである

ニューヨークの通り名は、南方の「旧市街」を除けば、札幌や旭川を思わせる数字による表示で徹底されている。

東西の通りはまん中を南北に貫く大通りの5番街（Fifth Avenue）を中心に、東側にはイーストeast、西側にはウェストwestを付けて表示する。たとえば東42丁目（East 42nd Street）、西25丁目（West 25th Street）という具合である。マンハッタン島は南北に細長い形をしていて、地図を見ると最北端近くに218丁目まで確認でき、さらにハーレム川を渡った先、地下鉄の終点は242丁目駅であるが、この「丁目」はさらに北へ続いており、「ウィキペディア」英語版の「Numbered street」によれば、最多ナンバーは271丁目という。

南北の通りは東から西へ1番街、2番街〜12番街までが並行しているが、「4番街」という通りはなくて（ここはアメリカだから縁起を担いだわけではない！）、代わりに札幌の大通公園のようなパーク・アヴェニュー Park Avenue がある。さらに、これらナンバリング通りの間に固有名詞の付いた通りがはさまっていることもある。たとえば5番街とパーク・アヴェニューの間のマディソン街 Madison Avenue、パーク・アヴェニューと3番街の間のレキシントン街 Lexington Avenue などがそれだ。京都の三条通と四条通の間に蛸薬師通など3本の「番外」通りがはさまっているのと同様と考えればよろしい。

ストリート（丁目）の間隔は平均して80メートル程度、アヴェニュー（番街）の間隔は280メートルという東西に長い長方形の街区になっているが、マディソン街あたりになると東西幅が半分程度になっている。そしてこの格子型街路にあって唯一、斜めに北上しているのがブロードウェイ Broadway で、これは開拓以前の古道の名残りである。

100番ごとに番地がリセット

格子型都市だけあって、番地の付け方もやはり規則的だ。ストリートに沿った建物は西23丁目35番地（35 West 23rd St.）、アヴェニュー沿いの建物は5番街345番地（345 5th Ave.）のように表記される。

まずストリート沿いの番地だが、5番街を境に東西に隔たるほど数字が大きくなっている。通りの北側が奇数、南側が偶数と決まっているので、イーストは番地の進行方向の左が奇数であるのに対して、ウェストは右が奇数ということになる。

ただしこの番号も最後まで連続的に並んでいるわけではなく、「番街」のブロックを越えるごとに100の位が増す。たとえば5番街から西へ順に1から並んでいる番地が、57番地で6番街（アメリカ街）にぶつかったとすると、道を渡った西側は100番地から始まるのだ（101番地からではない）。さらに7番街は200番地から、というようにブロックごとに番地を100番台でリセットすることで、番地を見ただけでどのブロックかがわかるシステムだ。

この方式はニューヨークだけでなく全米各地で一般的に用いられているため、長い通りでは万単位の番地となることも珍しくない。このためアメリカの道路地図の縮尺の大きなものでは、ブロックごとに2000、2100……などと100の位ごとの数字が印刷されていて便利だ。

地下鉄には同名異駅あり

さてニューヨークに戻るが、南北の通り・アヴェニューの番地は、要所で100ごとにリセットする方式が採られていない。このため通りの起点であるマンハッタン南部からの通し番号なので、大きな建物の多い通りだと番地の数字の進み方が遅く、小さな建物が多いと速い。またマディソン街など起点が北寄りの通りでは当然ながら数字が若い。

たとえばセントラルパーク南縁近くの58丁目では、5番街が767番地、マディソン街が625番地、パーク・アヴェニューが480番地、レキシントン街が722番地、3番街が979番地という具合だ（『わがまま歩き⑫ ニューヨーク』〈実業之日本社〉の「アベニューのアドレス早分かり表」による）。なお、北上する「番街」の番地は、おおむね進行方向右側が奇数のようだが、ブロードウェイは左が奇数だ。

以上はマンハッタン中央部の原則を紹介したものであり、南端部や北部、そして他の区では事情が異なっている。独自の丁目や番街を設定している地区もあれば、ヨーロッパのように固有名詞の通りが連なっている地区もある。とにかく巨大な都市なので住所のシステムも一筋縄ではいかないのだ（とはいえ日本よりはるかに単純明快ではある）。

地下鉄もこれらの丁目・番街に応じた駅名を採用しているが、あまりに数字ばかりだと不便なので、「34丁目・ペンシルヴァニア駅」「14丁目・ユニオンスクエア」のように主要な施設名を併記する形も多い。ただ、「23丁目駅」は8番街、7番街、アメリカ街、5番街、パーク・アヴェニューのそれぞれの「番街」に交差する地点5カ所にあって、乗る線によってまったく違う「23丁目」に連れて行かれる。これは、京阪電鉄のかつての五条駅（現在は清水《きよみず》五条駅）と京都市営地下鉄の五条駅がまったく違う場所であったのと同じ事情だ。

サンフランシスコ

アルファベット順の通り名

カリフォルニアの港町由来の大都会・サンフランシスコも、複雑な起伏のある地形にもおかまいなしの碁盤目で区画されているが、中心市街地には固有名詞の通り名が多い。しかし少し西のリッチモンドあたりへ行けば、南北通りが2番街 2nd Avenue から48番街までズラリと並んだ数字通りが登場する。

一方、この地区の東西通りはアルファベット順に並んでいるのだ。「欠番」もあるが、等間隔でAからずっと続いていて、具体的には Anza St.、Balboa St.、Cabrillo St.（DからHまで欠番、この間はゴールデンゲート公園）、Irving St.、Judah St.、Kirkham St.、Lawton St.、Moraga St.、Noriega St.、Ortega St.、Pacheco St.、Quintana St.（以下略）となっている。

これはシカゴ郊外などその他の都市でも行われていて、いかにも開拓時代に一気に区画造成、命名したことがうかがえる。ニューヨークのブルックリン区の南部には、少し芸がなさ過ぎると思うが、A通り Avenue AからZ通り Avenue Zまでズラリと並んでいる。

なお、アメリカの「通り」はイギリスとは登場頻度などがだいぶ異なる。多数の事例を分析したわけではないが、ここでは「車道」を意味するドライブ Drive が使われる頻度がイギリスより多そうだ。国の歴史が浅いだけあって、ロンドンのページで紹介したほどの「通り」の種類はないが、都市の街路はやはりストリートとアヴェニューが圧倒的に多い。ただしニューヨークのように南北通りと東西通りに使い分けるかどうかは、都市によって異なる。他にはブールヴァードBoulevard（大通り）、ロードRoadやウェイWayも使われており、住宅地の中の道などにはコートCourt、ドライブDrive、袋小路ではプレイスPlaceなどが用いられている。

番地の付け方については各都市の歴史の中で決定されてきたようで、全米共通というわけではなく、都市ごとに規定を設けている。たとえばホノルル市では次のような基準によって付番が行われている。

（1）海から山へ向かう道路（おおむね北東行）では、海から順に進行方向右側を奇数、左側を偶数で付番する。

（2）海に沿った道路では、都心部のヌウアヌ通り（南北通り）からマカプウ岬への方向に（おおむね東南行）、またはレッドヒルの方向に（北西行）付番、いずれも山側を奇数、海側を偶数とする。

ソウル

日本占領時代の名残り

周知の通り韓国は、近代がそのまま日本による占領時代であったという特殊事情がある。このため住所の構造を見ても、他に類を見ないほど日本に似ていた。ここで「似ていた」と過去形にする理由は、韓国では2014年から全面的に住所の表記が変更されたからだ。その新住居表示体系は後述するが、まずはそれまで長年にわたって行われていた日本式の地番表示から説明しよう。

たとえばソウル駅の住所は次の通りであった。

ソウル特別市《トッピョルシ》中区《チュング》蓬莱洞《ポンシドン》2街《ガ》1

この特別市というのは首都ソウルだけで、その他にほぼ100万以上の人口を擁する釜山《プサン》、仁川《インチョン》、大田《テジョン》、大邱《テグ》、蔚山《ウルサン》、光州《クワンジュ》の6都市は道から独立した「広域市《クワンヨクシ》」（95年以前は直轄市）となっている（この他に中央官庁が集結した世宗《セジョン》特別自治市がある）。これらは日本の政令指定都市にあたり、それぞれ区が設けられている（世宗を除く）が、特別市および広域市の区は東京の特別区に似た自治体だ。また韓国では広域市に及ばなくても50万人以上の都市には行政区が設置されている。

　蓬萊洞の「洞」は日本でいえば町にあたり、そして次の「2街」は街区式の町割りにおける「2丁目」だ。洞によっては街で区分されていないこともある。番地は日本の地番と同じで、一定の広がりを持った面に端から番号を振っていく日本式が長らく継承されていた。ちなみに日本統治時代、京城《けいじょう》府（市）と呼ばれたソウルでは町名までもが「創氏改名」され、本町（明洞《ミョンドン》付近）をはじめ、和泉町、長谷川町、明治町など日本風の町名が幅を利かせていた。

２０１４年から実施の新住居表示

日本の植民地支配の名残りである「地番による住所の表示」を長年にわたって行っていた韓国であるが、２０１４年1月1日をもって全国一斉に「ストリート方式」の住居表示を実施した。振り返って日本では、昭和37年（１９６２）に住居表示法が施行されて半世紀を経た今も、都市計画区域に予定された「住居表示の実施」の完成にはまだほど遠い。善し悪しは別として、このような大きな変更を敢然《かんぜん》と全面実施してしまうところが大違いである（日本の住居表示が一斉に行われるなどという「悪夢」はあまり想像したくないけれど）。

　日本の住居表示が事実上すべて「街区方式」で行われたのと違って、韓国では、欧米式に倣ってストリート方式を徹底した（不動産登記等の表示としての地名と地番の組み合わせは従来の通りに据え置き）。各国の事例をよく研究したシステマティックなもので、原則は以下の通りである。

　まず通りは幅員によって区分され、40メートルまたは8車線以上の通りを「大路《デロ》」、2~7車線または12~40メートルの通りを「路《ロ》」、12メートル未満の通りを「道《ギル》」と区分した。このうち最も狭い「道」は、「大路」の支線という扱いで、具体的には大路の固有名詞に数字を振る方式。たとえば「盤浦《バンポ》大路」に対して「盤浦2道」「盤浦3路」といった名前になる。ストリート名のない道が大半を占める日本の街路を思い浮かべれば、すべての道路に一気に固有名詞を付けるなどまず不可能だろうから、現実的な対応といえるだろう。

それぞれの通りには、日本の基礎番号（フロンテージ＝間口）にあたる番号を、道路の起点から20メートル間隔で機械的に振っていく。この番号は通りの起点から見て左側に奇数、右側に偶数を配するもので、たとえば1番から5番までの間は５－１＝４でその距離は40メートル、3番から57番までの距離は差が54だから５４０メートル、という具合に容易に距離が測定できる。これは前述のアメリカの方式（街区ごとに１００番台で新たにスタートすることで大まかな距離がわかる）をさらに厳密化した形だ。具体的には次のように変更されている。

（旧）ソウル特別市瑞草《ソチョ》区瑞草洞１５４０－５
（新）ソウル特別市瑞草区盤浦大路23道６（瑞草洞）

「盤浦大路23道」というのは12メートル未満の道路の、起点から60メートルの地点を意味している。KOREA.netの「コリアマガジン」に掲載された「大韓民国の住所体系、来年から道路名住所に全面改編」の記事（日本語版）に紹介された事例を丸写ししたもので、カッコ内になっている（瑞草洞）というのが気になるが、たとえば通常は略されることの多い京都市の旧市街の「町」と同じような位置づけだろうか。

この韓国の住居表示は、ヨーロッパのようにハウスナンバーの間隔が1軒ごとの建物の大きさによって変動することがない代わりに、1つの基礎番号に

2つ以上の建物が存在する場合には1—1、1—2のように枝番号を振ることで解決することとした。従来使っていた地名と通り名の関係がどのようになっているかは、勉強不足で評価する立場にはないが、これだけ整然たるシステムは、ハングル文字を思い起こさせる。母音と子音を簡単な記号で表わし、それを組み合わせて多くの発音を表記させるこのシステマティックな表音文字は、1446年に世宗《セジョン》大王の命により集賢殿《チッピョンジョン》というシンクタンクが発明したものだ。

ついでながら特別市、広域市以外の区域について取り上げておこう。韓国ではこれらのエリアを日本の県より大きい「道《ド》」（京畿《キョンギ》道、慶尚北《キョンサンブク》道など）が管轄しており、その下に市または郡《クン》がくる。郡の場合は日本と同じように町にあたる「邑《ウプ》」（原則として2万人以上）、そして村にあたる「面《ミョン》」、これら邑や面の中には大字としての「里《ニ》」という構造だ。

台湾

独立時にストリート式へ復旧

台湾も朝鮮半島と同様に日本の支配下にあったため、戦争中までは日本式の町名が付けられ、日本式で地番が振られていた。台北は長い歴史をもつ都市であるため中国式の「街」を用いた通りの町名があったが、日本式に改められたのである。

このあたりの経緯を桜井澄夫氏が『地理』1982年7月号臨時増刊号（古今書院）に詳述しているが、それによれば、日本統治下の1922年（大正11）、従来の中国式の「街」を廃して「町」を創設することになった。台北ではなるべく従来の呼称を尊重する方針があったというが、その後は徹底されず、歴代台湾総督の名を付けた町名などが次々と登場することになる。

やがて日本の敗戦で「台湾省各県市街道名称改正弁法」が公布された。これは日本統治時代の影響を

台北市萬華区の市街地に掲げられた住居表示プレート。おそらく四川省の名峰・峨嵋山にちなむ通り名と思われる

除去するため、次のような町名を2カ月以内に改正する、というものであった。

①日本人を記念するもの（明治町、大正町、児玉町、乃木町など）

②日本の国威を伸張するもの（大和町、朝日町など）

③日本的な名称（梅ヶ枝町、若松町、旭町など）

これらの町名は三民主義、中華民族精神を発揚する系統の街路名に変えられていった。たとえば中《ジョン》正《ジョン》（蔣介石の号）路《ルウ》、中山《ジョンシャン》（孫文の号）路、民《ミン》権《チュアン》路といった具合である。それと同時に日本式の「面としての町」をやめ、欧米式のストリート方式の住居表示を実施することを決めたのである。

このため、現在の台湾各都市の住所は、漢字を使っており、かつ地名の階層が大から小へという順序ではあるけれど（東欧などと同じだが）、基本的には欧米式といっていい。

路―段―巷―弄―号という階層

たとえば台北市内には次のような住所がある（台湾では原則として繁体字《はんたいじ》――いわゆる旧字が用いられているが、ここでは便宜上日本の略字で表記した)。

①台北市中山北路二段39巷《シャン》3号（台北晶華酒店―ホテル）
②台北市光復南路１８０巷4号1楼（すき屋國父記念館店）
③台北市仁愛路四段３４５巷4弄36号（囲炉酸菜白肉火鍋―北方料理店）

台湾だけでなく中国本土もそうだが、欧米のストリートのように通り＋番地の住居表示が行われているので、住所にはまず「路」や「街《チエ》」がくる。

①の中山北路だが、「中山」が孫文の号であるため、他の都市でもメインストリートによく用いられている。それに並んで多いのが蔣介石の号「中正」を用いた通り名。こちらも台北のかつての中正国際機場（空港・民進党政権下の２００６年に台湾桃園国際機場と改称）をはじめ、各都市に多い。①の中山北路二段の「二段」は長い通りを中心から区切るもので、日本の旧城下町などの通りに沿った町における「丁目」に似ている。

①、②は「路」の後に「巷」がある。②は光復南路から入った脇道である「１８０巷」という通りに面した4番地ということだ。この番地（号）が通りの左右で奇数・偶数に分けられているのは欧米と同様である。なお1楼とは「1階」のことだ。

③では巷の後にさらに「弄《ロン》」が付いているが、これは３４５巷のさらに脇道である「4弄」という路地の36号、を意味している。したがって、路だけの住所は表通りに面しており、巷、弄が付くに従って奥まった場所、というのが一見してわかるのだ。

農村部などでは、やはり住所の構造は異なってくる。森林鉄道で有名な阿里山のホテル、阿里山賓館の住所は「嘉義県阿里山郷香林村16号」であるが、県は日本の県に相当し、その下の郷は町村、村は大字にあたる。場合によっては「雲林県古坑郷永光村大湖口67号」のように、村の下に字にあたる地名がくることもある。阿里山賓館の住所も正式には香林村の次に小字にあたる「西阿里山」がくるが、日本の一村通し地番（大字が地番区域）の大字と同様に省略されることがあるようだ。

また、郷より大きな市街を持ちながら「市」には達しない自治体の「鎮」もある。地方行政の制度が日本と異なるので、同じ「市」であってもまったく同じではない。

日本がかつて深く関わった地域として旧「満洲国」があるが、その首都であった新京（現・長春）では、大規模かつ先駆的な都市計画が行われた。ここでの「住所システム」は欧米の都市も参考にしながらよく練られたもので、たとえば南北方向の通りを「街」、東西方向を「路」とし、このうち幅員38メートル以上を「大街」「大路」と称した。補助街路は「胡同《フートン》」と呼ばれた。地番は基本的に欧米のストリート方式にならって通りの両側で奇数・偶数に分け、大通りごとに１００番台ずつ改めて付けていく方式はニューヨークなどを思わせるものがあった。

【主要参考文献】

地租改正・地籍図・地番

『神奈川県の明治期地籍図』佐藤甚次郎　暁印書館　平成5年
『公図　読図の基礎』佐藤甚次郎　古今書院　平成8年
『公図の研究』（四訂版）藤原勇喜　財務省印刷局　平成14年
『地籍台帳・地籍地図［東京］』東京市区調査会　柏書房（復刻）平成元年
『明治期作成の地籍図』佐藤甚次郎　古今書院　昭和61年

郡区町村編制法・明治市制町村制

『京都府百年の資料・政治行政編』京都府立総合資料館編　昭和47年
『京都府市町村合併史』京都府立総合資料館編　昭和43年
『区制沿革・名主制から区制への推移』都史紀要5　東京都公文書館編　昭和33年
『郡区町村一覧』内務省地理局　明治14年　ゆまに書房（復刻）
『市制町村制と東京』都史紀要30　東京都公文書館編　昭和58年
『市町村名変遷辞典』地名情報資料室編　東京堂出版　平成6年補訂版再版
『大日本市町村案内』大類哲夫　人事興信所出版部　昭和11年
『地方行政区画便覧　上』内務省地理局編　明治20年　ゆまに書房（復刻）
『幕末以降市町村名変遷系統図総覧［改訂版］』1〜3巻　西川治監修・太田孝編著　東洋書林　平成12年

小字・地名

『足立区町名のうつりかわり』足立区役所区民部管理課編　昭和57年
『石岡の地名』石岡市文化財関係資料編さん会編　石岡市教育委員会　平成8年
『川崎の町名』日本地名研究所編　川崎市　平成3年
『新・地名の研究』（新訂版）千葉徳爾　古今書院　平成6年
『新編武蔵風土記稿』第五巻（大日本地誌大系11）雄山閣　平成8年
『日野市七生地区の地名と昭和の高幡』日野の昭和史を綴る会　平成14年
『町田市史史料集　第二集　村誌編』町田市史編纂委員会　昭和46年
『柳田國男全集20』（地名の研究）ちくま文庫　平成2年

大字・町名

『京都市町名変遷史5』（鉾町周辺Ⅰ）京都市町名変遷史研究所　平成2年
『京都町名ものがたり』川嶋将生・鎌田道隆　京都新聞社　昭和54年
『史料　京都の歴史』第4巻（市街・生業）京都市編　平凡社　昭和56年
『大東京概観』東京市役所編　昭和7年
『東京地名考』（上・下）朝日新聞社会部編　朝日文庫　昭和61年
『東京都市計画概要』東京市役所　昭和8年
『東京都市計画概要』東京市役所　昭和12年

『なごやの町名』名古屋市計画局　平成4年
『北海道地名分類字典』本多貢　北海道新聞社　平成11年
『明治初年の武家地処理問題』都史紀要13　東京都公文書館編　昭和40年

住居表示・町界町名地番整理

『新しい住居表示』市町村自治研究会編　政経書院　昭和38年
『懸賞募集町界町名地番整理輯覧』復興局整地部編　大正14年（龍渓書舎復刻）
『現代「地名」考』谷川健一編著　日本放送出版協会　昭和54年
『住居表示制度推進研究会記録』住居表示協力会　昭和39年各冊
『住居表示の友』住居表示協力会　昭和39年
『住所表示の現状調査報告書』調布市都市建設部都市計画課　平成9年
『東京都における住居表示の実施に関する一般的基準』都総務局行政部　昭和38年
『東京市史稿　市街篇』各巻　東京府／東京都
『東京の都市計画』越沢明　岩波新書　平成3年
『都市の空間秩序とその記号化の問題』森田喬（昭和55年度第15回日本都市計画学会学術研究発表会）

外国

『図説・都市の世界史4』レオナルド・ベネーヴォロ／佐野敬彦・林寛治訳　相模書房　昭和58年
『地理』（1982年7月号臨時増刊号・地名の世界）古今書院　昭和57年

『ロンドン地名由来事典』渡辺和幸　鷹書房弓プレス　平成10年
『わがまま歩き12　ニューヨーク』実業之日本社　平成14年
『わがまま歩き18　台湾』実業之日本社　平成14年
各都市市街図・地籍図および添付解説書等

事典・辞典等

『全国市町村要覧』平成15年版ほか　市町村自治研究会編　第一法規出版
『全国地名読みがな辞典　第六版』清光社　平成10年
『大日本地名辞書』全8巻　吉田東伍　冨山房　明治33年〜40年
『停車場変遷大事典』（国鉄・JR編Ⅱ）日本交通公社　平成10年
『角川日本地名大辞典』全47巻、別巻2巻　角川書店　昭和53年〜平成2年
『新版　角川日本地名大辞典』DVD－ROM版　角川学芸出版　平成23年
『消えた市町村名辞典』地名情報資料室編　東京堂出版　平成12年
『日本歴史地理用語辞典』藤岡謙二郎・山崎謹哉・足利健亮編　柏書房　昭和56年
その他各種地形図・公図・道路地図・市街地図等

知恵の森
KOBUNSHA

番地《ばんち》の謎《なぞ》

著　者――今尾恵介（いまお けいすけ）

2017年　5月20日　初版1刷発行

発行者――田邉浩司
組　版――萩原印刷
印刷所――萩原印刷
製本所――ナショナル製本
発行所――株式会社光文社
東京都文京区音羽1-16-6 〒112-8011
電　話――編集部(03)5395-8282
書籍販売部(03)5395-8116
業務部(03)5395-8125
メール――chie@kobunsha.com

ISBN978-4-334-78721-9　Printed in Japan

78605-2
tい10-1

井村《いむら》雅代《まさよ》
松瀬《まつせ》学《まなぶ》

努力する心の育て方
あなたが変わるまで、わたしはあきらめない

「駄馬を名馬に変えるのが、コーチの仕事です」—。出場した全オリンピックでメダルを獲得したシンクロナイズドスイミングの世界的指導者が、コーチングの肝を語りつくす。

700円

78156-9
aえ1-2

エンサイクロネット 編

今さら他人《ひと》には聞けない疑問６５０

一度とりつかれると、答えを知りたくてたまらなくなる疑問、愚問、珍問、難問。その答えは、高尚すぎて、くだらなすぎて誰も教えてくれない。『ナゼだ!?』改題。

720円

70979-2
bお1-1

沖《おき》正弘《まさひろ》

心も体も、健康になる、美しくなる
ヨガの喜び

(1)頭はいつもスッキリ。(2)動作が敏捷に。(3)スポーツや楽器演奏が抜群に上達する。(4)自信が湧く。(5)美しくやせて、健康に。あなたの生活は驚くほど変わっていく。

600円

78305-1
bか2-1

加東《かとう》大介《だいすけ》

南の島に雪が降る

昭和十八年、俳優・加東大介は召集を受け、ニューギニアへ向かった。島の兵士で劇団を作り熱帯の〝舞台〟に雪を降らせ、兵士たちに故国を見せた感動の一作。(解説・保阪正康)

780円

78678-6
tき4-1

君塚《きみづか》直隆《なおたか》

肖像画で読み解く イギリス王室の物語

弱小国だったイングランドが大英帝国へと成長し、やがて衰退期を迎えるまで—。歴代の登場人物たちの美しい肖像画を読み解きながら、イギリス王室５００年の歴史をたどる。

820円

78672-4
tき3-1

許《きょ》光俊《みつとし》

世界最高のクラシック

クラシックに興味を持ち始めた初心者なら、いきなり「世界最高」を聴くのがお薦め。クラシック評論の第一人者が太鼓判を押す、「最高」の指揮者による「最高」の演奏ガイド。

620円

番号	著者	タイトル	内容	価格
78527-7 た4-1	立川談四楼 (たてかわだんしろう)	声に出して笑える日本語	アナウンサーの致命的な言い間違いから、落語の味わい深いセリフまで。集めに集めた「笑える日本語」のオンパレード。しかも確実にタメになる傑作エッセイ。『日本語通り』改題。	720円
72805-2 cた2-1	多湖 輝 (たご あきら)	頭の体操 第1集 パズル・クイズで脳ミソを鍛えよう	あなたの脳ミソは、固定観念でこり固まっていませんか？　創造的な人間になるには、独創力が必要なのだ。超ベストセラー、待望の文庫化！	495円
78681-6 すず3-2	鈴木 隆祐 (すずき りゅうすけ)	愛しの街場中華 (いとしのまちばちゅうか) 『東京B級グルメ放浪記』2 文庫書下ろし	町の中華料理屋こと「街場中華」に魅せられウン十年。フリーライターの著者が、孤独の胃袋を抱え、今日は半チャンラーメン、明日はレバニラと、東京の中華を西へ東へ食べ歩く。	800円
78592-5 すず3-1	鈴木 隆祐 (すずき)	東京B級グルメ放浪記 知られざる名店を探せ！ 文庫書下ろし	気軽にお腹を満たすなら、地元に根付く昔ながらの食堂がいい。小鉢自慢の定食屋、さくさくフライの洋食屋、野菜たっぷり中華など、一食千円、約350店の東京・食べ歩き録。	800円
78625-0 tし3-2	所澤 秀樹 (しょざわ ひでき)	鉄道地図は謎だらけ	なぜか一駅間だけ途切れているJR四国の路線。駅名も乗り換えも面倒くさい近鉄線の不思議…。索引地図の謎をめぐって旅すれば、知らなかった鉄道の真実が見えてくる！	667円
78699-1 tさ6-2	佐藤 優	世界インテリジェンス事件史	元外務省主任分析官が、CIA、KGBなどの諜報機関を解説し、スパイが暗躍した歴史的事件を分析。"新・帝国主義時代"の世界情勢を、インテリジェンスの視点から読み解く。	660円

78671-7
tと2-1

戸部《とべ》 民夫《たみお》

神々の系統で知る由緒とご利益

日本の神社がよくわかる本

文庫書下ろし

総数8万以上ともいわれる神社のうち、稲荷・八幡・伊勢など、祭神の系統ごとに由緒ある古社を徹底解説。歴史からご利益まで、日本人が知っておきたい神社の常識がわかる本。

600円

78690-8
tな6-1

長倉《ながくら》 顕太《けんた》

あなたの価値観を破壊する33のルール

親は100%間違っている

文庫オリジナル

親、家族、学校、社会につくられた価値観を否定し、自らの人生を手に入れるためのルールとは？ 1000万部超のベストセラーを生み出したプロデューサーが世に放つ問題作。

620円

78669-4
tな5-1

中野《なかの》 京子《きょうこ》

愛と裏切りの作曲家たち

名作誕生の過程には作品に負けない事件が隠されている。『カルメン』『蝶々夫人』ほか名作オペラと、作曲家の壮絶な生涯が同時に楽しめる一冊！『かくも罪深きオペラ』改題。

640円

78668-7
tま2-1

丸田《まるた》 勲《いさお》

モノの値段で知る江戸の暮らし

江戸の卵は一個四〇〇円！

大工の年収318万円、将軍の小遣い19億円…。江戸の物価を現在の円に換算すれば、江戸の暮らしがもっと身近に感じられる。時代劇や時代小説がもっと面白くなる一冊。

620円

78578-9
tむ1-1

向谷《むかいだに》 匡史《ただし》

ヤクザ式 ビジネスの「かけひき」で絶対に負けない技術

市場原理が支配する弱肉強食の現代を生き抜くにはヤクザに学べ！ 週刊誌記者として数多くのヤクザを取材してきた著者が、ビジネスに生きるヤクザ流無敵の交渉術を徹底解説！

660円

78665-6
tわ3-1

渡邊《わたなべ》 大門《だいもん》

こんなに面白いとは思わなかった！ 関ヶ原の戦い

文庫書下ろし

「西軍が敗北した本当の理由は？」「三成と家康は最初から対立していたのか？」―歴史の流れを決定づけた「天下分け目の一戦」を、気鋭の歴史学者が様々な角度から検証する！

680円